寶寶也是哲學家

幼兒學習與思考的驚奇發現

The Philosophical Baby

What Children's Minds Tell Us About Truth, Love, and the Meaning of Life

全球頂尖兒童認知科學家
Alison Gopnik
艾利森·高普尼克——著
陳筱宛——譯

〈出版緣起〉

開創科學新視野

何飛鵬

有人說，是聯考制度，把台灣讀者的讀書胃口搞壞了。這話只對了一半；弄壞讀書胃口的，是教科書，不是聯考制度。

如果聯考內容不限在教科書內，還包含課堂之外所有的知識環境，那麼，還有學生不看報紙、家長不准小孩看課外讀物的情況出現嗎？如果聯考內容是教科書佔百分之五十，基礎常識佔百分之五十，台灣的教育能不活起來、補習制度的怪現象能不消除嗎？況且，教育是百年大計，是終身學習，又豈是封閉式的聯考、十幾年內的數百本教科書，可囊括而盡？

「科學新視野系列」正是企圖破除閱讀教育的迷思，為台灣的學子提供一些體制外的智識性課外讀物；「科學新視野系列」自許成為一個前導，提供科學與人文之間的對話，開闊讀者的新視野，也讓離開學校之後的讀者，能真正體驗閱讀樂趣，讓這股追求新知欣喜的感動，流盪心頭。

其實，自然科學閱讀並不是理工科系學生的專利，因為科學是文明的一環，是人類理解人生、接觸自然、探究生命的一個途徑；科學不僅僅是知識，更是一種生活方式與生活態度，能養成面對周遭環境一種嚴謹、清明、宏觀的態度。

千百年來的文明智慧結晶，在無垠的星空下閃閃發亮、向讀者招手；但是這有如銀河系，只是宇宙的一角，「科學新視野系列」不但要和讀者一起共享大師們在科學與科技所有領域中的智慧之光；「科學新視野系列」更強調未來性，將有如宇宙般深邃的人類創造力與想像力，跨過時空，一一呈現出來，這些豐富的資產，將是人類未來之所倚。

我們有個夢想：

在波光粼粼的岸邊，亞里斯多德、伽利略、祖沖之、張衡、牛頓、佛洛伊德、愛因斯坦、普朗克、霍金、沙根、祖賓、平克……他們或交談，或端詳撿拾的貝殼。我們也置身其中，仔細聆聽人類文明中最動人的篇章。

（本文作者爲城邦出版集團首席執行長）

〈專文推薦〉

小孩是蝴蝶自然能飛

楊茂秀

拿到編輯寄來的*The Philosophical Baby: What Children's Minds Tell Us About Truth, Love, and the Meaning of Life*一書及中譯稿，便立刻中英對照地讀完。

哇，這眞是一本好書。而且，是從事兒童哲學及思考教育的人，應該好好研讀的作品。其實，這本書屬於英國哲學家R．M．赫爾（Richard Mervyn Hare）口中說的，劍橋與牛津的教授們最希望寫出來的作品；是各行各業的專家與普通人，及有機會陪伴孩子成長的每一個人，都能從中獲益的好書。

我在台灣兩星期繁忙的行程中，遇到人就推薦這本書。有一天，在毛毛蟲兒童哲學基金會的課程會議中，從哈佛回來的張鑑如教授聽我說這本書的好，她靜默了一陣子，才微笑說：「我從小，我是說從讀碩士開始，我的教授就常常拿Alison Gopnik的著作要我們讀。他的東西很好。」

這本書的內容豐富，橫跨認知心理學、腦神經科學、哲學及宗教，但是，讀來不覺雜多，更不紊亂，讀他的東西，讓我憶起閱讀羅素的哲學及通俗作品的經驗，明白而典雅，但並不容易吞嚥。我是說，不要速讀，不要跳脫著讀，要慢慢讀，時時停下來想一想，能拿它與自己的經驗印證更佳，能有朋友一起討論，那就十分地享受了。我這麼說，不單單指一般人，專家更應該如此，否則就很容易miss掉其中精采的「通識」。

我同意Alison Gopnik的觀點。因爲閱讀這本書，我說出了即將要影響台灣兒童哲學研究與推廣的一句話：「小小孩是蝴蝶，長大了，就變成毛毛蟲了。」許多人知道，毛毛蟲兒童哲學基金會要推廣兒童思考的研究，及兒童的思考教育。取名爲「毛毛蟲」，似乎隱喻著小孩是毛毛蟲在草葉上爬，長大變蝴蝶在天空中飛翔，其實，我一直不這麼想。

一九七六年，在哈佛大學舉辦的北美東部兒童哲學實驗教學評議會及工作坊，與會的專家學者三十多人中，有紐約大學的教育哲學家詹姆士·馬克尼嫩、耶魯大學的邏輯學教授歐士肯雅等，我是唯一尚在求學的博士研究生。工作坊快結束時，我提出一個當時讓我十分尷尬、如今讓我有點得意的問題：「請問，有嬰兒哲學嗎？或者，有幼兒哲學嗎？」

這個問題一提出來，原來熱烈談論的會場，一下靜了下來，大家都看著主持工作坊的兒童哲學之父李普曼（Matthew Lipman）博士及他的副手夏璞教授。

沒想到，李普曼搖了搖滿頭白髮的大頭，苦笑一下，沒有說什麼，我的解讀是「沒有」。他注視他身邊的夏璞教授，她卻猛點頭，一頭紅髮如火把燃燒，笑容滿面，我的解讀是「有」。她也沒開口。他們不開口，我只好說出我的想法了。我說：「德國哲學家雅士培

（Karl Jaspers）認爲人成長的過程中，不一定都在進步，有些能力可能愈大愈消退。例如，小小孩會在恰當時機問出『爲什麼』，以最單純的問題，來問各種理由、原因或可能性，而那不是大人一時可能回答的。可是年齡愈大，這種能力會漸漸消失。如果他是對的，那麼，是不是小孩、嬰孩，就有哲學種子及能力了呢？」

因爲人太多，而工作坊快結束了，這個問題並未引起太多對談，倒是後來我到IAPC（Institute for the Advancement of Philosophy for Children）任教，跟李普曼及夏璞熟了，才知道，李普曼遇到需要深思的問題，總是搖頭苦笑，陷入沉思，而夏璞則表示有聽清楚我的問題而點頭微笑。他們當然也都主張幼兒哲學不只可能，而且必要。

二十多年來，與孩子接觸的經驗明白提示著，兒童愈小，心靈愈自由，而且常常能爲成人的世界帶來解放。

不久前，我和幾位大男人在一朋友家討論政治議題，意見兩極化，爭得面目都難看起來。主人的小兒子從房間走出來，輕聲說：「爸爸，我要喝牛奶。」我們六個人一看見二歲小孩那天眞的面孔與體態，六張可憎的緊張面孔立刻解凍，都顯出柔和與慈祥。

也是不久前，我去淡水，回程車抵北投，一位媽媽推嬰兒車上來捷運。小寶寶一上車就說「我要喝飲料」，媽媽說：「捷運車上不准喝飲料。」

「爲什麼？」小兒問。

規定。」

「那我要拿著。」

「我只是拿著。」

媽媽把上車前喝剩的飲料盒拿給他，並警告說：「不可以喝。」

「你很想喝，對不對？」媽媽說。

「我只是看。」小兒看著，卻作勢要吸那早已插好的吸管。

「不許喝，警察會抓。」媽媽有點大聲。

小孩東張西望，似乎在找警察，我站在旁邊，便開口說：「我就是警察。」

小孩審視我，媽媽趕緊說：「叫叔叔。」

孩子認眞看了我之後，一臉不以爲然地說：「爺爺吧！」

車上旅客有聽到的，都哈哈大笑，孩子與媽媽也笑了。

在我看來，這位三歲的孩子，演了一齣很棒的戲：他假裝要喝飲料，他觀察捷運車廂裡的人物，他聽媽媽要他學會說社交場合的話——他媽媽當然知道我這個老人是爺爺級的人，卻要他叫我叔叔，不是一種扮演是什麼?可是小孩的演出更精采，他說出了適當的判斷，並將判斷與他媽媽的「建議」相比較。

也許，不久，他就會了解媽媽爲什麼要他叫一個爺爺級的人「叔叔」。長大之後，他也會如此教他的孩子，而那時，他就由蝴蝶變成毛毛蟲了。但是，他也會像車上那些成人旅客一樣，見到這種「戲」，也會開懷大笑，那麼，他們心中就仍然有蝴蝶，能飛。

我相信，認眞讀過《寶寶也是哲學家》一書的人，一定會學到更優質的陪伴藝術，從孩子身上重新學到飛的本事。

（本文作者爲財團法人毛毛蟲兒童哲學基金會創辦人、台東大學兒童文學研究所兼任副教授）

〈專文導讀〉

重回到幼兒身上來看幼兒

柯華葳

本書作者曾寫過《搖籃裡的科學家》（*The Scientist in the Crib*）（信誼，二〇〇〇），說明嬰幼兒的思考和判斷像科學家。這一本書寫「寶寶也是哲學家」，一來表示作者看到寶寶思考與行為也像哲學家，另一表示，則是在作者的心目中，哲學家和科學家不太一樣。書的副標題已指出兩者不一樣的地方。本書重點在眞理、愛與生命意義的思考。這眞是大哉議題，困擾多少世代的哲學家。幼兒思考這些問題嗎？這是本書作者想說明的。作者希望帶著讀者認識幼兒，進而對眞理、愛以及為人的意義有更深的體會與認識。

這本書一如《搖籃裡的科學家》，並不太容易讀，作者想藉不同例子說明寶寶和哲學家的思維是接近的，但所提供的例子中不少含有文化因子，對於不很熟悉西方文學和哲學的我們來說，讀這些例子的幫助不大。但這不妨礙我們理解為什麼作者聲稱寶寶也是哲學家。

一個重要的事實是，嬰兒一出生必須很快學習，以適應相對於母親體內的全新環境，而學習的利基在寶寶不斷對事情有興趣，因此他就一直學。寶寶的學習可能是自己嘗試，或是觀察他人，在各種可能性中累積機率，漸漸形成一個關於周遭事物包括人際的知識體系。書中提到人腦的前額葉對於安排複雜事務和抑制雜訊以專心一致是很重要的，但它最晚成熟。嬰幼兒前額葉，相對之下，是不成熟的，但這對他可能是祝福，因他不受拘束，到處探索，看似不專心，卻意外地學到許多。語言即是一例。三歲幼兒話語之多，成人只想叫他安靜。對心理學家來說，他怎麼學到這麼多詞彙，有這麼多東西可以說，一直是一個挑戰很高的研究議題。

作者由裝扮遊戲（pretend play）開始細數幼兒心智發展。我記得姪女三歲時，拿她畫的一堆薯條給我看。當時我想到三歲幼兒喜歡想像、喜歡裝扮遊戲，爲投其所好，就裝模作樣地又嚼又流口水，說好吃啊。姪女皺著眉，看著我說：「這是假的。」那時感覺是，當場被她打敗。三歲幼兒擔心我分不清楚假的和眞的，表示她很清楚假的意思。在裝扮遊戲中，我們看到幼兒想像自己是他人。作者以《魔戒》一書比喻幼兒的裝扮世界。《魔戒》中有一些不符實際的角色，卻又有眞實的場景。寶寶同樣知道幾時是裝扮、是想像，幾時是玩眞的。重要的是，在裝扮、想像中，幼童能預測一件事與另一件事的關係，形成學習、推理的脈絡圖。

在虛虛實實中，幼兒發展出對自己和自己心智的看法，而幼年時期的記憶與經驗影響了自我成長。作者在第六章澄清基因在發展中扮演的角色，特別強調幼兒的發展和其大腦因環境作用展現的可塑性。作者以苯酮尿症罕見基因疾病爲例，若在飲食中除去會影響代謝的化學物質，一切就改觀了。

第七章前，作者描述一個有想像、好學習、像哲學家追求眞理的小孩。第七章起，作者開始說明愛與依附、模仿、同理心與道德。書中提出一點可能有爭議，就是關於「鏡像神經元」的存在問題。目前有一說關於人的模仿和同理心是出於腦中鏡像神經元的作用。但是本書作者有不同看法，她認爲每個行動都是大腦中不同種類神經元互動的後果，單單以鏡像神經元不能解釋人的模仿行爲，特別是同理心。由同理心可知寶寶有意圖和目的、有方向，也理解他人意圖。也因此，幼童會推測他人企圖做卻做不到，而伸出援手，進一步帶出人際互動的規則以及生活中的規則，如此完成愛與道德。

讀這本書的過程中，我常問自己，爲什麼作者稱寶寶是哲學家，她給的證據是什麼？書中除哲學論述外，也提供不少心理學的實驗，幫助我更清楚作者的立場。簡言之，幼兒發展過程中，漸漸形成學習、推論和想像的地圖，當我們了解這個地圖，更能體會三歲幼兒無所事事、好奇、樂觀以及樂於互動（有社會本性）的必要，也就明白爲什麼健康和快樂是孩子成長不可或缺的因子。

這本書再一次提醒這樣的幼兒就在你我身邊，只是我們忽略他本來的樣子。讓我們重回到幼兒身上來看幼兒。

（本文作者爲中央大學學習與教學研究所教授）

寶寶也是哲學家

〈出版緣起〉／開創科學新視野　何飛鵬／3

〈專文推薦〉／小孩是蝴蝶自然能飛　楊茂秀／5

〈專文導讀〉／重回到幼兒身上來看幼兒　柯華葳／10

導　論　17

孩童如何改變這世界　21／童年如何改變這世界　24／一張地圖　31

第一章　可能的世界——為什麼孩子要假裝？　37

違實的力量　40／孩童的違實：擘畫未來　43／重建過去　45／想像可能性　47

想像力與因果　53／孩童與因果　55／理由與可能性　59／地圖與藍圖　61

因果脈絡圖 63／探測布里奇特 66

第二章 想像的同伴——虛構情節如何述說真相？ 73

鄧澤和查理・芮維歐利 76／尋常的怪異 79／為心智繪一張地圖 82
想像玩伴與心理學知識 88／自閉症、因果與想像力 89／地圖與虛構小說 92
為什麼心智與事物有所不同？ 94／靈魂工程師 97／玩樂的成果 100

第三章 逃出洞穴——孩童、科學家與電腦如何發現真相 105

觀察：嬰兒統計學 113／實驗：設法讓事情發生 120
演示：觀看媽咪的實驗 126／了解心智 131

第四章 身為嬰兒是什麼樣的感覺呢？——意識與注意力 143

外在注意力 148／內在注意力 150／嬰兒注意力 155／幼童與注意力 163
身為嬰兒是什麼樣的感覺呢？ 165／旅行和禪修 166

第五章　我是誰？——記憶、自我與流動的意識　175
意識與記憶　177／孩童與記憶　181／知道你如何知道　184／建構自我　188
孩童與未來　192／意識流　196／活在當下　198
內在意識、自由聯想、入睡前思緒與內觀禪修　200
為什麼意識會改變？　202／自我的地圖：建構意識　206

第六章　赫拉克利特的河流與羅馬尼亞的孤兒——早期人生如何塑造稍後的人生？　213
生命週期　218／遺傳的弔詭　220／嬰兒如何培養自己的父母　226

第七章　學著去愛——依附和統合　231
愛的理論　232／超越母親：社會性一夫一妻制與代理母職　246
人生的天氣　250／內心的小孩　251

第八章 愛與法律——道德的起源 259
模仿與同理心 262／憤怒與報復 267／超越同理心 268／病態人格者 271
電車學 273／不像我 275／擴大圈圈 279／遵從規則 281／嬰兒法則 284
故意這麼做 286／規則是原因 287／規則的危險 290／哈克・費恩的智慧 291

第九章 嬰兒和生命的意義 297
敬畏 302／神奇 303／愛 305／結語 308

注釋 314

提獻與致謝 330

導論

一個剛滿月的寶寶凝視母親的臉，專注得連眉頭都皺了起來，接著，她突然綻開一朵燦爛的笑容。[3]她一定是看見了母親，還感受到愛。只是對她來說，看見與感覺是怎麼一回事呢？當個小嬰兒是什麼樣的感覺呢？一個兩歲寶寶把自己手上那支吃了一半的棒棒糖拿給一個看起來很餓的陌生人。莫非年紀這麼小的孩子已經懂得同理他人，因而做出利他的行爲嗎？一個三歲女孩宣稱，如果不爲「寶貝們」準備座位，她就不吃晚飯了。她口中的「寶貝們」是頂著紫色頭髮的一對小小雙胞胎，他們住在她的口袋裡，吃鮮花當早餐。她怎麼能對自己憑空想像的東西那樣深信不疑？而且她是怎麼虛構出這麼令人驚嘆的生物呢？一個五歲孩子在某條金魚的協助下，發現死亡是不可逆轉的。一個還不識字、還不懂四則運算的孩子怎麼能發現生命有限這個既深奧又嚴肅的事實呢？剛滿月的小寶寶漸漸長成兩歲，接著是三歲，然後是五歲，最後神奇地變成孩子們的母親。這些截然不同的傢伙怎麼可能是同一個人呢？每一個人都曾經是孩子，而大多數人終會爲人父母——然而我們全都問過這類的問題。[4]

童年雖然對人生影響重大，但是很少有人探討這個階段。大家都認爲童年的存在理所當然，所以大多時候我們根本不會注意它。每個人都有童年，但是當我們提到童年，卻幾乎總是以第一人稱單數的詞彙描述它：你看，我該拿**我的**孩子怎麼辦呢？**我的**爸媽過去不知道做了什麼，害**我**變成今天這副模樣？不管是回憶錄或小說，還是無所不在的親子教養圖書，這些談到孩子的書大多都是這種調調。可是，童年不只是愛爾蘭人自傳中棘手的難題，也不是有待美國自我成長課程解決的某個特定問題，更不只是全人類共享的某個東西。稍後我將會證明，童年是人類之所以爲人的關鍵。

當我們深入思考童年這回事，才了解到這個看似簡單的普遍事實其實錯綜複雜，充滿矛盾。孩童是我們非常熟悉，同時卻無比陌生的對象。有時我們感覺他們就像我們，但有時他們似乎活在另一個完全不同的世界。他們所知有限，他們了解的事物遠比我們少。然而早在能夠閱讀或寫字之前，他們便已擁有令人驚奇的想像力和創造力，同時，早在上學受教育之前，他們便已展現非凡的學習能力。他們對於這世界的感受有時看似狹隘且具體，但有時卻比成人的體驗來得更爲廣泛。孩提時期的經驗對於塑造我們的個性似乎至關重要。儘管如此，從孩童到成人的這條路既曲折迂迴又錯綜複雜，所以這世上不乏擁有爛父母的聖人，以及出身慈愛家庭的瘋子。

孩子年紀愈小，就愈神祕難解。我們多多少少都還記得自己五、六歲時是什麼模樣，而且能和學齡孩童在相當對等的基礎上交談。但是嬰兒與學步兒則完全是塊陌生之地。注1 嬰〔5〕兒無法行走或說話，就連學步幼兒，嗯，也還在蹣跚學步。不過科學及常識告訴我們，在每個人生命最初的這幾年，幼兒學到的一切遠多過後來的任何時刻。想要看出孩童爲何是成人之父，這一點可能並不容易。然而，正在書寫這頁文字的「我」，與五十年前那個七磅重小嬰兒之間的關係（無論在眼眸和額頭），甚至與接下來這本三十磅重的糾結文句旋風、厚重情感、異想天開的裝扮遊戲（pretend play）之間的關係，追溯起來可能更加困難。我們甚至沒辦法給這個年齡層一個適當的名字。本書的焦點鎖定在五歲以下的幼童，所以提到三歲以下的孩子時，我大多會用「嬰兒」這個詞來稱呼他們。對我來說，「嬰兒」代表的是胖嘟嘟的臉頰和滑稽好笑的發音這種格外令人憐愛的特質組合，不過我也清楚，許多三歲娃兒強烈排斥這類的描述。

新近的科學研究與哲學思維解釋了這個謎團，卻也更加強化了這個謎團。近三十年來，我們對於嬰兒與幼童的科學理解歷經了一場大革命。過去我們總認為嬰兒與幼童是不理性的、自我中心的、是非不分的。他們的思考與經驗是具體的、即時的，而且是有限的。事實上，心理學家與神經科學家發現，嬰兒不只比我們認為的學得更多，而且還想像得更遠、關心得更廣、體驗得更深。就某些方面而言，幼童其實比成人更聰明、更富有想像力、更關心他人，甚至更有自覺。

這場科學革命促使哲學家首次正視嬰兒。孩童既深奧又難解，而這兩者的結合正是哲學的典型領域。儘管如此，在翻遍兩千五百年來的哲學文獻後，你幾乎找不到任何與孩童有關的思辨討論。假如火星人想要透過研讀地球人的哲學作品來了解你我，那麼很可能會得到〔6〕
人類是經由無性繁殖傳宗接代的結論。在一九六七年出版的《哲學百科》（*Encyclopedia of Philosophy*）兩千頁左右的索引當中，找不到嬰兒、幼兒、家庭成員、雙親、媽媽或爸爸的

條目，而且總共只有四個條目與孩童有關（然而卻有上百條探討天使和晨星）。[注2]

幸好這種情況最近有了變化。哲學家開始注意嬰兒，甚至向他們學習。目前流通的新版《哲學百科》收錄了確實與嬰兒相關，標題爲「嬰幼兒認知」（Infant Cognition）、「孩童的心智理論」（The Child's Theory of Mind）的文章。我受邀在美國哲學協會（American Philosophical Association）與兒童發展研究學會（Society for Research in Child Development）發表談話，而與會的哲學家爭論著嬰兒何時能理解他人的想法，他們如何學習這世界的種種，以及他們能否展現出同理心的能力。其中極少數的哲學家甚至顫巍巍地坐在幼稚園的小椅子上，對孩子們做實驗。思考嬰兒與幼童的案例有助於我們從一個全新的角度解答有關想像、眞實、意識、統合（identity）、愛與道德等根本問題。在本書中，我想嘗試根據嬰兒的研究，對這些基本的哲學概念提出全新觀點，同時也想根據這些哲學概念，對嬰兒提出全新的觀點。

孩童如何改變這世界

在本書中所有實驗與論點的背後有一個宏大的、總體的概念：人類是已知生物當中最善於改變的那一個。我們改變周遭世界，改變他人，也改變自己。孩童與童年則說明了我們如何改變。同時，人類會改變此一事實，解釋了孩童舉手投足背後的原因，甚至說明了童年存在的理由。

基本上，這種對於童年的全新科學解釋源自演化論。不過，研究孩童卻讓「演化如何〔7〕塑造人類生命」展現出有別於傳統演化心理學（evolutionary psychology）觀點的描述。[注3]有些心理學家與哲學家主張，人性主要取決於基因——這種與生俱來的內建系統造就了今日的你我。人類生來就有一套固定的獨特能力，用以滿足咱們那生於二十萬年前更新世（Pleistocene）[譯1]的史前老祖宗的需求。毫不意外的是，這種觀點完全低估了童年的重要性。循此觀點，爲了讓天生的人性展現，「差強人意」的童年環境或許是必要的。但除此之外，童年根本不重要，因爲影響總體人性及個體性格的關鍵早在出生時便已被決定。

但是這種觀點無法捕捉到人類生活的眞實樣貌，還有我們的生命隨時光變化與發展的軌跡。至少它感覺起來像是我們主動創造自己的人生，改變所處的世界以及我們自身。而且這種觀點也無法說明人類發展歷史的劇烈變化。假如人類的天性是由基因決定，那麼今日的人類應當和更新世的人類完全一樣。無論變化發生在個人生活或人類歷史中，這種能耐是人類最獨特且恆久不變的特質，也是個費解的事實。撇開神祕主義不談，可有法子能夠解釋這種靈活變通與創造力，這種改變我們個人與人類集體命運的能力嗎？

誰能料到答案竟來自非常年幼的孩子們，而且它通往一種非常不同的演化心理學。人類最重要的演化優勢在於我們擁有跳脫演化限制的能力。我們能理解自己身處的環境，也能想像不同的環境，還能將那些想像的環境落實成眞。身爲高度群居的物種，他人是我們所處環〔8〕境當中最重要的部分。因此我們特別容易了解人，並且運用那些知識改變他人與我們自身的舉止。結果使得人類總是處於不斷循環的變化當中，而那正是人類演化天賦的核心，也是人性中最爲深沉的部分。我們改變身處的環境，而環境也使我們蛻變。我們改變他人的行爲，而他人的行爲也使我們的行爲有所更動。

我們原先即有著比其他物種更有效、更靈活地了解所處環境這種能耐。這類知識讓我們能想像嶄新的環境，甚至是徹底陌生的環境，並且採取行動改變現有環境。接著，我們能理解自己創造的那個全新環境中種種前所未有的特質，因此再次改變那個環境，諸如此類。神經科學家口中的可塑性（plasticity）就是指根據經驗加以改變的能力，這種能力是從大腦到心智到社會各層次的人性關鍵所在。

學習是這個歷程當中的關鍵部分，不過人類適應改變的能耐超越了單純的學習。學習牽涉到這個世界改變我們心智的方法，但是我們的心智也能夠改變這個世界。「針對這個世界提出一套新理論」讓我們能想像運作這個世界的其他可能方式。認識他人與自身讓我們能想像身而爲人的其他新鮮方法。與此同時，爲了改變這世界、改變我們自身，以及改變我們的社會，我們必須思考自己應有的定位，以及我們目前的眞實定位。本書探討的正是孩童如何發展出能改變這世界的心智。

心理學家、哲學家、神經學家及資訊科學家正著手鑑定賦予人類適應改變這種獨特能耐[9]背後的某些機制，也就是人類天性中允許後天教養與文化取而代之的層面。我們甚至開始爲那些機制的某些部分發展出嚴謹的數學描述。這種嶄新的研究與思維大多是幾年前才出爐的，而它將會對「人類頭顱裡的生物電腦如何實際催生人類自由與靈活彈性」這件事，帶來全新的理解。

在提筆寫下這段文字時，如果我環顧四周的尋常物事，電燈、由直角構成的桌子、釉面光亮對稱的瓷杯、發光的電腦螢幕，幾乎沒有任何東西和我在更新世能看見的物品相似。所有的這些物件都只曾存在於幻想中，它們全都是人類自行創造出來的東西。而我本人，一個書寫著兒童哲學的女性認知科學家，也不可能存在於更新世。我也是人類想像力的創造物，當然，你也是。

童年如何改變這世界

童年，這段受到保護的漫長未成年時期，在人類改變世界與自身的能力上扮演著極爲重要的角色。孩童並不只是逐漸變得完美而複雜的有瑕疵成人，或未開化的大人。事實上，孩童與成人是兩種完全不同的智人（Homo sapiens）。他們的心智、大腦與意識形式雖然同等複雜且同樣強勁有力，卻是非常不同的兩套系統，以符合不同的演化功能。人類發展比較像是從毛毛蟲蛻變爲蝴蝶的質變，而不是純粹的增長——儘管孩童在這個歷程中看似是由活力〔10〕十足、四處漫遊的蝴蝶，轉變爲在成長之路上緩緩前行的毛毛蟲。

童年究竟**是**什麼呢？在這段特殊的發展時期中，年幼的人類得完全仰賴成人維生。少了照顧者（caregivers），童年也就不復存在。爲什麼人類得經歷童年這樣的時光呢？與其他物種相比，人類未成熟、受扶養的時期較爲漫長，且隨著人類歷史的發展，這段未成熟的時期也益發延長（我們這些家裡有二十多歲孩子的父母可能會嘆口氣，同意這種說法）。爲什麼嬰兒得保持如此無助的狀態這麼久？而成人又爲什麼甘願投資這麼多的時間與精神照顧他們呢？

這段拖得老長的未成熟時光與人類善於變化的能耐密切相關。想像力與學習力爲人類帶來重大的優勢，我們因而比其他物種能適應更多的不同環境，而且在某種程度上還能將所處的環境加以改變，這是其他動物做不到的。但是它們也有一項重大缺點，那就是學習很花時間。你不會想要在摸索獵鹿的各種可能新方法時，連續兩天忍飢挨餓，也不會希望在學習劍齒虎的種種文化智慧時，被一頭活生生的劍齒虎追著跑。花上一整個星期把玩我新電腦的所有性能，就像我的青春期兒子會做的，對我來說肯定是件愉快的事。但是考慮到研究計畫的期限和我負責授課的班級像劍齒虎般密切監視著我的行動，我只得繼續按老法子照章行事。

任何動物，凡是倚賴過去世世代代積累的知識，都得花時間去學習那種知識。而仰賴想像力維生的動物則得花時間去練習想像。童年就是那樣的一段時光。孩童受到保護，無須面對成人生活中常見的緊急狀態。他們無須獵鹿或抵擋防禦劍齒虎的攻擊，更別說是撰寫研究〔二〕計畫提案或授課，那些事務全都有人幫他們料理妥當了。認真說來，他們唯一要做的就是學習。當我們還是孩子的時候，我們專心致力於學習這世界的一切，以及想像這個世界還有哪些其他不同面貌。等到長大成人，我們就把自己學到的和想像出來的種種付諸實踐。

在孩子與成人之間存在著某種演化的分工。孩子是人類這個物種的研發部門，也就是提出前瞻看法的理論家或獻策者。成人則是製造與行銷部門。孩童提出發現，成人負責落實那些創見。他們想出百萬個新點子，絕大多數毫無用處，而我們則將其中三、四個好點子實現成眞。

假設我們關切的是成人的能力，像是展望長期的規畫力、迅速且自動的執行力，以及面對鹿與虎和期限的快速巧妙反應，那麼嬰孩與幼童的表現看起來確實並不高明。相反地，如果我們關心的是因應變革這類人類獨有的能力，尤其是想像力與學習力，那麼看起來笨拙的會是成人。毛毛蟲和蝴蝶各有擅長。

孩子與成人間的這種基本分工反映在心智、大腦、日常活動，甚至是意識經驗中。嬰兒大腦似乎具有特殊本領，使它們格外適合想像與學習。[4]相較於成人大腦，嬰兒大腦確實有更加高度的連結，也有更多可資利用的神經通路。當年紀漸長、經驗日增後，我們的大腦會「剪除」不太有效、較少使用的神經通路，並強化經常使用的那些。假如你瀏覽一張嬰兒大腦圖，它看起來會像是古老的巴黎，充滿許多蜿蜒曲折、四通八達的小巷弄。在成人大腦中，那些窄小陋巷會被少數幾條更有效率的神經大道所取代，以便容納更多的交通流量。年〔12〕輕的腦袋瓜比較靈活、有彈性，它們很容易接受變化，但是它們比較沒有效率，無法運作得和成人大腦一樣快速、一樣有效。

從童年到成年的質變過程中，有更具體的大腦變化扮演著某個特別重要的角色。這些變化發生在前額葉皮質區（prefrontal cortex）。人類大腦的這個部分罕見地發達，而且神經學家往往主張它是人類能力與眾不同的中樞。舉凡思考、計畫與控制等複雜的能力全都由大腦前額葉這個區域主宰。[5]舉例來說，出於錯誤和自大的某種悲慘結合，在一九五〇年代，一群精神病患被迫接受前額葉切斷術（lobotomies），也就是開刀切除他們大腦的這個部分。雖然這些病患表面上看來很正常，但其實已經大幅喪失決策、控制自己一時衝動，以及聰明行事的能力。

前額葉皮質區是人類大腦中最後成熟的幾個部分之一。這個區域的神經通路配線，還有剪除某些連結並強化其他連結的這個歷程，可能要到二十五歲前後才會全部底定（家有二十多歲孩子的父母不禁同聲一嘆）。近來神經學家發現，大腦的所有部位遠比我們想像得更有可塑性且更爲多變，即便成年後也是如此。不過，大腦的某些部位，比方視覺系統，似乎在出生後的頭幾個月就會逐漸發展爲成熟形態。至於其他部位，譬如前額葉皮質區，還有前額葉與大腦其他部位之間的連結，成熟的速度就慢得多。到了青春期，甚至在那之後，這些部位都還會持續變化。視覺皮質在六個月大和六十歲時大同小異，然而前額葉要到成年後才會展現出它的最後形態。

你可能會認爲這代表了孩童是有缺陷的成人，因爲他們的大腦欠缺掌管成人理性思維的關鍵部位。但是你同樣也可以說，提到想像與學習時，前額葉未成熟反而使得孩童的表現優於成人。前額葉皮質區和「抑制」（inhibition）尤其相關。注6抑制能幫忙關閉大腦的其他部位，節制經驗、行動與思緒的擴散，並使之聚焦。這個歷程對於成人從事複雜的思考、規畫與行動而言非常重要。舉例來說，要推動一項龐雜繁複的計畫，你必須只執行計畫要求的行動，而不是所有其他可行的作爲。此外，你必須只留意那些與該項計畫相關的事件，而不是包山包海，無所不管。只要嘗試過說服一個三歲娃兒穿好衣服準備上學去，任何人都會懂得欣賞抑制之美。假如這個小人兒不要一直停下來研究地板上的每一粒塵埃，輪流拉開每一格抽屜，或者脫掉你剛才好不容易幫他穿上的襪子，事情就會容易得多。

但是隨後我們將會看到，假設你關心的主要是想像與學習，那麼抑制恐怕有害無利。要

〔13〕

富有想像力，你會希望盡量考慮到各種不同的可能性，就連異想天開或史無前例的可能性都不放過（也許少了那些抽屜，梳妝台會更好用）。就學習而言，你會希望對或許會被證明是眞相的所有可能性抱持著開放的態度，即便是不大可能發生的那些也是如此（也許那粒塵埃中藏有這個宇宙的祕密）。實際上，對童年而言，缺乏有力的前額葉控制可能是一種優點。

從另一種意義上來說，在童年時期，前額葉皮質區是整個大腦最爲活躍的部位。在那些年月裡，大腦的這個部位始終不斷變化著。前額葉的最終形態似乎在很大程度上取決於童年經驗。童年時期的想像力與學習力提供我們資訊，讓成年後的我們用來巧妙規畫與控制自己的行爲。事實上，某些證據指出，高智商與晚熟和較易變化的大腦額葉確有相關。注7 保持〔14〕開放的心胸愈久，可能使你變得愈聰明。

不同的大腦與心智也代表成人與孩童把時間花在不同事務上——我們工作，嬰兒玩耍。遊戲是童年的識別特徵。它是想像與學習正在運作的一種生氣蓬勃、清楚可見的表現。它也是無用的不成熟矛盾地有所作用的最明顯跡象。按照定義，無論是嬰兒堆疊積木、按下百寶箱的按鈕，學步兒假裝自己是美人魚、忍者或各式各樣的角色，遊戲本身沒有明顯的重點、目的或功能。它無助於推動交配和獵捕行爲、逃避和戰鬥等基本演化目的。然而這些無用的行爲——包括成人也會把同等事物擠進工作當中——具有特殊、典型的人味，且深富價值。戲劇是遊戲，而小說、繪畫與歌唱也是遊戲。

孩童與成人間的所有這些差異暗示了孩童的意識，也就是他們日常經驗的組織，必定與我們的截然不同。孩童的大腦與心智和我們的天差地別，因此他們的經驗必定也與我們的全然不同。這些差異並非只是無用驚嘆的出處。實際上，我們可以運用對孩童心智與大腦的所知來探究他們的意識。我們可以運用心理學、神經科學與哲學工具來理解孩童的內在生活。反過來，了解孩童的意識能讓我們對於日常的成人意識及身而爲人的意義，產生一種全新的觀點。

這些差異也引發了饒富趣味的統合問題。嬰兒與成人是根本不同的生物，分別有著不同的心智、大腦與經驗。但是從另一個角度來看，成人正是童年的最終產物。我們的大腦由過去經驗塑造而成，我們的生命始自孩提時期，而我們的意識則可回溯至童年時光。希臘先哲〔15〕
赫拉克利特（Heraclitus）曾說，人無法踏入同一條河兩次，因爲不管是那條河或那個人都已經和原來的不同了。每當思及孩童與童年，總使得「人類生命與人類這個物種的歷史像一條不斷變化、永遠流動的河」這種說法，變得栩栩如生。

而改變、想像與學習的所有歷程最終則取決於「愛」。人類照顧者對自己孩子的愛，不但表現方式強烈，而且非常耐人尋味。那種愛，是人類變化的動力之一。人類父母的愛不只是一種未開化的初始本能，也不僅僅是動物哺育行爲的延續（雖說那樣的延續確實存在），那加長版的父母職責在人類最精良且特有能力的出現上扮演了重要的角色。人類那拖得老長的未成熟時光之所以行得通，是因爲我們能夠仰賴照料者的愛。我們可以從長輩發現的事物中學習，因爲前述那些慈愛的養育者願意投身教育我們。少了母親般的照顧，人類不只會缺乏哺育、溫暖和安全感，同時也會出現文化、歷史、道德、科學與文學有所欠缺的窘境。

一張地圖

在本書的頭三章中，我會探討我們對於想像力與學習的全新理解背後，有何哲學思維與心理學研究。即便是最年幼的嬰兒，也很了解這世界是如何運作的。可是學步兒熱中於裝扮遊戲，在他們清醒的時候大多忙著優雅地啜飲想像的茶品，並與幻想的老虎展開激烈搏鬥。這是爲什麼呢？我會在第一章說明知識與想像如何緊密相連。孩童運用自己的知識建構出跳脫傳統的宇宙——那個世界遵循不同的運作法則。〔16〕

孩童對於人類如何運作也知之甚詳。這讓他們能想像包括自己在內的人可能有哪些新的思維或行動方法。在第二章，我會說明那些能力如何引導孩童創造出假想的朋友，同時指引成人創造出戲劇與小說。想像他們可以如何表現出不同，的的確確讓孩童以及成人變得不同。我們可以讓自己變成想像中的第二自我。

在第三章，我會指出知識與想像來自何方。針對學習與想像可能如何發生，科學哲學家與資訊科學家已經發展出全新的想法——這些想法其實已經被應用在設計能學習與想像的電腦上頭。這些想法也能說明孩童如何進行大量學習與想像。我會帶你去看嬰兒如何像科學家一樣，運用統計學與實驗去探索這世界的種種。此外，他們還握有一種非常有力，而且是人類獨有的學習方法：他們會觀察照料自己的人，並從中學習。這些不同種類的學習方法讓我們能夠不斷改變自己對這世界以及它提供的各種可能性的看法。

在接下來的第四、第五兩章中，我會討論意識。成人看待這世界的方法從過去以來一直是如此嗎？未來也會繼續保持不變嗎？還是說意識本身有可能改變？身為嬰兒會是什麼樣的感覺？在成人身上有兩種截然不同的意識。第一種是外部意識（external consciousness），指的是我們對自身以外世界的鮮活認知，像是天空的藍，還有鳥兒的啼囀。在第四章，我會描述嬰兒的心智與大腦，尤其是嬰兒注意力的全新研究。嬰兒注意這個世界的方法顯然與成人有很大的差別，而這種注意方式與他們那奇特的學習能力有關。我會證明嬰兒實際上比成人更加有自覺，對於身邊發生的每一件事也有更翔實的觀察。〔17〕

我們同時也會體驗到內在意識（internal consciousness）。這是指那道思緒、感覺、計畫的涓流，它會流經內在「我」（I），同時也是內在「心眼」（eye）——內在觀察者、自傳作者，以及執行管理者，這些全部都是我們賦予自我（self）的稱呼。在第五章，我會證明對嬰孩與學步兒還有成人而言，這種內在意識截然不同。嬰兒對於過去和未來、記憶和欲望的領略與成人大不相同。他們似乎沒有同樣的那種內在觀察者，而且他們緬懷過去與展望未來的方法與成人大相逕庭。換句話說，人類擁有單一一個統整的自我這種觀念是我們創造出來的，而不是與生俱來的。

在接下來三章中，我會探討這些新想法能爲另外一組問題（包括統合感、愛與道德）帶來些什麼新意。對於爲人父母，事實上也爲人子女的我們而言，這些經常是非常急迫的問題。在第六章，我會討論身爲孩童與身爲成人的生活間有何關係。童年的經驗與行爲如何塑造我們成年後的經驗與行爲？童年如何讓我們成爲今日的你我？在第七章，我會聚焦在這個問題的某個特別部分上。父母與孩子間的愛是打哪兒來的？它如何塑造我們成年後的愛情與生活？我會論證我們並不光是受到基因或自己的母親所決定，而是由童年經驗引領我們創造自己的生活。

在第八章，我會說明孩童能告訴我們關於道德生活的哪些事。嬰兒與幼童並不像我們曾經一度以爲的，是不辨是非的生物。即便是年紀很小的嬰兒也會表現出非常強烈的同理心與利他的行爲。而且就連學步兒也知道規則必須被遵守，但是規則並非永遠一成不變，它們是可以被改變的。這兩種能力——也就是愛與法律的能力，以及關懷他人與遵循規則的能〔18〕力——使人性兼有道德深度與靈活彈性。它們解釋了人類如何在修正法律與規則以適應新環境條件時，不至於落入道德相對主義（moral relativism）[編1]的陷阱中。

最後，在第九章，我想談談嬰兒的精神意義——也就是嬰兒與生命的意義。對大多數父母來說，撫育小孩是他們生命中最重要、最有意義且最深刻的經驗。難道這不過是個演化的幻覺，不過是一種讓我們不斷繁衍後代的詭計嗎？我會說明這種體悟如假包換，孩子眞的能讓我們與眞理、美和意義產生連繫。

本書的內容無法幫助父母讓孩子們乖乖上床睡覺，或者送他們上一所好大學，或者保證他們能有一段快樂的成年生活。但是，我希望本書能幫助父母，以及不是父母的人，從一種嶄新的角度去欣賞童年的豐富性與重要性。即便是三歲小孩生活中最單調平凡的事實——不切實際的裝扮遊戲，無窮無盡的好奇心使他們對幾乎任何事都充滿興趣，還有對他人的直觀同情——也能告訴我們身而爲人究竟有何意義。哲學與科學能幫助我們了解孩子如何思考、感受和體會這個世界，以及我們自己如何思考、感受和體會這個世界。

譯注：

1. 指距今一百八十萬年前至一萬年前之間。

編注：

1. 認爲道德與倫理的標準依文化、種族、性別、宗教等因素而有所分別，無法一概而論。與道德普遍主義（moral universalism）相對立。

第一章

可能的世界

——為什麼孩子要假裝？

人類並非活在眞實世界中。所謂「眞實世界」指的是過去曾眞實發生、當下正在發生，以及未來即將發生的一切。但是我們不只活在這個單一的世界裡，而是活在一個擁有許多可能世界的宇宙中，包括這個世界未來的所有樣貌，還有它過去以及眼前這個當下可能展現的所有樣貌。這些可能的世界就是我們口中的夢想與計畫、虛構小說，以及假設。它們是希望與想像的產物。哲學家則含蓄風趣地稱之爲「違實」（counterfactuals）。注1 〔19〕

違實是人生裡的「要不是、早知道、原本應該」，也就是未來可能會但尚未發生的種種，或是過去本來該、結果卻沒有如此發展的一切。人類很在乎那些可能的世界，跟關切眞正的現實世界一樣深刻。乍看之下，違實思考（counterfactual thinking）似乎是一種非常精巧複雜、令人費解的哲學能力。我們怎麼能夠思考不存在的事物？我們爲何要這樣思考，而不是只鎖定眼前的眞實世界就好？理解眞實世界顯然能帶給我們演化上的優勢，但是我們能〔20〕從想像世界裡得到什麼好處呢？

想要回答這些問題，我們可以從觀察年幼的孩童著手。違實思考是否只會出現在世故的成人身上呢？還是說幼童也有能力思索各種不同的可能性？世人普遍認爲嬰兒與幼童只能處理此時此地的事務，也就是他們當下的感受、理解與體驗，而西蒙・佛洛伊德（Sigmund Freud）與尙・皮亞傑（Jean Piaget）提出的理論則雙雙呼應這種看法。即便當幼童假裝或想像時，他們其實無法區分現實與幻境：這種見解認爲，孩子們的幻想不過是另一種直接經驗

（immediate experience）。對於理解現實與其他各種替代選擇間關係的這種能力，違實思考的要求更爲嚴苛。

認知科學家已經發覺這種傳統想法是錯誤的。我們發現，就連非常年幼的孩童也能思考各種不同的可能性，知道它們與現實有別，甚至還會運用它們改變這個世界。他們能夠想像這個世界在未來有哪些不同面貌，並且運用它們創造各種計畫。他們有能力想像這個世界在過去可以有哪些不同面貌，以及它們如何影響過往的種種可能性。此外，最教人吃驚的是，他們有能力完整地創造幻想世界、天馬行空的虛構故事，以及引人注目的託辭。這些瘋狂的幻想世界是童年中常見的情節——每個三歲孩童的父母都會驚嘆道：「好精采的想像力！」但是，以下將要探討的全新研究會徹底改變我們對這些幻想世界的看法。

過去十年來，我們不僅發現孩子們擁有這些想像力，我們還開始理解這些力量是怎麼發生的。我們正在發展想像科學（science of the imagination）這門學問。孩童的心智與大腦如何建構，才能讓它們想像出琳琅滿目的其他宇宙呢？〔21〕

答案出人意料之外。傳統想法認爲知識與想像、科學與幻想截然不同——甚至是互相對立的。但是接下來我要描述的新概念指出，正是完全相同的能力讓孩子學會關於這世界的許多事，也讓他們改變這世界——使全新世界存在——以及想像可能從未存在過的其他世界。孩童的大腦自行創造出這世界的因果理論（causal theories），還有這世界如何運行的地圖。

這些理論讓孩子能夠設想全新的可能性，同時想像、假裝這世界有所不同。

違實的力量

心理學家發現，違實思考在我們的日常生活中極其普遍，且深深影響我們的判斷、決策與情緒。你可能會認爲眞正要緊的是實際發生的事，而非你想像中過去也許會發生或者未來有可能發生的事。這尤其適用於過去的違實——也就是過去有可能、卻沒有發生的事，或可說是人生裡的「要不是、早知道、原本應該」。然而這些「要不是、早知道、原本應該」會爲體驗與感受帶來深刻的衝擊。

在一項實驗中，曾獲諾貝爾獎肯定的心理學家丹尼爾・卡恩曼（Daniel Kahneman）和他的同事請受試者想像以下情景：堤斯先生與柯瑞恩先生共乘一輛計程車前往機場，趕赴他們各自的班機，兩班飛機都預定在六點起飛。沒想到交通堵塞得很嚴重，時間一分一秒地流逝。最後，他們終於在六點三十分抵達機場。結果堤斯先生的班機準時在六點鐘起飛，而柯瑞恩先生的班機則是延誤至六點二十五分方才起飛。因此，當他們抵達機場時，柯瑞恩先生〔22〕眼睜睜地看著他原定搭乘的班機飛走。猜猜誰會比較沮喪？注2

幾乎每個人都同意，剛好錯過班機的柯瑞恩先生心中會有較多不快。但這是爲什麼呢？

明明他們倆都沒趕上自己的飛機呀。其實，讓柯瑞恩先生感到忿忿不平的，似乎並不是眞實世界，而是違實世界，也就是假如計程車能早點抵達，或者他的班機能再多延誤個幾分鐘，該有多好。

你無須借助像這樣的假設情景，也能清楚地理解違實的效用。不妨想想奧運競賽的前三名得主。猜猜看銅牌得主與銀牌得主誰比較快樂？[注3]從客觀的角度來看，銀牌得主理應比較快樂，因爲畢竟她的表現確實優於銅牌得主。不過對這兩個人來說，相對應的違實卻截然不同。對銅牌得主來說，與現況有關的其他可能是自己無緣擠進前三名——而她剛好擺脫了那種下場。對銀牌得主來說，與現況有關的其他可能是贏得金牌——而她剛好錯失了那種際遇。事實上，當心理學家檢視頒獎典禮的錄影片段，並分析那些運動員的臉部表情時，他們發現銅牌得主看起來眞的比銀牌得主開心許多。過去其他可能性間的差異遠勝過實際狀況間的差異。

就像人在機場的柯瑞恩先生或奧運銀牌得主，當理想中的結果似乎正好搆不著邊，或恰巧失之交臂，最讓人感到極度不快。一如尼爾·楊（Neil Young）[譯1]改寫約翰·格林里夫·惠提爾（John Greenleaf Whittier）的詩句爲：「在所有口述或手寫的辭句中，最悲哀的四個字莫過於『原本可能……』。」[譯2]

既然違實本身就是不曾眞正發生的事，爲什麼我們人類還會如此在意它們呢？爲什麼這些虛構世界對我們來說和眞實世界同等重要呢？無疑地，「事情就是如此，眞糟糕」應該比「原本可能……」更讓人感到遺憾才對。

演化的答案指出，違實讓我們改變未來。因爲我們有能力思考這世界的其他可能模樣，就能依照思考的結果採取行動，將世界變成那些可能性當中的某一個。每當我們起而行，即〔23〕便只是小規模的行動，都會改變歷史的進程，將這世界往這條、而非那條路徑輕輕推進。當然，「使某一種可能性成眞」代表我們考慮過的所有其他可能性全都不會被付諸實現——它們變成了違實。但是有能力思考那些可能性對人類演化成功來說至關重要。違實思考讓我們得以擬定新計畫、發明新工具，以及創造新環境。人類總是不斷想像著，要是自己能用新方法剝開胡桃、編織提籃或做出政治決策，究竟會發生些什麼事？而所有那些遠見的總和就是一個不同的世界。

至於過去的違實，還有伴隨而來的獨特人類情緒反應，似乎是人類爲未來的違實而得付出的代價。由於我們得向未來負責，所以會爲過去感到內疚；由於我們有能力盼望，自然也就有能力懊悔；由於我們會制定計畫，因而可能會對結果感到失望。人類有能力考量所有可能的未來式，並思索事情可能將有哪些不同發展。然而，這種能力的另一面是，你總會忍不住反芻所有可能的過去式，琢磨事情原本可能會有的種種變異。

孩童的違實：擘畫未來

那麼，孩童能夠違實地思考嗎？最根本的演化式違實思考來自於我們為未來擬定計畫時——當我們考量過各種可能性之後，選出一種我們認為最理想的。我們該怎麼判定年紀很小的嬰兒有無這種能力？在我的實驗室裡，我們會拿「套圈圈」這種標準的嬰兒玩具給受試嬰兒看。但是，我會用膠帶遮去其中一個套環的中央空洞。注4對於這個顯然相似、實則頑強難搞的套環，受試嬰兒會有什麼樣的反應呢？當我們讓一名十五個月大的嬰兒參與這項實驗時，他會運用試誤法（trial-and-error method）來解決這道難題。他會把某些套環套疊在柱子上，然後仔細觀察那個被膠帶蓋住的套環，並且試著把它套在柱子上。接著，他會更用力地嘗試把它套在柱子上。然後，再試一次。這時，他抬起頭，臉上充滿疑惑，拿起其他套環再試一次，接著又拿起那個貼了膠帶的套環再試一次。基本上，年紀還小的嬰兒會不斷重複嘗試，直到他們放棄為止。〔24〕

不過，等到他們長大了些，對於這世界的運作方式有了更多理解後，受試嬰兒的反應將會截然不同。一名十八個月大的嬰兒會把所有的其他套環全都套疊在柱子上，然後握住那只被動過手腳的套環，臉上露出「你想騙誰啊？」的表情，連試都不屑一試。或者，受試嬰兒會立即挑出那只誆人的套環，把它用力地扔到房間的另一頭，再回頭冷靜地套疊其他套環。或者，她會同樣誇張地把那只騙人的套環拿到柱子上方，同時大喊「不要！」或「呃……喔！」這個年紀的嬰兒無須親眼看見那只套環會有什麼結果，他們可以想像假如把它套在柱子上會發生什麼事，並據此做出合適的舉止。

在另一項實驗中，我們觀察嬰兒能否發現某件物品的新用途——他們能否用簡單的方式發明一件新工具。我把一件誘人的玩具放在受試嬰兒搆不著的地方，同時在他們身旁擺一支玩具耙子。正如套圈圈實驗一樣，十五個月大的嬰兒的確會拿起耙子，但是他們無法想出把它當成工具的用法。他們會把那個誘人的玩具從這頭推到那頭，或是更讓人沮喪地，把那玩具愈推愈遠，直到他們湊巧拿到那玩具或者放棄爲止。但是年紀大一點的嬰兒會盯著耙子瞧，若有所思地停止動作——你幾乎可以看見他腦中的輪子轉呀轉的——然後露出一抹勝利的微笑，時常還伴隨著一種沾沾自喜的表情——你幾乎能看見他頭頂上的燈泡亮了起來！接〔25〕著，他們會透過正確的方位，將耙子放在那玩具上，得意洋洋地利用耙子把玩具拉近他們身邊。同樣地，他們似乎能在心裡預見、想像耙子作用在那玩具上的所有可能方法，然後從中選擇恰到好處的那一可能性。

嘗試各種不同作爲，直到某一種行得通——這樣的簡單試誤確實是在這世界求生的一種有效手段。但是預見未來的可能性讓我們能用這種更富洞察力的方式來擬定計畫——用腦，而不用手。在套圈圈或用耙子當工具的實驗中，年紀較長的嬰兒似乎能預見某些可能的未來會失敗，於是避開那些未來。其他研究則顯示，這不是因爲十五個月大與十八個月大的嬰兒表現有別。假如擁有正確的資訊，就連年紀較小的嬰兒也能運用洞察力解決問題。[注5]

這種靠頓悟解決問題的能力似乎是非常人性的。有極少數的證據顯示黑猩猩，[注6]乃至於某些非常聰明的鳥兒（如烏鴉）[注7]偶爾也有能力這麼做。但是就連黑猩猩與烏鴉，當然還有其他動物，也多是靠直覺或試誤來走跳世間。事實上，直覺與試誤通常是很有效且很聰明的策略。看見鳥兒將一整套複雜的直覺行爲匯總起來用以築巢，或是目擊黑猩猩運用試誤法慢慢找出能開啓箱篋上精巧鎖具的正確策略，總是教人留下非常深刻的印象。但是這些策略與嬰兒和幼童運用的計謀並不相同。人類學家承認，運用工具與擬定計畫這兩種有賴預見未來可能性的能力在人類的成功演化上起了很大的作用。[注8]而在還不會說話的嬰兒身上，我們親眼見證了這些能力的浮現。

重建過去

在前述實驗中，嬰兒似乎有能力想像未來的其他可能性。但是孩童也能想像過去的違實，也就是這世界原本可能會是什麼不同的模樣嗎？我們必須從嬰兒的行爲去推斷他們的違實思考，但是我們可以直截了當地向年紀較大的孩子提出「要不是、早知道、原本應該」這類的問題。直到最近，心理學家總是宣稱孩童不擅長思索各種可能性。對於不熟悉的主題，孩子們確實不容易構思相關的違實。然而，一旦他們對那個主題有所掌握，就連兩、三歲的孩子也會變得善於產生其他世界。

關於幼童的想像能力，英國心理學家保羅．哈里斯（Paul Harris）知道的可能遠多於任何人。注9哈里斯又高又瘦，個性矜持，作風很英式，在牛津大學任教多年。他的作品一如牛津傑出作家路易斯．卡洛爾（Lewis Carroll）的著作，將最嚴格的邏輯應用在最荒誕不羈的幻想上，形成一種獨特的英式風格。

哈里斯說了一則常見的英國鄉村故事給孩子們聽，然後問他們未來違實與過去違實的問題。注10淘氣小鴨穿著一雙沾滿泥巴的雨鞋，正要走進廚房裡。「如果小鴨穿著雨鞋走過廚房，地板會是乾淨的，還是髒兮兮的呢？」「如果小鴨先把雨鞋上的泥巴清乾淨，那麼地板會是乾淨的，還是髒兮兮的呢？」就連三歲的娃兒也知道，要是小鴨先把雨鞋清乾淨再踏進廚房，地板就不會弄得到處都是泥巴。

在我的實驗室裡，大衛．索貝爾（David Sobel）和我設計出一套故事卡——如果按照次序排放，卡片上的漫畫圖案就能說出正確的故事。注11我們向孩子們展示一系列的圖片，描述一個女孩走到一只餅乾罐前，打開罐子，往裡頭看，發現裡頭有好幾片餅乾，所以她看起來很開心。但是我們也準備了另外一組圖片，內容包括了那女孩發現罐子裡頭沒有餅乾，還〔27〕有那女孩看起來又餓又傷心。我們按照正確次序向孩子們展示卡片，並且要求孩子們說出整個故事。接著我們說：「可是，假如那女孩最後很傷心呢？」同時換掉最後一張卡片，於是那女孩看起來很傷心，而非原來的很開心。「到底發生了什麼事讓她這麼傷心呢？」三歲大的孩子們反應一致，他們換掉稍早之前出現的圖片，以配合假定的結局——他們用罐子空空的圖片取代罐子裡全是餅乾的圖片。這些非常年幼的孩子們可以想像與推理出另一種版本的過去。

想像可能性

我們可以在孩童的玩耍中找到他們有能力違實思考的證據。嬰兒從十八個月大，甚至年紀更小時便開始懂得假裝。[注12]假裝牽涉到一種現在式的違實思考——想像事情可能會有怎樣不同的發展。就連還不會說話、走路還走不穩的嬰兒也會假裝。一個一歲半的嬰兒可能會拿起一枝鉛筆認眞地梳頭髮，或者突然將頭靠在枕頭上，一邊假裝自己睡得很熟，一邊不斷發出咯咯的傻笑聲。年紀略長的小寶寶開始會將物品視爲其他東西。剛學會走路的幼兒靠著口中發出「噗、噗」的聲音，以及用手將物品推過地板等簡單的變通之道，將手邊拿得到的任何東西，從積木、鞋子到早餐碗，通通變成交通工具。他們也會小心地、溫柔地哄三隻玩具小羊上床睡覺。

當我們爲這些年幼的孩子挑選玩具時，總是將這樣的情景視爲理所當然。玩具店裡的學步幼兒區充滿了鼓勵孩子假裝的各種玩具：農舍、加油站、動物園，甚至還有自動提款機和手機。不過，並不是因爲我們拿洋娃娃給他們，所以兩歲孩子才會玩起裝扮遊戲；實情是，因爲他們熱中假裝，所以我們才送他們洋娃娃。就算沒有玩具，這個年紀的幼兒也同樣〔28〕可能會將日常物品、食物、小石頭、青草、你，還有他們自己，變成其他東西。而且即使身處於不鼓勵裝扮遊戲的環境中，比方狄更斯（Charles Dickens）作品《艱難時世》（*Hard Times*）中葛拉格林（Gradgrind）先生主持的學校，孩子們還是照做不誤。[譯3]（「沒有一個孩子落後」〔NCLB〕[譯4]的檢測政策彷彿呼應了葛拉格林先生的主張，使得幼稚園以閱讀練習取代喬裝遊戲〔dress-up corners〕和裝扮遊戲。）

小寶寶一開始會說話，他們立刻就會談論眞實世界與可能世界。當年我在牛津就讀研究所時，曾記錄下九個小寶寶牙牙學語時所使用的各種語彙。這些寶寶方才跨入語言世界，只會使用單一個字來表情達意，但是他們卻會用那些字眼來表示可能性與現實。不只是無所不在的「噗——噗——」，還包括了拿著球假裝要啃一口時的「果——果——」，以及哄洋娃娃睡覺時發出的「安——安——」。有個格外惹人憐愛的紅髮英國娃兒有隻心愛的泰迪熊。

他的媽媽織了兩條長圍巾，就像英國電視影集《超時空博士》（*Dr. Who*）[譯5]中主角圍的那種，小的給泰迪熊，大的給強納森。有一天，強納森把泰迪熊的那條圍巾繞在自己的脖子上，眉飛色舞地笑著宣布說，他的新身分是「強納森小熊」！

事實上，學習語言給了孩童一種全新且有力的想像方法。就連還不會說話的小寶寶也有一定的能力能夠預見並想像未來。但是，有能力發言提供你一種格外有力的方式，能用新角度將舊點子加以組合，以及談論不在眼前的事物。不妨想想「不要」的力量。「不要」是孩子們最初學會的第一批詞彙之一。當父母親聽見「不要」這兩個字，他們會馬上聯想到孩子在「難纏的兩歲」階段總是堅定地拒絕做某些事。的確，孩子們會這樣使用「不要」。不過，他們也會用「不要」來告誡自己不要做某些事，像是之前那個把騙人的套環拿到柱子上方並大喊「不要」的孩子。此外，他們也會用「不要」來表達某件事並不正確。當強納森〔29〕那位和他一樣迷人的媽媽逗他說，某座游泳池裡滿滿都是柳橙汁，他立刻回嘴說：「不要果汁！」其他不那麼明顯的詞彙也有類似的同等效力。就拿「呃——喔」來說，成人幾乎不會把它當作一個有意義的詞，但它卻是幼童最常用的詞語之一。而「呃——喔」就像「不要」，可以用在談論「過去原本可能會發生某些事」的時候。當小寶寶嘗試做某件事卻失敗了，他們就會發出「呃——喔」的聲音——「呃——喔」對比了理想結果與令人惋惜的真實情況。

有能力說出「不要」與「呃——喔」讓你立刻遁入違實與可能的世界——沒有走的那條

路，未曾實現的可能性。而我們發現，其實小寶寶開始提到脫離現實的可能性時，也正是他們靠著頓悟以靈活運用工具之始。注13有能力談論各種可能性有助於你想像那些可能性。

到了兩、三歲左右，小小孩通常會將清醒時的大部分時間花在由幻想生物、可能的宇宙及虛假身分構成的世界上。走進任何一家日間托兒所，你肯定會被許多穿著連身裝的小公主與超級英雄團團包圍，他們會很有禮貌地招待你喝一杯不存在的茶，並且警告你最好遠離那些不存在的怪獸。這些孩子善於貫徹自己的違實假想前提帶來的後果。保羅・哈里斯發現，就連兩歲大的孩子都會告訴你，假如一頭幻想的泰迪熊正在啜飲一杯幻想的茶，又假如牠不小心打翻了茶，那麼被茶濺濕的那片幻想地板就得要在想像中被清理乾淨。（正如淘氣小鴨的例子，這些幼兒似乎對於把事情弄得一團亂的可能性特別著迷。）在處理他們建構的違實時，孩子們的想法相當具體明確。假設泰迪熊打翻了茶，你需要的是一支拖把；但是如果牠弄翻的是爽身粉，你需要的則是一支掃帚。注14

這種想像遊戲以往被視為孩童認知局限的證據，而非其認知力量的佐證。包括佛洛伊德與皮亞傑在內的早期心理學家主張，喬裝假扮（make-believe）是幼童無法分辨虛構與真實、偽裝與現實、幻想與事實的一種徵兆。當然，倘若你看見一個成人做出和這些學齡前幼兒相同的事——例如，假設某人頂著一頭亂髮、身披一件閃閃發亮的斗篷，向你宣稱她是精靈之后——你可能會斷定她分不清現實與幻想，所以她也許應該趕快回去乖乖吃藥。儘管如 〔30〕

此，不管是佛洛伊德或皮亞傑都不曾對這個問題進行有系統的深入研究。

近來，認知學家仔細探討了孩童對於想像和僞裝的認識。結果發現，就連兩、三歲的孩子也非常善於分辨想像、僞裝與現實之間的不同。即便是最早期出現的裝扮遊戲也具備了一個最獨特的特質，那就是它總會伴隨著孩子的咯咯笑。無論是咯咯的笑聲、心照不宣的表情、充滿戲劇性的裝腔作勢，在在顯示出孩子們並沒有認眞地把它當一回事。其實，咯咯笑、誇張的手勢、戲劇性的誇大表情——這些固定的暗號表明了這些行爲「不過是假裝而已」。[注15]畢竟，就連小寶寶也不會認眞嘗試去咬想像的餅乾，或者用假手機和媽媽進行眞對話。

學齡前幼兒花很多時間在裝扮遊戲上，但是他們心裡清楚自己是在假裝。心理學家賈姬・伍利（Jacqui Woolley）曾經做過一項實驗，在受試孩童假裝某個盒子裡有枝鉛筆時，讓他看見另一個盒子裡確實裝了一枝鉛筆。接著蓋上兩個盒子的蓋子。這時，一個助理走進房間想找一枝鉛筆，於是問受試孩童她該打開哪個盒子。三歲大的受試者很清楚地指出，她該查看那個裝有眞正鉛筆的盒子，而不是擺著假鉛筆的另一個盒子。[注16]在大致相同的方式下，三歲孩子表明每個人都能看見並撫摸一隻眞實的狗，卻無法對一隻想像的狗這麼做；你可以透過假想，把一隻想像的狗變成貓，卻不能對一隻眞實的狗如法炮製。[注17] 〔31〕

孩童有可能看來滿臉疑惑，因爲他們是表情與情緒的僞裝高手。他們可以對完全虛構的場景做出眞實的情緒反應。保羅・哈里斯不要求孩子們想像盒子裡裝有鉛筆，而是想像盒子裡躲著一頭怪獸。孩子們再一次清楚地指出盒子裡其實並沒有什麼怪獸，所以假如打開盒蓋，他們也不會看見任何怪獸——他們只是想像它存在而已。話雖如此，當實驗者離開房間後，許多孩子會小心翼翼地遠離那個盒子。注18

不過在這方面，孩子的表現似乎與成人沒有什麼不同。心理學家保羅・羅辛（Paul Rozin）要求成人將一只瓶子裝滿自來水，並將一個寫有「氰化物」字樣的標籤貼在瓶身上。雖然他們心知肚明自己只是假裝這罐水有毒，他們仍舊堅持不肯喝下瓶中的水。注19同樣地，雖然我心裡很明白食人魔漢尼拔・萊克特（Hannibal Lecter）不過是個虛構人物，卻還是被嚇得呆若木雞。

比起大人的感受，孩童的情緒濃烈得多，也難控制得多，無論引發那情緒的理由是眞或假。憂心的家長認爲，躲在棉被底下發抖的孩子必定眞心相信衣櫥裡確實藏著一頭怪獸。但是科學研究顯示，孩子有這樣的表現並不是因爲他們無法分辨虛構與事實的不同，他們只是比成人更容易被這兩者感動。

想像力與因果

我們知道就連年紀很小的幼兒也會不斷思索有關未來、過去與現在的可能世界。而且我們知道這種能力賦予人類獨特的演化優勢。不過人類的心智，即便是非常年輕的人類心智，〔32〕是如何孕育出違實的呢？我們如何構思那些並不眞正存在眼前，而存在於未來或發生於過去的可能世界呢？更重要的是，我們的演化優勢來自於人類不只能想像各種可能性，還能遵循那些可能性而採取行動——我們能將它們化爲現實。但是，我們怎麼知道某種可能性將會在什麼樣的條件下實現？還有，我們怎麼判定自己必須有哪些作爲，才能使它們成眞呢？

有部分的答案是，人類想像可能世界的這種能力與人類思考因果關係的能力密不可分。

因果知識（causal knowledge）本身是一道古老的哲學難題。偉大的英國哲人大衛・休謨（David Hume）認爲我們可能永遠無法眞正確知某件事引發了另一件事——我們知道的不過是某件事往往會尾隨另一件事發生。是什麼讓因果知識不僅僅是倒楣事一樁接著一樁呢？當代哲學家大衛・路易斯（David Lewis）是指出因果知識與違實思考間存有密切連結的第一人，[注20]自此之後，陸續有許多哲學家進一步探討這個想法。

一旦你知道某件事與另一件事存有怎樣的因果關係，就能預測假如你的行爲改變了另一件事，那麼某件事會發生什麼樣的變化——你能看見「些許差異就能使事情發生變化」這整個過程將會如何進展。你也能想像假如你採取了特定行動，接下來可能會發生什麼事，即便你其實並沒有這麼做。一旦我知道抽菸會致癌，我就能想像自己的行動使人們停止抽菸的那些可能世界，並且能斷定在那樣的世界裡，那些人罹癌的機率比較低。我可以採取各式各樣的行動，從廣告、立法到發明尼古丁貼片，讓人們停止抽菸，而且我能精確預測這些行動究竟將如何改變這世界。我可以創造一個罹癌人數少於過去的世界。此外，我也能回顧過去，〔33〕計算假如菸草業過去不曾抵制這些改變，有多少生命能因而獲救。

了解因果能讓你故意去做某些事，因為那些事會以某種特殊的方式改變這世界。你或許以為我們只不過擁有追蹤這世界在你我周遭展現的能力，然而，其實我們擁有干預這世界的能力，還有推動事情發生的能力。蓄意干預這世界和只是預測接下來將會發生什麼事，兩者並不相同。在出手干預前，我們會設想希望能打造的特定可能未來，然後我們的行動就會確實改變這世界，讓那樣的未來成真。注21

當然，其他動物未必對這世界有一定的因果理解，不過也能順利地在這世間存活，而人類在某些情境下也是如此。就像十五個月大的小寶寶處理套圈圈問題，或者像黑猩猩，透過試誤，你有可能碰巧命中解決某道問題的正確作為。黑猩猩可能會注意到，拿根棍子朝白蟻窩戳，蟻群就會紛紛湧出。十五個月大的小寶寶可能會看見，嘗試套上那個被膠帶蓋住洞的套環只會一直失敗。醫生可能會觀察到，開阿斯匹靈給病人，患者的頭痛就消失了。於是，下一次只要重複那個行為就行了。

但是，對這世界建立起一套因果理論讓你能在確實採取行動前，有機會思考某道問題的其他可能對策，以及每一種對策的後續影響；同時，它讓你能做出更廣泛、效力更大的干預。假如你知道是套環中央的那個洞讓套環能穩穩地套入支柱，或者是那支耙子造成玩具隨之移動，你就能設計出一種新策略來處理被膠帶蓋住洞的套環或伸手拿不到的玩具。如果你知道對三叉神經施予一波波的電脈衝能使血管舒張，而血管擴張會對神經施加壓力，導致頭痛，你就能設計出只對電脈衝或只對血壓造成影響的藥物。當你服用像是含有英明格〔34〕（sumatriptan）成分的藥物來紓緩偏頭痛時，正是享受了神經學家發現偏頭痛的因果知識，以及因此找出可能治療方法所帶來的好處。

孩童與因果

了解造成偏頭痛與癌症的致病機制並運用這種知識改變這世界，當然是科學的工作。但是，難道只有科學家能思考因果關係（causation），並且運用它創造出新世界嗎？普通的成年人似乎也對這世界的因果結構知之甚詳，因而忍不住琢磨著各種違實，即使他們的一切努力最後往往只落得內疚和遺憾收場。

我們已經看到孩童對違實思考也非常拿手。假如違實思考得倚賴因果理解，而且它是人性中深沉、逐步形成的一個部分，那麼就算是年紀很小的孩子也應該具有能按因果關係來思考的能力。事實上，原來他們早就對這世界的因果結構了解很多——關於某件事如何讓另一件事發生的種種。其實，這是發展心理學界最重要且最具革命性的最新發現。

正如心理學家過去一直認定孩童哪知道什麼違實，他們也一直堅信幼童不懂因果關係是什麼。孩童思維理應局限在他們立即的知覺經驗，也就是他們或許知道某件事發生在另一件事之後，但應該不知道某件事引發了另一件事。尤其是，心理學家認爲孩童並不了解隱藏的因果關係，也就是科學的創作素材——比方種子爲什麼會發芽成長，微生物如何害你生病，〔35〕磁鐵怎麼讓鐵屑移動，潛藏的欲望如何驅使人們採取行動。例如皮亞傑主張，在孩子到達就學年齡之前，他們的思維都是「前因果的」（precausal）。譯6

但是過去二十年來，我們發現嬰兒與幼童其實懂得許多物品和人的運作道理，而且隨著年紀漸長，他們知道的也就愈多。

皮亞傑拿孩子們不太了解的因果現象來考他們。注22他問學齡前幼童有趣卻艱深的因果問題，像是「爲什麼晚上天會變黑？」或「爲什麼雲會移動？」孩子們不是被問題弄糊塗了，就是說出從成人眼光看來有缺陷的答案，雖然這些答案有時自有其邏輯（「天黑了我們才能睡覺啊」或「因爲我希望雲移動，所以它們會移動」）。

直到最近，心理學家才決定嘗試用孩子們熟悉的事物當成問題，比方「爲什麼強尼肚子餓的時候會去開冰箱?」或「三輪車是怎麼跑的?」年僅兩歲的孩子就能提供非常棒、有時甚至是非常詳盡的因果解釋。「他認爲冰箱裡有食物。因爲他想要吃東西，所以他打開冰箱，這樣他才能拿到食物。」年紀很小的孩子對於因果充滿了永難饜足的好奇心，一如他們停不下來的「爲什麼?」所顯示的。

心理學家亨利・魏爾曼（Henry Wellman）將某次定期休假年（sabbatical year）[譯7]全都用來仔細檢索整個「兒童語料交換系統」（Child Language Data Exchange System, CHILDES）；這個電腦資料庫記錄了無數美國孩童的日常對話內容。（曾經在幼稚園任教的魏爾曼說，置身在史丹佛行爲科學高等研究中心〔Center for Advanced Studies in the Behavioral Sciences〕電腦室寧靜的成人學術氛圍中，同時間卻被這些看不見的三歲娃兒再次團團包圍，那感覺實在既怪異又動人。）他發現兩三歲大的孩子每天都會提出、也會被問〔36〕
到幾十個因果解釋。他們會針對物理現象提出解釋：「因爲你太大力扭泰迪熊的手臂，所以它才掉下來。」「珍妮坐了我的椅子，因爲另外一張椅子壞掉了。」他們提出生理性解釋：「他需要多吃點，因爲他正在長長手臂。」「壞老鷹吃肉，因爲壞老鷹覺得肉很好吃。」但是他們尤其喜歡提出心理性解釋：「昨天晚上我沒有讓它灑出來，因爲我是乖小孩。」「我

才不要上去，因為我好怕她。」這些解釋和大人的說法未必完全相同，但它們仍舊是非常棒的、合乎邏輯的解釋。注23

其他研究顯示幼童了解相當抽象或隱藏的因果。他們了解種子裡有某些東西讓它發芽茁壯，他們也知道看不見的微生物會讓人生病。注24日本心理學家波多野誼余夫（Giyoo Hatano）和稻垣佳世子（Kayoko Inagaki）曾探討孩童的日常生物學觀——也就是他們對生與死的理解。注25他們發現，全世界的孩子到了五歲左右都會發展出一種生物學的活力因果論（a vitalist causal theory of biology），很像是傳統漢方與中醫的理論。這些孩子似乎認為身體中有一股生命力，如同中國的「氣」，維繫著你我的生命。舉例來說，假如你吃得不夠多，孩子們推測這股力量將會變得衰弱，接著你就會生病。他們認為死亡就是這股力量遭遇不可逆的流失，因而可以預測死掉的動物不能復生。（對於死亡的這種全新認知利弊參半。年紀較小的孩子認為死亡比較像是一種變化，而非結束。奶奶只是暫時住在墓園或天堂裡，她有可能會再回來。一旦孩子們認定死亡是生命力不可逆的流失，他們會開始對死亡變得非常焦慮。）這種理論能讓孩子們將預測、違實及解釋串成一整套關係網——就像魏爾曼研究〔37〕的那個孩子說某人「需要多吃點，因為他正在長長手臂」。

因果關係奠定了幻想的邏輯基礎。你不妨回想保羅・哈里斯研究中的那個孩子，他能精準地推算出假如泰迪熊打翻了想像的茶，結局該是什麼才對。在一場想像遊戲中，假設你愛怎樣就怎樣，事情肯定只會一團糟。相反地，你得先建立起想像前提（「我是媽媽，你是小寶寶」），接著按照那些前提嚴謹地推論出合理的結果。孩子們有可能會非常在意正確的因果規則是否被切實遵循：「你的死光槍沒打中我，因爲我躲在這面盾牌背後！」「你必須喝光那杯牛奶，因爲你是小寶寶！」

理由與可能性

孩童從年紀很小時就開始發展因果理論。假設因果知識與違實思考緊密相連，這或許能解釋幼童如何能同時擁有產生違實及探討可能世界這兩種能力。假如孩子了解事物運作的方法，他們應該就有能力想像其他的可能性。這或許也能解釋孩子無法違實思考的那些案例。請回想那十五個月大的孩子，她徒勞無功地嘗試將實心套環硬往支柱上擠呀塞的。有可能是因爲她還不了解支柱和空洞如何組裝在一起。有時，孩子之所以無法違實思考，是因爲他們缺乏正確的因果知識，而不是因爲他們無法想像各種可能性，正如我恐怕沒辦法告訴你，我們早該做些什麼來防止太空梭墜毀，或者將來能做些什麼預防此事再度發生。

亨利・魏爾曼指出，孩子們在日常對話中談論各種因果。接著，他的下一步是要求孩子們根據自己對於物理世界、生物世界與心理世界的因果知識，說明什麼是可能的，什麼是不

〔38〕

可能的。他發現，孩童會堅持用自己的知識去判別可能性。注26例如孩子們說，強尼確實可以決定舉起自己的手臂，但他不可能決定跳起來然後停在半空中，他也沒辦法決定長高一點，或者穿越一張桌子。

其中一位小小受試者決定要示範他的違實知識，方法是在他進行預測後，把每一種可能性實際付諸行動。「你就是沒辦法跳起來，停在空中。看！」他邊說邊盡力跳得高高的。接著是：「注意啦，桌子！我要穿越你！」他邊說邊誇張地撞向桌子，然後忍著痛說：「噢，你看，沒辦法穿越桌子啦！」

就連剛出生的小寶寶也已經擁有這世界的因果知識，還會運用那知識來預測未來、解釋過去、想像可能或不可能存在的世界。但是更進一步深究，我們不禁想問：要這麼做，孩童的心智必須像是什麼樣呢？無論是魏爾曼、波多野和稻垣，還有我嘗試描述這些想法的一種方式是，指出孩童對於這世界擁有自己的日常理論——關於心理學、生物學與物理學的日常見解。這些理論就像是科學理論，只不過它們大多屬於潛意識的，而且它們早已被編成密碼、寫入孩童的大腦中，不像有意識的科學理論會寫成文字或在科學研討會上公開發表。然而，像理論這樣抽象的東西怎麼編成密碼、寫入孩童的大腦中呢？

地圖與藍圖

孩童的大腦建構出一種潛意識的因果脈絡圖（causal map），一份關於這世界運行方式的精確地圖。這些因果脈絡圖類似我們比較熟悉的、用來表明空間的地圖（甚至如Mapquest的電腦系統）。從松鼠到老鼠乃至於人，許多動物會爲自己的空間世界建構「認知地圖」（cognitive maps）[注27]，這種事物究竟位在空間中何處的內在圖像，和紙本地圖的外在圖像非常相似。一旦在地圖上描繪出空間資訊，你就能更靈活、更有效益地運用那種資訊。對於動物腦中的那些空間地圖如何編碼、存放在什麼地方，我們略知一二。它們看來是位在一個叫作海馬迴（hippocampus）的區域——倘若移除一隻老鼠的海馬迴，牠就再也無法在迷宮中找到出路。

地圖的功能之一是讓你繪製藍圖。藍圖的長相和地圖相仿，但我們不是要讓藍圖符合這世界，而是要改變這世界來滿足藍圖的規畫。一旦我們知道如何繪製空間地圖，也就能決定可以怎樣變化物件（包括我們的身體）的空間配置，並且預測那些變化會帶來什麼樣的效果。

假如你置身一座陌生的城市而手上沒有地圖，爲了找到當地的火車站或某家人氣餐廳，你只好在踏出旅館後四處徘徊，直到你碰巧找到了火車站或那家餐廳爲止。一旦找到路，你可能會重複那條路徑。然而，一旦握有地圖，你就會發現另有其他更短或更便捷的路徑可走。地圖讓你無須逐一親自踏查，就能比較前往某地的不同路徑，還能讓你找出效率最高的路徑。你並不需要一份紙本地圖才能這麼做。靠著良好的認知地圖，如老鼠等動物可以探索〔40〕迷宮、建構內在地圖，然後無須歷經試誤，就能立刻找出從迷宮中某個位置通往另一位置的最短路徑。

你或許沒想過將地圖當作藍圖這種用法。畢竟，地圖代表的這個世界一直保持不變。但其實你不斷改變的是地圖上一個非常重要物件的所在位置，也就是代表「你在這兒」的小紅點。當你想像可以採取的不同路徑，隨著紅點在不同的位置上，你正想像著（實際上是創造）不同的認知地圖。對於建構不同的認知藍圖（當你穿梭在不同空間時會發生的影像），地圖是一種非常有效的工具。

此外，有了地圖，你就可以考慮其他更爲複雜的空間可能性。舉例來說，當你著手設計一座新花園，第一步是爲現有的後院畫一張地圖（記錄下裂開的水泥板、壞掉的攀爬架、一小片野草等等）。至於第二步，則是繪製一張替代用的理想花園簡圖（素描出噴泉、紅磚走道與開花樹木等）。偉大的景觀庭園設計師「潛力布朗」（Capability Brown）[譯8]曾經注視著泰晤士河（Thames）某段蜿蜒的河道讚許說：「眞聰明的設計！」布朗心中想像的景色是藍圖實現的結果，是人類干預下的產物，而非地圖上精確標示的自然現象。透過這種方法更為簡單的形式，如松鼠等動物便能夠運用空間地圖，規畫該將自己的堅果藏在什麼地方，而且隨後還能找到那些堅果。

一旦擁有這張全新的理想地圖、這張藍圖，我們就能付諸行動實現它。我們可以透過最短路徑移動到新的地點。我們可以把攀爬架移除，送進垃圾場，然後拉來一座噴泉取代它。[41] 地圖也能幫助我們在動手投入前預先考量所有的空間可能性。我們可以想想，拐進小路是不是比一直走大馬路要來得快。在實際決定要把噴泉安置在特定地點前，我們不妨看看擺放噴泉的各種可能地點——也許是能和紅磚道或開花樹木產生互動的位置。

因果脈絡圖

人類還會建構另一種不同類別的地圖，也就是事件彼此間有著複雜因果關係的地圖。注28 神經學家擁有一種偏頭痛地圖，它勾勒出神經活動與壓力和疼痛之間的所有因果連結。或者不妨想想能夠對生物世界進行各種預測的孩童。與其思考生、死、成長、疾病與食物兩兩間的單一因果關係，孩子們對於這世界似乎抱持著條理清楚且單一的活力論（vitalism）。他們認為吃東西能讓你獲得更多能量，而疾病會使你的能量乾枯——成長讓你與你的因果力量撥接連線，而死亡則將它從你手中奪走。孩童可以做出新預測，通常是他們過去從未聽說的事。他們會說，只要一直吃，你就可以毫無限制地不斷成長，或是說一個高個兒成人肯定比一個五短身材的成人來得年長（我兒子就堅持說，身高只有一五七公分的我絕不可能與愛打籃球的年輕同事做朋友，因爲對方很高大，而我很嬌小）。或是他們會說你得吃東西，因爲食物能帶給你力量。這種生物學的因果脈絡圖讓他們推斷出前述的所有結果，[注29]以及更多其他結果。

儘管其他動物顯然會繪製空間的認知地圖，但目前還不清楚牠們究竟會不會用同一種方法繪製因果脈絡圖。其他動物能夠了解特定種類的因果關係。例如，牠們了解自己的行動會引發立即隨之發生的事件——比方說，戳白蟻穴會讓白蟻傾巢而出。又例如，牠們可能了解〔42〕極少數格外重要的因果連結，諸如壞掉的食物與噁心反胃間的連結。話雖如此，其他動物似乎不會繪製我們在年紀很小的孩子身上看見的那種因果脈絡圖。其他動物似乎更爲仰賴試誤學習，而非創設理論；前者讓我們注意到阿斯匹靈能讓頭痛消失，但後者卻讓我們設計出治療偏頭痛的英明格這種新藥。

在一九九〇年代，卡內基美隆大學（Carnegie Mellon University）有一群以克拉克・葛力默（Clark Glymour）爲首的科學哲學家，著手嘗試提出一種科學理論可能如何運作的數學式說明。[注30]同時間，加州大學洛杉磯分校（UCLA）的資訊科學家則在朱迪亞・波爾（Judea

Pearl）的帶領下，著手撰寫能夠做出和科學專家同樣預測與建議的電腦程式。注31這兩個研究小組剛好想到同一套與因果脈絡圖有關的主意。他們成功地發展出如何運用數學語言描述因果脈絡圖，以及如何運用它們精準產生全新的預測、干預與違實。這種嶄新的數學描述稱作「因果的圖形模型」（causal graphical models），從此攻下人工智慧領域，並在哲學界激發出有關因果關係的嶄新理念。

你可以像透過Mapquest運用空間地圖那樣，透過電腦程式運用這些因果脈絡圖。Mapquest運用單一地圖，自動產生從一地到另一地的無數種路徑。透過大致相同的方式，運用這些因果脈絡圖的電腦程式可以做到和人類科學家——以及孩童——同等複雜的違實推理。這些程式可以進行醫學診斷，並且建議可能的治療方法，它們也可以針對預防氣候變遷〔43〕提出有幫助的建議。美國太空總署（NASA）已著手探討將這些點子用在新一代火星探測機器人身上的可行性。

認知科學的核心概念是，人類大腦就像是一種電腦，雖然人腦的威力遠遠強過任何我們所知的眞實電腦。心理學家嘗試找出人類大腦使用的究竟是哪種程式，還有我們的大腦如何執行那些程式。由於孩童很擅長理解因果，所以我們認爲孩童的大腦也許會建構因果脈絡圖，而且透過和電腦程式一樣的手法運用它們。事實上，當初正是因爲我和哲學家及資訊科學家協力合作，才會讓我有了因果脈絡圖這個想法。（多年來，我在許多酒吧裡和葛力默爭論我的孩子是不是比他的電腦聰明得多。當然，答案是孩子們在某些方面的確比電腦高明，不過電腦也有勝出的時候。但是總的來說，在歷經十年的實驗後，我終於說服葛力默把票投給小寶寶。）

探測布里奇特

我們要怎麼發現孩童是否眞的會在心裡繪製周遭世界的因果脈絡圖，運用它們去想像嶄新的可能性，並改變這個世界呢？我們如何才能發現孩童是否使用了和專家電腦同樣的程式呢？我們能做的，就是向三、四歲的孩子介紹新的因果事件，然後看看他們能否運用那個知識去進行預測、設計新的干預，以及考量新的可能性。那樣我們就能確知孩童之所以做出這些結論，根據的就是我們提供的因果資訊——新地圖——而非其他。

在商店店員以及我實驗室的研究生協助下，我發明了一台名爲「布里奇特探測器」（blicket detector）譯9的機器。這台機器是個方盒子，每當某些積木被放在機器頂端，機器的燈就會亮起來，還會播放音樂，但是它對其他積木完全沒有反應。我們告訴孩童說：「你看！這是我的布里奇特探測器！布里奇特會讓這台機器動起來喔。你能告訴我什麼是布里奇特嗎？」孩子們對這台機器非常著迷，於是立刻動手調查、實驗，想找出它是怎麼運作的，〔44〕

以及什麼是布里奇特。他們在機器上試遍了每一個積木，用力壓或輕輕放，甚至用手去刮這些積木的表面，以便查明其中可能藏了什麼。

至於眞相，很幸運地沒有一個孩子懷疑到，我們或可將它稱爲「綠野仙蹤因果關係」（Wizard of Oz causality）。其實呢，有一個身材矮小的人，更確切地說，是一個大學部研究助理，他躲在一道簾子後面，按下按鈕讓機器動起來。我的小兒子安德烈是布里奇特探測器實驗的試驗受試者——也就是白老鼠的意思。幾個月後，我終於向他解釋它的運作原理。安德烈的反應很像電影《駭客任務》（*The Matrix*）中的主角尼歐（Neo）醒來後，發現這世界不過是一場精心安排的騙局那樣。（到了二十歲那年，他已經原諒我，也許是因爲他認爲這項實驗是拯救宇宙，或至少是和凱莉安・摩斯〔Carrie-Ann Moss〕[譯10]約會的前兆。）

一旦孩子們開始發現哪些積木能讓機器動起來，他們就能運用那項資訊去預想新的可能性，並且做出新的預測，包括了違實的預測。[注32]在我們進行的首批實驗中，我們明白告訴孩童，某個特定的積木是能夠發動機器的布里奇特，然後同時拿起布里奇特與一個非布里奇特，將它們都放在機器頂端上。當然，這台機器的燈仍舊會亮起來。首批接受測驗的一個四歲孩子立刻想出了一個會讓任何哲學家都感到很驕傲的違實。他很興奮地說道：「可是，如果你當時沒有把布里奇特放上去，如果你只有放那個（指著那個非布里奇特），那機器就不會動了。」

假設你要求孩子讓機器動起來，他們會只選擇放上布里奇特。更明顯的是，倘若你要求〔45〕他們讓機器停止，他們會說你必須將布里奇特拿走，雖然他們從來沒有看過任何人用這個方法讓機器停止。他們能運用這個新的因果資訊去推斷出正確的結論，包括違實結論。他們能想像假如你把布里奇特拿走，將會發生什麼事，或者假如你過去早就把布里奇特拿走，當時又會發生什麼事。

新的因果知識也能帶來更大的改變。找出哪個積木能讓機器動起來或停止似乎不是什麼了不起的事。但是我的學生蘿拉・舒茲（Laura Schulz）和我決定用一種不同的方式來進行同一項實驗。[注33]我們向孩童展示一台類似的機器，上頭附有一個開關。受試孩童並不知道這台新機器如何運作。接著我們問孩子們，如果你按下開關，機器有沒有可能會動起來？如果你只是對著它說話，叫它動起來，機器有沒有可能會開始運作呢？起先，每個孩子都說開關可以讓機器動起來，但光對著機器說話是沒有用的。這些孩子已經知道機器運作的方式和人是不同的。

不過，假如我們示範對著機器說話可以讓它的燈亮起來，孩子們就會改變心意。這時，如果你要求他們讓機器停止動作，他們會非常有禮貌地說：「機器，請你停下來。」而不是伸手去操作開關。假設你要求孩子們預測什麼東西將能使一台新機器運作起來，比起先前的情況，這時他們會比較願意選擇「對它說話」這個選項，雖然他們仍舊認爲「按下開關」的勝算比較大。提供孩童新的因果知識就能改變他們對於可能性的看法，同時也會改變他們可能採取的行動類型。孩童能想像一台在過去似乎完全不可能的傾聽機器。

同樣地，對成人科學家來說，新的因果知識讓我們能想像在過去看似無法想像的可能〔46〕性。在科幻片中，想像力應該百無禁忌，但最教人震驚的是，導演的想像力往往受限於他們的現有知識。例如在電影《銀翼殺手》（*Blade Runner*）中，哈里遜・福特（Harrison Ford）拚命地跑向一座公用電話，上頭還有個能顯示影像的螢幕。該片的編劇能想像一台有著電視螢幕的公用電話，卻無法想像公用電話在那時早就全部消失了。沒有什麼比未來願景更過時的了，因爲要想像未來的各種可能性，我們得先具備對未來的認知。

通常，人們會認爲知識和想像是不同的，甚至彼此對立，但是關於因果脈絡圖的新研究指出，事實恰好相反。了解這世界的因果結構與產生違實是密切關連的。事實上，知識能給予想像力量，使得創造力變得可行。正因爲我們知道這世上的不同事件如何串連在一起，我們才能想像怎麼改變那些連結，進而創造新的連結。正因爲我們了解這個世界，才能創造可能的世界。

這種知識與想像的深刻人性融合不只是成人的專利。事實上，它構成了孩童最天馬行空的幻想。三歲大的孩子假想自己是個精靈公主這件事不光是很可愛或很有創意，她也正在展現一種獨特的人類智慧。有了這些新的科學想法在手，我們就能用新方法想出許多其他種想像。在下一章，我會討論「創造出想像人物」這種獨特的想像力，以及這種想像力和成人戲劇之間的關係。

譯注：

1. 加拿大傳奇民謠搖滾歌手，其大量作品影響數代的音樂人與歌迷，被譽爲唯一能和巴布・狄倫匹敵的搖滾樂手。
2. 原文爲The saddest words of tongue or pen are these four words, "it might have been."，出自It Might Have Been一曲。原詩句爲For of all sad words of tongue or pen, / The saddest are these: "It might have been!"，出自Maud Muller一詩。
3. 在小說中，葛拉格林先生一心追求利潤。後人多用他的名字來指稱鐵石心腸，只關心冷冰冰的事實與數字那種人。
4. No child left behind，小布希執政時代的主要教育政策，希望透過各種方案與措施縮短孩子的學業成就差距。原本立意良好，但因過於重視閱讀與數學能力的精熟、過分仰賴每年的檢測成績，並據此獎懲學校，造成學校「以考試領導教學」的現象。
5. 由英國國家廣播公司（BBC）製播，以神祕時光冒險爲主題的電視科幻影集。該劇從一九六三年開播後受到廣大迴響，至一九八九年才告一段落，堪稱是當時英國流行文化的一個重要切面。
6. 比如孩子會說：「我今天沒有午睡，所以還沒有到下午。」但其實他說這話的時間已經是當天晚上。

7. 美國大學教授在每工作六年後，有一年的支薪假期。

8. 十八世紀著名英國景觀建築師蘭斯洛・布朗（Lancelot Brown, 1716-1783）的暱稱，他經常讚揚貴族客户們的私人莊園多麼富有改造潛力，而得有此名。

9. 在心理學研究中，「布里奇特」這個字被用來觀察孩童如何學會新字。它本身並沒有任何意義。

10. 加拿大女演員，在電影《駭客任務》中飾演護衛並深愛主角尼歐的鬥士崔妮蒂（Trinity）。

第二章

想像的同伴

——虛構情節如何述說真相？

柏拉圖反對詩歌。事實上，他的主張更爲強烈：舉凡詩人、劇作家、演員和各類藝術家〔47〕都會被逐出他理想中的共和國。他主張，詩人理所當然會說很多荒謬不實的話。但糟糕的是他們會說服人們，認爲那是眞的——至少暫時是眞的。爲什麼要放任這班騙徒在桃花源橫行，更別提付錢請他們創造幻想了。詩人甚至不是非常出色的騙子——他們設法欺騙我們的某些特定法子早就被我們看穿，我們很清楚他們說的並不是事實。

現在，我們可以提出演化版的柏拉圖問題。眞相對生物的重要性與助益是顯而易見的。掌握這個世界的樣貌有助於你找出存活求生的方法。但是虛構事物爲什麼同等重要呢？爲什麼它有助於生物扯謊，以及做一些根本無法有效愚弄任何人的事？假如詩人沒有被《理想國》（*The Republic*）的仁慈獨裁者給淘汰、消滅的話，爲什麼他們能躲過天擇的毒手呢？觀察孩童能使這道演化問題顯得格外清晰生動。孩童是這世界最狂野、最熱中於創造虛構事物的生物。爲什麼呢？這種瘋狂的僞裝究竟有什麼功用呢？

到目前爲止我已經談過孩童對於物理與生物世界的因果知識，也討論到這些知識容許哪〔48〕些違實——不同種類的想像與可能性——存在。我們看見孩童的因果知識反映在他們的裝扮遊戲中——就連嬰兒也會假裝一顆球是一粒蘋果，或一塊積木是一台汽車，或一枝鉛筆是一把梳子，而且他們能成功思考出那些違實的成因結果（蘋果可以被咬一口，汽車會移動，梳子能將頭髮整理得平順無糾結）。了解某件事如何引發另一件事能讓你掌握未來可能會發生什麼事，以及過去確實發生過什麼事。

在本章中，我將會探討一種不同的因果知識及伴隨而生的一種不同想像。孩童也會建構心理世界的地圖——他們會建立心智運作理論，處理日常心理反應，而非建立事物運作理論，處理日常物理反應。而那些地圖在孩童生活中扮演了更重要的角色。對於人類這樣的群居物種而言，了解他人有能力做什麼，以及採取行動改變他人的作爲，無疑比理解並改變這個物理世界更爲重要。許多人類學家主張，這種「馬基維利式智力」（Machiavellian intelligence）[注1]的發展正是啓動人類認知演化的引擎。個別的人類是無用的生物，幾乎無法獨力維生。想要活下去，就得仰賴結盟、合作、形成團隊等方式，驅使他人按照我們的期望行事。正如同了解火的運作可以讓我們飽餐一頓或者避開老虎的進犯，了解欲望的運作則能讓我們交到新朋友或者躲開敵人的攻擊。

你可以預期到這些心理因果脈絡圖也會反映在孩童的裝扮遊戲中。事實上，最引人注目的一種裝扮遊戲牽涉到創造違實人物——也就是想像玩伴（imaginary companions）。想像〔49〕
玩伴的創造反映出人類獨有的社交與情緒智慧。乍看之下，諸如想像玩伴的荒誕現象似乎很難與「孩童也是小小科學家，他們積極嘗試理解這個世界的運作之道」的想法調和在一起。但其實這種戲謔的自由正是童年演化故事的一部分。而它是保護未成年的策略的一部分。

這些心理面的知識與想像——了解人們的心理運作，並想像他們可能會做些什麼——也構成了無論是作家或詩人、演員或導演的成人虛構創作的基礎。因此，理解孩童的裝扮遊戲有助於我們了解爲什麼虛構作品對成人而言也很重要。

鄧澤和查理．芮維歐利

我自己的童年有這麼一則關於鄧澤（Dunzer）的哥德風傳奇，[譯1]算是高普尼克版的《碧廬冤孽》（*The Turn of the Screw*）。[譯2]根據我母親的說法，在我兩歲那年，我堅稱有個名叫鄧澤的怪異小人住在我的嬰兒床裡。起先他既愛玩又友善，但是「他慢慢變得混身是刺」，我母親仿傚詹姆士的曖昧用詞這樣形容道。最後，我因爲太害怕鄧澤而拒絕上床睡覺。於是我母親提議讓我和小我一歲的弟弟換床睡。但是當他們把我弟弟放進我的嬰兒床時，他放聲尖叫，緊抓住我母親不放，恐懼地用手指著一直以來我看見鄧澤的那個位置。

想像玩伴是童年很常見的迷人現象，他們激發出許多心理學的推斷。然而令人驚訝的是，直到最近才有人眞正有系統地研究他們。心理學家瑪裘莉．泰勒（Marjorie Taylor）[注2]決定導正這種情形（她受到自己女兒的啓發。她女兒花了大半的童年扮演小狗安珀〔Amber 〔50〕 the Dog〕，隨後又成了某個好萊塢女星）。在她的作品中，我們遇見了像是納齊與納齊（Nutsy and Nutsy），這種叫聲沙啞但羽色明亮迷人的鳥兒住在某個小女孩臥房窗外的大樹上，牠們終日不斷的談話有時逗她開心，有時惹她生氣；還有瑪格琳（Margarine），這個小女孩的金色髮辮長度及地，她不僅向創造她的三歲男孩解釋他所屬的遊戲團體（playgroup）[譯3]面臨的緊急狀態，隨後還幫助男孩的妹妹順利過渡到幼稚園。關於鄧澤故事的弦外之音，至少就我母親敘說此事的態度看來，是弟弟和我具有獨特的想像力（或可能是獨特的瘋狂）。但是泰勒指出，想像玩伴出乎意料地尋常。

泰勒向隨機選出的三、四歲小孩及其父母提出一組關於想像玩伴的特定問題。大部分的孩子（精確地說，有六三%）會描述出一個栩栩如生的，通常是有點怪異的想像生物。泰勒重複詢問這些問題好幾次，卻發現個別的孩子在描述自己的想像玩伴時，說法前後連貫一致。此外，他們的形容也符合其父母的獨立描述。這說明了這些孩子眞的是敘述他們的想像朋友，而不是爲了取悅訪談者，一時心血來潮胡亂編造的說法。

許多想像玩伴具有充滿詩意的吸引力：你我看不見班特（Baintor），因爲他住在光線中；費塔站（Station Pheta）會在沙灘上獵殺海葵。這些玩伴有時是其他孩童，有時則是小矮人或恐龍。有時，孩子們自己會變身爲想像的生物。當我正在撰寫這段文字時，我的眼光瞥向窗外，落在我們這棟大樓的庭園裡——隔壁鄰居家的三歲女娃站在她母親身旁發出低吼聲，頻頻朝人伸出龍爪手。她脖子上還套了一個呼拉圈，上頭綁著一條牽繩，由她母親牽〔51〕著。她母親向另一個三歲小孩解釋道：「別怕，她是一頭很乖的老虎。」

相當令人沮喪的是，小男孩似乎偏好變成具有強大力量的超級生物，而小女孩則傾向於創造惹人憐愛且需要有人照顧的小動物。我自己的三個兒子展現出兩種型態：恐怖的超級英雄銀河人（Galaxy Man）是我家老大的換帖兄弟，有點滑稽、有點邪惡的瘋狂蛋頭科學家特曼森博士（Dr. Termanson）則是老二的玩伴，最後加入的是住在我么兒口袋中那對非常弱小又窮困的雙胞胎（Twins）。

想像玩伴可能友善，也可能充滿敵意，像鄧澤那樣。他們甚至有可能搞失蹤。我那害怕鄧澤的小弟長大後當了父親，還是《紐約客》（*The New Yorker*）的專欄作家。他的三歲女兒在充滿文學氣息的曼哈頓成長，因而創造出一個想像玩伴。奧莉維亞的想像朋友是查理·芮維歐利（Charlie Ravioli）注3，不過他太忙了，沒空陪她玩。她會很難過地說，她在咖啡館巧遇查理，但是他趕時間，所以她會在一台想像的答錄機裡留言道：「芮維歐利，我是奧莉維亞，請回我電話。」

來自不同文化與背景的孩童都有想像玩伴，而且對於成人施加的控制似乎具有驚人的抵抗力。信奉基督教基本教義派的母親阻止孩子懷有想像玩伴，因爲他們可能是惡魔的化身。信仰印度教的母親也不鼓勵這種事，因爲她們認爲這些玩伴有可能是孩子前世的展現，因此，它們也許會控制靈魂在這一世的生命。雖然許多美國家長認同學齡前幼兒的想像玩伴，但是等到孩子們長大了一點，他們卻轉而抱持反對態度，理由是這種事很怪異。

無論如何，想像玩伴還是頑強地存在。至少，有極少數的孩子在公開宣告放棄想像玩 〔52〕伴後，仍有很長一段時間私下保有這分友誼。芙烈達・卡蘿（Frida Kahlo）[譯4]將自己的想像玩伴繪入自畫像中，還有寇特・柯本（Kurt Cobain）[譯5]留下遺書給他的想像朋友巴達（Boddah）——雖然這些例子確實看似支持那些父母對於這類離奇怪事的焦慮。就像鄧澤一樣，想像朋友有時可以兄傳弟、姊傳妹。雖說通常他們最後會從孩童心中完全消失，幾乎不留下任何蹤跡。鄧澤雖然好端端地活在我家的傳奇中，但無論是我弟弟或我，都早已記不得他的模樣。

尋常的怪異

在泰勒的研究中，有想像玩伴的孩童與沒有這種經驗的孩童之間只有極少數的統計學差異，但是這些差異往往和我們的預期有出入。較年長的孩子與獨生子女比較可能擁有想像玩伴，而個性外向的孩子也比害羞內向的孩子較可能擁有想像玩伴。成天盯著螢光幕看的電視兒童鮮少會有想像玩伴，但是那些讀了很多書的小小書蟲也罕有想像玩伴——這些沉浸在他人想像世界中的孩童似乎不太會自己創造那樣的世界。確實，某個孩子究竟會不會有想像玩伴似乎只是機率問題。想像玩伴似乎跟孩子的整體特質比較有關，至於孩子本身是資優生或障礙兒，想像力是否特別豐富，並不重要。

至於大多數的想像遊戲、栩栩如生的想像玩伴，尤其是它們引發的逼眞情緒使過去的心理學家斷定，它們代表著孩童對於現實的理解並不牢靠。佛洛伊德學派通常會將想像玩伴視爲某人需要接受治療的指標——這是一種有待治療的神經質表現。當我弟弟發表了那篇關於〔53〕奧莉維亞和芮維歐利的文章後，他的電子信箱被無數紐約客的來信塞爆，他們深入剖析奧莉維亞的「病癥」，直指她的問題所在。想像玩伴在大眾文化中扮演類似的心理分析角色，無論在類似《鬼店》（*The Shining*）的驚悚恐怖片或者像《迷離世界》（*Harvey*）那樣賺人熱淚的電影中皆是如此。

只不過，想像玩伴其實既非天才、也不是瘋子的指標。整體而言，擁有想像玩伴的孩子並不比其他孩子明顯地更爲開朗或更具創造力，更害羞或更古怪。想像玩伴並不是憂慮苦惱或遭逢創傷的結果，它們也不是變態反常的前兆。某些孩子確實會利用他們的玩伴幫忙解決生活上的問題，但是對於大多數孩子來說，這些玩伴只是有趣的同伴而已。

泰勒發現，就連那些擁有活靈活現、鍾愛想像玩伴的孩童也很清楚，那些玩伴其實是虛構的，正如同孩子們知道總的來說現實與虛構有別。孩童能輕易區分想像朋友和眞人，他們甚至會不由自主地評論兩者的差異。泰勒的方法是讓孩童面對一個無比認眞的成人訪談者，她會不斷追問關於邁可・羅斯（Michael Rose）的巨人父親叫什麼名字或恐龍高勤（Gawkin the Dinosaur）的尾巴究竟有多長等種種細節。這些孩子經常會打斷訪談者的話，用一種關心對方該不會是瘋了的口氣提醒她，畢竟這些角色只不過是想像出來的——你知道，並不是**真的**。

當孩童年紀漸長，想像玩伴通常會被一種全新的想像活動取代。「異想世界」（paracosms）不只有想像人物，而是包括了一整個想像國度。在異想世界這個虛構宇宙中存在著獨特的語言、地理環境和歷史。勃朗特姊妹（Brontës）還是小孩時，就創造了好幾〔54〕個異想世界，正如兩名少女殺人犯的故事啓發了《夢幻天堂》（*Heavenly Creatures*）這部電影的創作（在眞實世界裡，其中一名少女長大後成了小說家安妮・裴瑞〔Anne Perry〕）。

運用她的訪問技巧，泰勒發現許多非常平凡、既非出身文學世家也不凶殘的十歲孩童也能創造出他們自己的異想世界，就像大多數普通的四歲小孩創造想像玩伴那樣。例如，有個小孩創造出一個名叫羅提克理司（Rho Ticris）的星球，上頭住著名爲沙丘犬（dune dogs）的巨型獵犬、擁有藍色皮膚的類人動物「藍族」（the Blue），以及有著七排利齒的邪惡種族「極度冷酷」（the Dire Grim）。在他九歲到十二歲這幾年間，羅提克理司星是他生命的一個重要部分，然而過了十二歲以後，它就像早年的想像玩伴那樣慢慢消失無蹤。當然，廣受年齡較大兒童特別偏愛的許多圖書與遊戲——從《哈利波特》（*Harry Potter*）到《納尼亞傳奇》（*The Chronicles of Narnia*），乃至於《龍與地下城》（*Dungeons and Dragons*）和

《魔獸爭霸》（*Warcraft*）——也與異想世界脫不了干係。相較於想像玩伴，異想世界較不爲人熟知，部分原因可能是它們沒那麼常見，另一部分的原因則是它們更加隱祕，創造者不太可能會把這一切說給大人聽。

為心智繪一張地圖

爲什麼幼童會創造想像玩伴呢？稍早之前我們曾談過違實思考能力和因果知識間的緊密連結。因此，我們合理地預期心理違實和關於他者心智（other minds）的知識間也存在著某種連結。想像玩伴是心理違實的一個絕佳範例。當虛構的泰迪熊打翻茶，便會弄濕地板。同樣地，如果有個惡毒的小矮人躲在我的嬰兒床尾，或者有個忙碌的紐約客聲音出現在我答錄機留言的結尾，這就是他可能會做的事。想像玩伴反映出人們可能的思考方式與可能會採取〔55〕的行動。想像玩伴的全盛時期落在大約兩歲到六歲之間，而這段期間也正是孩童會創造出一套日常心理學——一套心智活動的因果理論的時期。[注4]

孩子們在兩歲到六歲間發現關於自己心智與他人心智如何運作的基本事實。他們會創造出一張心智的因果脈絡圖。他們開始了解欲望與信念、情緒與行爲之間的因果關連，正如他們開始了解布里奇特與布里奇特探測器，或是食物與成長或生病之間的關連性。這種心智理論的核心準則之一是人們可能有不同的信念、感知、情緒與欲望，而那些差異可能會導致不同的行爲。人們的表現各有不同是因爲他們擁有不同的心智。

就連還不會說話的嬰兒似乎也已經了解人們的行爲與反應不盡相同，因此他們可以根據那樣的理解去做出新的、令人驚訝的因果預測。例如，我們拿出兩碗食物給一群十四個月大和另一群十八個月大的嬰兒——其中一碗是花椰菜，另一碗則是起司金魚脆餅。注5可以想見，所有嬰兒都愛金魚脆餅，卻不能忍受花椰菜。接著，實驗者分別嚐了一點兩碗中的食物，然後她表現出自己討厭脆餅卻喜歡花椰菜的樣子。她說：「唷，脆餅好難吃！」「唔，花椰菜眞好吃！」藉以表現自己的口味和嬰兒的完全相反。接下來她伸出手說：「可以再給我一點嗎？」

實驗者那故意唱反調似的口味讓受試嬰兒有點被嚇到了——他們遲疑著，不知該怎麼反應才好。儘管如此，十四個月大的嬰兒最後給了實驗者脆餅。至於十八個月大的嬰兒，雖然他們沒看過有誰瘋狂到能拒絕金魚脆餅的美味，但是他們仍舊做出了正確的預測。他們親 [56]
切地做出他們認爲能使實驗者開心的事，無論那對他們而言看起來有多奇怪。正如他們立刻知道運用耙子可以拿到玩具，即便他們從來沒有這樣做過，他們立刻知道該拿花椰菜，而不是拿脆餅給實驗者。一旦你知道耙子和玩具怎麼運作，你就能用新方法讓遠處的某件玩具移動。一旦你知道他人的口味，你就能用新方法讓他們開心。

年紀稍長的孩子能了解欲望、感知與情緒間錯綜複雜的因果互動，他們可以預測源自不同心理組合的所有可能行動。心理學家亨利・魏爾曼告訴兩歲大的孩童說，他的朋友安妮正要去拿點心，有可能是生花椰菜或麥片。注6點心裝在一個密封的盒子裡。安妮朝盒子裡頭偷窺了一眼，做出某些表情（受試的孩童看不見安妮窺見了什麼）。你可以針對這個情境向二到三歲的孩子提出一堆問題，包括可能的未來發展和可能的過去事件，而他們會不假思索地說出正確答案。假如安妮看見花椰菜，她的反應會比看見麥片來得悲傷。假如安妮朝盒內看，接著說「哇！」那麼她看見的肯定是麥片。但是假設她說的是「喔，不！」那麼她看見的必然是花椰菜。此外，假如她根本沒有偷看盒子裡裝些什麼，她就不會特別快樂，也不會特別難過。

最後，約莫五歲左右的大孩子會開始了解我們的見解和周遭世界的關係。舉例來說，假如你拿一個裝滿了鉛筆的糖果盒給某個孩子，當他們看見裡頭裝滿鉛筆，他們會很震驚。但是假設你問他們，其他人會認爲盒子裡有些什麼，三歲大的孩子會充滿自信地回答，對方會認爲裡頭裝了鉛筆！注7你會在孩童針對爲什麼某人會做某件事的日常解釋中，看見同樣的〔57〕事情。注8才四歲左右，他們就會開始從想法與見解的角度來解釋行爲，尤其是錯誤的想法與見解——他們會說出像是「大家認爲駝背的人很壞，但是他人眞的很好」這樣的話。到了那個時候，孩子們才會了解「我們對於這世界的看法有可能是錯的」這項深刻的重要事實。

年幼的孩子認爲，我們對這世界的看法與這個世界之間存有一種直接的因果連結。年紀較長的孩子則開始領悟到這個連結是有點複雜且間接的——在看見盒子與知道裡頭裝有什麼兩者之間，存在著許多中間步驟，而其中某些步驟有可能會出差錯。

正如同孩子會建構關於成長與疾病、生與死的生物學因果脈絡圖，他們也會建構一張連結人與人、人與外在世界的心理狀態因果脈絡圖。有了那張地圖，他們就能探索人類行爲的所有可能組合與置換，並且想像人們可能會想、會感覺、會做的所有怪事。《芝麻街》（*Sesame Street*）裡愛抱怨的奧斯卡（Oscar the Grouch）就經常利用這種能力。一旦幼童弄懂「奧斯卡喜歡所有我們討厭的東西」這個一般通則後，他們就能高高興興地預測奧斯卡會喜歡垃圾、發臭的食物和蟲蟲，卻討厭小狗和巧克力——要是你給奧斯卡一把爛泥而不是一束花，他會開心得不得了。

我們也會期待那些因果脈絡圖能讓孩子們採取行動，改變他人的想法。假如我知道安妮特別熱愛花椰菜，就能用花椰菜收買她，讓她去做我想要她做的事；或者扣留花椰菜不給她，藉以取笑她；或者爲她準備一大盤熱騰騰的花椰菜，讓她喜歡我。假如她喜歡的其實是脆餅，那麼這些手段不僅無效，還會產生反作用。我也知道，假如我希望她從櫥櫃幫我拿些脆餅來，我最好確定她清楚脆餅擺在哪兒；如果她不知道，我就算開口要求也沒用。但是假 [58]
如我希望她不要去拿脆餅，我可以撒個小謊，告訴她櫥櫃裡空空如也。

能夠依據心智理論來解釋行爲的孩童似乎也比較擅長操弄他人的想法。凡是能充分了解他人心思的孩子，會比不懂的孩子擁有更強的社交技巧，但是他們也比較會說謊。注9他們比較討人喜愛，但也比較容易激怒他人。正如成功的政客都知道，了解人心有助於你取悅對方，或者影響對方、達成自己的目的。四歲大的孩子可以是手腕圓滑的政客，尤其在面對自己的選民（也就是父母親）時更是如此。

說謊是違實運用的最佳實例，它生動地展現了了解人心帶來的優勢。正如馬基維利自己可能會告訴你，說謊是馬基維利式智力的一種最有效形式。在管理我們複雜的社交生活上，人類欺騙他人（包括同伴與敵人）的能力是一大利器。即使年紀很小的孩子也有可能說謊，只不過他們還不善於此道。有一次，我妹妹對著我媽媽大聲喊道：「我不是自己穿越馬路的！」但當時她正站在馬路的另一邊。玩捉迷藏的時候，年紀很小的孩子出了名地會將自己的頭藏在桌子底下，同時卻大刺刺地把自己的屁股暴露在外，讓人看得一清二楚。

你也可以在實驗中看見同樣的事。注10在某項實驗中，實驗者向孩童展示一個密閉的盒子，說那裡頭有一件玩具，但是他們不可以偷看那是什麼。接著，實驗者離開那個房間。對孩童來說，好奇心是最強大的驅力，因此只有極少數的孩子能夠抵抗這種誘惑。當實驗者回到房間裡，她問孩子們有沒有偷看？還有，盒子裡裝的是什麼？就連三歲大的孩子也極力否認自己偷看，但是他們立刻會露出馬腳，告訴實驗者裡頭究竟有些什麼！大概得等到五歲左〔59〕

右，孩童才能成功地欺騙他人。

更驚人的是，了解人心其實也讓我們有能力干預自己的想法。它讓我們既能改變自己的想法，也能改變他人的想法。大約在孩童發展出心智因果脈絡圖的同一時間，孩童也會開始發展出心理學家稱爲「執行控制」（executive control）注11的能力，用以控制自己的行爲、思想與感受。

讓人印象最深刻的一個執行控制實例來自引人注目、但有點壞心的「延遲滿足」（delay of gratification）實驗。注12早在一九六〇年代，華特・米歇爾（Walter Mischel）讓一個學齡前幼兒坐在兩大塊巧克力餅乾前（或是棉花糖、玩具）。他向那個孩子說明她可以選擇馬上吃一塊餅乾，或者，如果她能夠等到實驗者在幾分鐘後回到房間裡，那麼兩塊餅乾就全都是她的了。對這個孩子來說，那短短的幾分鐘像是永恆一般。記錄孩童反應的錄影帶顯示，他們在椅子上坐立難安、緊閉雙眼、整個人坐在雙手上，種種的反應既滑稽又可憐。年紀較小的孩子大多無法忍受這種折磨——他們會屈服，選擇只拿一塊餅乾——但是三至五歲的孩童對於這類的自我控制就會有較好的表現。

這些研究最教人吃驚的發現並不是孩童的表現會愈來愈好，而是他們**如何**表現得愈來愈好。你或許會以爲答案是孩童慢慢發展出堅強的意志力，雖然這也有一定的道理，但是孩童也愈來愈擅長控制自己的想法，讓自己做出不同的反應。爲了達成目的，孩童會用手蒙住自己的眼睛，閉著嘴輕哼，或者放聲高唱。當他們嘗試想像眼前的棉花糖只不過是大朵的鬆軟白雲，而不是誘人的點心時，他們就能做得更好。身爲成人，我們一直使用類似的策略來規 [60]
範自己的行爲。我把巧克力放到架子上搆不著的高處，或者承諾自己在完成這一章後要去散個步、買束花犒賞自己。

這些執行控制的策略也是格外強而有力的演化機制。想像我能夠採取的不同做法，並且眞正實行它們，讓我用史無前例的方式控制並改變自己的行爲。了解這個世界不僅僅能讓我想像其他世界並使它們成眞，也能想像其他人可能採取的行動並使它們成眞。實際上，它讓我能想像可以採取的其他方法，並且使它們成眞。

這些孩子學到了人心如何運作的某些重要事情。例如，他們學到了專注於你要想的事物會讓你的欲望變得難以抗拒，但如果你想點別的事情，你的欲望就會變得沒那麼強烈。他們會運用自己對於人心如何運作的因果知識，讓自己的想法有所改變，正如他們會運用自己對於他人的知識來欺騙對方，或是運用他們對於布里奇特探測器的知識，讓那台機器動起來。

想像玩伴與心理學知識

瑪裘莉・泰勒發現，擁有想像玩伴的孩童往往具有比其他孩童更先進的心智理論，即使整體而言他們並沒有比較聰明。擁有想像朋友的孩童更善於預測他人會如何思考、感覺或行動。同樣地，善於社交的孩童其實比害羞且孤獨的孩子更可能擁有想像玩伴，這與坊間傳說的主張恰巧相反。從成人的觀點而言，無可迴避的事實是，想像朋友多半帶有些許怪異駭人〔61〕的成分。但其實對於孩子來說，想像玩伴不只是平凡無奇，也是社交能力的一種象徵。擁有想像朋友並不能取代眞實的朋友，它也不是一種治療形式。擁有想像玩伴的孩童眞心在乎他人，即使對方不在身邊也會想到他們。

至於從想像玩伴轉移到異想世界，這或許也反映出孩童對於他人的因果知識的改變。年紀較長的孩童已經了解個別的人心如何運作，因此他們更有興趣知道人心在複雜的社會中互動時會發生什麼事。這些大孩子的主要興趣不再是了解個人，而是嘗試了解對於成年生活至關重要的精巧複雜的社交網絡。國高中的課堂裡充滿了結盟、排斥與搏鬥，還有領袖、追隨者與邊緣人，而這個年紀的孩子們經常會深陷其中，試圖整理出個頭緒來。異想世界是探索違實社會的一種手段，猶如想像玩伴是探索違實心智的一種方法。

自閉症、因果與想像力

自閉兒是展現因果知識、想像力與遊戲之間連結的一個特別引人注目的例證。自閉症是一種複雜難解的神祕徵候群。具有許多不同種類潛在問題的孩童全都可能被貼上「自閉症」這種含義模糊的標籤，但大體而言，至少有某些自閉兒在建構因果脈絡圖時確實遭遇特殊的困難，尤其是在建構心智的因果脈絡圖時。而且他們在想像各種可能性時，往往也會有困難。

自閉兒對於物理世界的了解往往如數家珍——他們可以是火車班表專家，或者對於每一 〔62〕種汽車模型瞭若指掌。他們對於感知和記憶時常表現出過人的能力。舉例來說，一個患有自閉症的「學者」可能會告訴你一盒被打翻的火柴究竟掉了幾根出來，即便它們早已被人收拾得一乾二淨。但是至少有某些證據顯示，他們並不會自發地從更深刻的潛藏因果這個角度去分析這個世界。天寶・葛蘭汀（Temple Grandin）是個患有自閉症的作者，她談到自己的「圖像思考」（thinking in pictures），而其他自閉症患者或許也是這麼思考的。[注13]當我們向自閉兒展示布里奇特探測器時，他們關心的是那些積木的表面外觀，比如它們的顏色與形狀，卻不在乎它們能不能讓那機器動起來。麗莎・卡普斯（Lisa Capps）發現，自閉兒不會像一般小孩那樣，發展出探討成長與生死的那種日常生物學概念。

即使對於生物學一無所知，你也能與人和睦相處，但是欠缺關於他人的因果理論，會讓你在了解他人這件事情上吃足苦頭。在《深夜小狗神祕習題》（*The Curious Incident of the Dog in the Night-Time*）[注14]這部作品中，作者馬克・海登（Mark Haddon）筆下極具說服力的敘述者是個患有自閉症的青少年，和其他自閉症患者一樣，在理解他人行為以及和他人互動上遭遇到很大的困難。令人同情的是，海登書中的主角無法看出他的母親與父親之間存有明顯的齟齬。

在海登的這本書中，主人翁的治療師向他提出了稍早我曾描述過的「糖果/鉛筆」問題，結果他被考倒了；理解他人想法對他而言似乎是難解的問題。有大量的系統性證據顯示，自閉兒在發展他人心智的理論時確實會遭遇困難。注15

患有自閉症的人幾乎從來沒有想像玩伴，也根本不會參與裝扮遊戲。他們往往連什麼是裝扮遊戲都搞不懂。注16 海登書中的主角認為，即使杜撰一個故事，他所說的每一句話都必〔63〕須絕對真實。少了因果理論，你很難去思索違實。自閉兒在建構他人心智的因果理論上遭遇到極大的困難，因此他們也不會去琢磨、玩味精神生活的各種可能性。

了解各種真實心靈與創造各種想像心靈之間，存在著一種密切的關係。因果知識與違實思考間也存在著一種密切連結。倘若對於他人心智擁有精細複雜的因果脈絡圖，這類孩童也能創造出精巧的虛構違實人物，反之亦然。自閉兒缺乏這類地圖，因此也無法想像其他人。了解他人與想像他人似乎密切關連。

地圖與虛構小說

瑪裘莉・泰勒也發現，捏造想像人物這種孩子般的能力與創造虛構違實世界這種成人的能力，兩者是連貫的；後者就是我們在小說家、劇作家、編劇、演員和導演身上看見的那種能力。身穿一件耀眼斗篷並頂著一頭亂髮的仙后有可能是個三歲小孩，也可能是個精神分裂症患者，但她也可能是扮演蒂塔妮亞（Titania）譯6的女演員。

想像玩伴和成人虛構小說中的角色有許多雷同之處。許多作者描述其虛構幻想物的措辭和孩童的說法如出一轍，彷彿他們是獨立的個體，只不過恰巧不存在於這世間罷了。在《奉使記》（*The Ambassadors*）一書的前言裡，亨利・詹姆士（Henry James）注17這麼描述作家與其筆下角色間的關係：「他們總是遙遙領先，而他遠遠落後。事實上，他必須努力迎頭趕上，所以經常氣喘吁吁又帶點慌亂。」身爲成人讀者，即便我們很清楚那些虛構角色並不真實存在，仍舊會被他們深深感動、驚嚇，或者從他們身上得到安慰。〔64〕

泰勒找了五十個自認是小說家的人，從得獎小說家到熱情的業餘人士都有。她發現，幾乎所有人都表示自己曾體驗過筆下角色像是有自主權似地躍然紙上，一如亨利・詹姆士或擁有想像玩伴的孩童那樣。他們感覺自己筆下的人物尾隨他們上街，或者和他們爭論自己在小說中的角色。其中許多人指出自己經常感覺像是被動地記錄下那些人物的言行作爲而已。

此外，幾乎有一半的受訪者說他們記得自己的想像玩伴，而且還能詳述那個玩伴的某些特徵細節。相較之下，只有極少數的高中生表示自己能記得想像玩伴的模樣，雖然很可能有更多人其實曾擁有想像玩伴。對於大多數成人而言，想像玩伴會像鄧澤那樣靜悄悄地退場。但是小說家似乎和他們的虛構老友始終保持連繫。三歲小孩有想像玩伴並不是什麼特別有創意的事——也許是因爲所有的三歲孩子本身就已經夠有創意了——但是，倘若一個成人始終與她童年的想像生活保持連繫，那麼她似乎很有可能會走上寫小說一途。

你可以運用地圖的概念去思考虛構事物與事實。稍早我曾解釋過如何運用同一種思維去繪製地圖與藍圖。除此之外，還有第三種地圖，它更加明顯地有別於眞實的空間世界。我們可以運用地圖來創造一個虛構空間，一個目前並不存在，而且未來也將不會存在的空間。《魔戒》（*The Lord of the Rings*）最大的魅力之一，就是每冊書末所附的詳盡地圖，它們明確標示出穿越迷霧山脈（Misty Mountains）的所有路徑，以及奧斯吉力亞斯（Osgiliath）與 〔65〕
魔多（Mordor）兩地間的精確距離。這張中土地圖運用的資料和你家鄉的地圖或某處庭園的平面圖一模一樣，但它的作用是讓你想像一個虛構的空間，而不是了解某個眞實空間或創造一個新的空間。透過同樣的方式，我們可以運用因果思考這種機制來建構虛構的違實，還有過去與未來的違實。

虛構事物與違實間的分野只是程度有別，並非種類不同。虛構事物是發生在遠離我們身處的眞實世界的違實。虛構小說就是違實，只不過在那兒公車不會跑。假如過去的違實是我們爲未來的違實付出的代價，那麼虛構的違實則是我們獲得的免費紅利。因爲我們能爲未來規畫、期盼與負責，我們也就能徘徊、空想與遁入虛構世界中。

為什麼心智與事物有所不同？

研究顯示，孩童的想像玩伴與他們學到關於他人的事有所連結。孩童那麼愛假裝是因爲他們學到那麼多的緣故。而成人小說似乎正是這種早期佯裝的延續。這或許有助於解釋一道明顯的難題：爲什麼對成人而言，小說的明顯謊言似乎有種不可思議的能力，可以傳遞關於人性的深刻眞理呢？爲什麼戲劇和小說，詩作、故事與神話對我們來說意義重大？爲什麼就連像我一樣的專業心理學家也會認爲，想要了解人性與社交生活，閱讀珍・奧斯汀（Jane Austen）作品的收穫會遠多於《人格與社會心理學期刊》（*Journal of Personality and Social Psychology*）呢？

物理世界的因果脈絡圖與心理世界的因果脈絡圖間存在著某些重要的差異。正如物理世〔66〕界的地圖允許我們改變那個世界，心理世界的地圖也有同樣的功能。但是在心理世界的地圖中，因果與違實，還有地圖與藍圖的關係更爲親密。想要干預物理世界，我們需要與那個世界的因果結構進行大量的合作。要想出造橋或攔溪築壩的工程技術可能得花上數年，甚至於數個世紀的時間。

至於干預心靈，包括我們自己的心靈，似乎就簡單得多。我們可以運用言語，正如他們在幼稚園告訴大家的那樣。關於心靈的因果，有一點幾乎是超自然的——從這個房間的另一頭或這個國家的另一頭說出寥寥數語，你就能立刻讓他人滿懷愛意地喟嘆或者怒氣沖天。或是想想單憑一封宣布要開會的電子郵件，就能召集分散在世界各地的人們在同一時間移動到同一地點。對著石頭或樹木做同樣的事，看來會像是在施展魔法。

事實上，幾乎在心理世界中的每一件事都會受到人爲干預的影響。當然，我們可以透過相當激進的方式來改變物理世界，因而產生非常「不自然的」物理世界。任何現代城市的大多數物理結構都是人爲干預下的產物，但是我們至少能夠拿它與未受人爲干預改變的物理世界兩相對照（雖說我們可能很快得去火星或月球才能這麼做）。

在心理學的案例中，並沒有所謂「自然的」世界，也沒有未經破壞的心靈曠野。就連狩獵採集文化也受到特定習俗、傳統與其成員的意圖所影響。澳洲沃皮利族（Warlpiri）原住民和非洲巴卡族矮人（Baka pygmies）的差異正如住在城市的美國人與住在城市的日本人之間的不同。一頭野生動物或一朵野花完完全全就是一隻動物或一朵花。但是一個野孩子，〔67〕

比如著名的「亞費洪的野童」（Wild Child of Aveyron）編1，卻是一個有所缺損、帶傷的孩子。

在心理世界中，想像的可能性範圍似乎也比物理世界的範圍來得寬廣，同時，限制或約束則不那麼強烈。人類文化意想不到的豐富多變正是最好的證明。當然，這中間存在著某些心理共通性。所有人類都有信念、欲望與情緒，當欲望被滿足，他們會感到快樂，當欲望未被滿足則會不開心，諸如此類。並不是每一種心理安排都是可行的，而演化心理學家指出「某些安排比其他安排更難維持」的看法可能是正確的。人類很難維持一夫一妻制或獨身可能是個演化的事實，但是人類可以發明一夫一妻制、獨身、民主、性別平等、反戰主義或任何數量的其他嶄新的心理態度（更別提構成一位茶道愛好者、死之華〔Deadhead〕樂團歌迷或芝加哥小熊隊球迷所需的心理狀態），這件事同樣是個演化的事實，而且更讓人吃驚，也更有趣。獨身者或小熊隊球迷其實得承擔伴隨那個角色而來的欲望和信念，即便從演化的觀點看來，不和他人發生性關係的欲望或小熊隊必勝的信念可能是非常不理性的。想要了解獨身者或小熊隊球迷的作爲，你必須先了解那些「不自然的」欲望與信念。

因此，你通常很難分辨孩童是學到關於他人心智的因果結構，還是他們改變了主意。美國小孩會學習美國人的想法，日本小孩則會學習日本人的想法，正如他們會分別學習美國與日本的桌椅和風景各是什麼模樣。但學習似乎同時也允許——其實是邀請——那個孩子融入〔68〕

美國人或日本人的想法。那個孩子會只發現周遭的人看重獨特個性遠勝於合作嗎？還是說，那樣的發現會讓她變成一個重視獨特個性遠勝於合作的人呢？

由於上述這些理由，在心理學的案例中，想要分割地圖與藍圖是困難的。關於他人的許多最核心的成因事實，也就是我們最需要知道，以便預測或改變他們行爲的那些事實，正是人爲干預某些過往歷史的結果。我們的作爲與思考總是反映出他人曾經對我們說過的話或加諸我們身上的作爲，甚至更顯著的是，反映出我們自己曾經說過的話和對自己做過的事。

然而，看清這其中毫無神祕、相對主義或反演化之處是重要的。我們和周遭那些人聯手創造的心理世界可能遠大於我們自己所能察覺，而我們察覺的物理世界則可能遠大於我們自己所能創造，但是在兩種情況下，都涉及同樣獨特的人類推理。存在我們心中的因果脈絡圖讓我們既能了解現存的物理與心理世界，也能夠創造與實現全新的物理與心理世界。它們同時讓我們進行預測、想像其他的可能性，並創造虛構事物。

靈魂工程師

在物理案例中，我們的因果脈絡圖、我們的理論似乎是主要的，至於那些地圖的工程應用、藍圖則尾隨其後。儘管當然有虛構的物理違實——例如在科幻小說中，我們可以想像物理世界靠著不同的方法來運作——它們卻不像心理虛構事物那樣普遍、那樣具有說服力。

在心理案例中，違實、藍圖與虛構事物似乎格外重要。一部偉大的虛構作品向我們展現〔69〕了一張藍圖，其中存在著我們及其他人可以選擇成爲（或不成爲）的許多方式，以及那些選擇的成因結果略圖。它告訴我們，大家可以有哪些樣貌。紫式部（Murasaki Shikibu）譯7告訴我們關於愛有哪些新的可能方法，正如普魯斯特（Marcel Proust）譯8告訴我們關於勢利的種種，或是荷馬（Homer）譯9告訴我們關於英雄精神。捷克作家喬瑟夫・許克沃瑞茨基（Joseph Škvorecký）曾引用前蘇聯領導人約瑟夫・史達林（Josef Stalin）的話，指出小說家是人類靈魂的工程師——注18這話可一點也沒錯。

孩童明白假設泰迪熊打翻虛構的茶飲，假如你嘗試和芮維歐利共進午餐，或者爬進嬰兒床與鄧澤共處，會有什麼虛構的後果。作家明白源氏的虛構魅力，或馬塞爾的虛構攀附權貴，或阿基里斯（Achilles）的虛構自負會帶來什麼虛構後果。

能把這個悲喜交加的泰迪熊故事說得完整的這個孩子告訴我們，他了解泰迪熊和茶壺的關係。查理・芮維歐利的故事魅力在於三歲大的奧莉維亞已經掌握了忙碌的紐約藝文圈生活特有的因果結構。她知道如果你在街上偶遇某人，正確的反應是說出「讓我們找個時間共進午餐吧」這樣的客套話，而且就算你在某個大忙人的答錄機上留言，可能也還是連絡不上對方。雖然她才三歲，但是她將自己所有的紐約生活經驗歸納成關於紐約的單一一條條理清楚的理論。透過講述查理・芮維歐利的故事，奧莉維亞表達出她深知那種特殊的紐約人心理如何運作。雖然她那無憂無慮的加州親戚對於黃色計程車和轉角咖啡廳可能缺乏第一手的親身經驗，但光是聽到這些描述，他們就能理解那是什麼樣的生活。

至於源氏、馬塞爾與阿基里斯的故事則傳遞出更爲優雅老練的成人心理知識——一種我們未曾經歷，直到閱讀那部作品後才了解的知識。正如從奧莉維亞的故事，我們能想像出〔70〕二十一世紀的紐約藝文圈是什麼模樣，我們也能從前述三部作品中，分別想像出十一世紀的日本生活、十九世紀的法國生活，或古希臘生活是什麼樣貌。此外，我們發現自己生活的某些面向竟也隱藏在那些故事中。

詩人奧登（W. H. Auden）在《魔戒》初次發表後曾爲文評論，[注19]指出那顯而易見的衝突：書中俯拾皆是膚淺的不眞實性，即使不說那是傻氣愚蠢——比方那些可怕的獸人及矯揉造作的精靈——但同時，它的訴求卻又很深刻。奧登說，從外部觀看所有的生命，一如我們觀看事件的實際次序，就像是某種冷酷的寫實主義小說——既無趣又令人沮喪的事一件接著一件發生。但是，奧登接著說道，從內部觀看所有的生命，就成了選擇的問題。在許多違實的可能性中選擇某一條路徑，穿過許多可能世界，走出自己的路。即便在最最平凡無奇的生命中，微不足道的目標也會具備巨大的重要性與意義，這是展開行動所不可或缺的，而尋常的挫折則成了峻嶺與深淵。從內在、心理學的觀點而言，每個人的人生都得承擔一個可能無望卻至關重要的追求，去對抗令人生畏的艱巨障礙。虛構的違實，即便是像《魔戒》這樣異想天開的虛構違實，都有助於提供那類旅程所需的地圖和指南。

玩樂的成果

就連最年幼的孩童也能夠運用和成人作家與讀者大致相同的方式，無所不在地創作小說。關於孩童的假裝，最奇特的事是孩童會主動找出異想天開的虛構違實，而那對成人來說〔71〕是認知附送的小贈品。

從成人的角度來說，虛構世界是一種奢侈品。它是未來的預測，是成人生活中眞實、嚴厲且摯切的東西。然而對幼童來說，想像世界似乎和眞實世界同等重要，而且一樣深具吸引力。事情並不是像科學家過去一直以爲的那樣，孩童並非無法分辨眞實世界與想像世界的差異。（請回想在保羅・哈里斯的實驗和瑪裘莉・泰勒的實驗中，受試孩童都很清楚虛構怪獸和想像玩伴並不是眞的。）孩子們只是看不出有什麼特別的理由，非要偏好住在現實世界裡。

當我們看見孩子完全沉浸在他們的假想世界中，我們會說：「喔，她只是在玩啦。」這句話實在發人深省。在成人生活中，我們會把有用的活動（諸如準備晚餐、築橋等）和只是「好玩」或「娛樂」——換句話說，只是在玩——的活動（比方閱讀小說、看電影等）區分開來。因爲幼童受到保護，免於承擔日常生活的壓力，因爲他們——恕我直言——毫無用處，所以他們的所有作爲看起來都像是在玩耍。他們不會外出築橋和犁田，他們也不會準備晚餐或者拿薪水回家。然而他們對於裝扮遊戲的深深著迷與無可扼止——那展現了虛構的違實——反映出最複雜巧妙、最重要，也最爲獨特的人類能力。

這個顯然無用的行爲從較廣義的演化角度來看可以是非常實用的。想想我在第一章中描繪的那幅演化圖像。在我們的年輕自我與年長自我間有一種分工。我們的年輕自我可以自由探索這個世界，以及所有可能的違實世界，而無須煩惱這些世界當中最後會是哪一個適於居住。成人則必須弄清楚我們究竟想不想搬進那些可能世界的其中某一個，還有該怎麼將我們〔72〕的所有家具全都拖進那個世界裡。

雖然孩童可能毫無用處，但是他們的無用是有目的的。因爲身爲孩童，我們不必限制自己的想像得是立即有用，可以自由地建構因果脈絡圖，並且運用自己的能力去創造違實。我們可以估算各式各樣的可能性，而不只是那兩三種最有可能奏效或成功的。我們可以思考這世界可能有哪些不同樣貌，而不是只考慮這世界的實際樣貌。身爲成人，我們具備的物理世界與心理世界因果脈絡圖，以及我們思考這世界還有什麼其他可能的能力，能讓我們克服未來可能性那嚴厲且摯切的世界。

這種分工可能導致成人與孩童間的其他差異。稍早之前我曾談過，若將嬰兒與幼童歸爲一類，年齡較大的兒童與成人歸爲另一類，兩類之間的最明顯差異在於心理學家口中的「抑制機制的發展」（the development of inhibition）——也就是能控制自己免於衝動行事的能力。爲了服務更遠大的目標，「抑制」讓我們不去做那些我們感覺必須馬上去做的事。相較於成人，嬰兒與幼童的確隨心所欲，爲所欲爲，而且我們甚至知道大腦前額葉皮質的變化會導致抑制機制產生變化。注20

通常，心理學家表現得好像這種幼童的不受拘束是一種缺陷。當然，假如你關切的議題是想出如何在日常生活中順利過下去——如何眞正有效地做事——那麼它的確是個缺陷。但是假如你關切的只是探索這個眞實世界與所有的可能世界，這個明顯的缺點則有可能變成一筆巨大的財富。裝扮遊戲尤其不受拘束；幼童就是忍不住要深究任何隨機的虛構念頭。而且幼童不像成人那樣，相較於小說的遙遠違實，他們似乎並沒有更喜歡計畫的鄰近違實。他們不會選擇只探索那些或許有用的可能性，而會探索所有的可能性。

這種不受拘束的探索帶來的演化結果是，孩童比成人學得更多。但是，孩童並非有意識地嘗試學習這世界與他人的種種，所以才變成異想天開的僞裝者。他們之所以成爲異想天開的僞裝者，是因爲他們是孩子，而那就是孩子會做的事。唯有從更寬廣的演化角度觀之，他們那不受拘束的無用僞裝才能被證明是具有最深刻功能性的人類活動。

〔73〕

成人小說落在童年的放縱不羈與成年的嚴厲現實之間。看待成人小說家的方式之一是，他們結合了童年的認知自由與成年的紀律。成年的劇作家爲了自己，探索人類經驗的各種可能性，這一點不像多數的成人而像孩童。然而，他們是故意這麼做的，而且他們的全心投入、講究紀律符合成人奮力嘗試的要求，這一點不像孩童而像其他成人一樣。

藝術和文學反映出人類玩樂的能力——這種想法當然不是新的，但是從孩童玩耍的認知角色來思考，賦予了這個老點子一股新力量。天馬行空的、輕率的、無拘無束的三歲孩子很可能無法做好像穿上雪衣那樣簡單的某件事（因爲有太多事令她分心：她得要和想像的老虎玩，同時還要確定她的想像朋友也穿好雪衣了）。但事實上，她運用的正是人性中某些最精巧複雜且帶有哲學深度的能力——雖然不可否認的是，那種說法對於必須讓那件事準時完成的父母親而言，根本就是於事無補的安慰。

譯注：

1. 所謂哥德風小說（gothic novel）是一種結合了恐怖與浪漫元素的文體。
2. 美國作家亨利・詹姆士（Henry James, 1843-1916）的作品。

3. 學齡前幼兒的遊戲團體。
4. 墨西哥傳奇女畫家，作品多爲自畫像。
5. 頹廢搖滾樂團超脫（Nirvana）的主唱，在事業如日中天之際飲彈自盡，得年二十七。
6. 莎翁名劇《仲夏夜之夢》（*A Midsummer Night's Dream*）中的仙后。
7. 日本平安時代女性文學家，代表作爲長篇小說《源氏物語》。
8. 法國意識流作家，代表作爲《追憶似水年華》（*In Search of Lost Time*）。
9. 古希臘吟遊詩人，代表作爲《伊里亞德》（*Iliad*）與《奧德賽》（*Odyssey*）兩部敘事史詩。

編注：

1. 十八世紀末生長於法國南部亞貴洪鄉間一處叢林的野童，遭人發現後證實已在野外獨自生存多年，經由包括伊塔（Jean Marc Gaspard Itard）醫生在內諸人的實驗與教導，他變得逐漸社會化且習得簡單的語言。

第三章

逃出洞穴

——孩童、科學家與電腦如何發現真相

蘇格拉底對葛勞康（Glaucon）譯1說：

看哪！人類住在一個地底洞穴中，那兒有一處開口通往外頭的光明世界。打從童年起，這群人就住在這兒。他們的雙腳和脖子都被鍊條綁住，所以他們無法自由移動，而且他們的脖子無法轉動，只能面向裡層的牆壁，看著自己前方的事物。在他們頭頂和背後的稍遠處有火燄熊熊燃燒。在那道火燄和這些囚徒間有一條高凸隆起的道路。如果你仔細看，就會發現一道矮牆沿路而築，就像是懸絲戲偶師身前的那扇屏風，他們會越過屏風操縱木偶。〔74〕

我了解。

那麼你看見出現在牆的另一頭，身上背著各種容器以及運用木、石等不同材質製成的動物雕像，沿牆而行的那些人嗎？他們有的正在交談，有的則保持靜默。

你向我展示一幅奇怪的景象，而他們是奇怪的囚徒。

他們就像我們，我回答道。他們只看見火燄在自己眼前的那面牆上投射出自己的影子，或是他人的影子。〔75〕

的確如此，他說。假如他們從來不被允許轉動自己的頭，除了影子，他們怎能看見其他事物呢？

而且同樣地，他們也只能看見被人背負在肩上的那些物品的影子。

沒錯，他說。

假如他們能夠彼此交談，他們會不想要爲正在眼前的事物命名嗎？

很有道理。

再進一步假設，從那個監獄的另一頭傳來回聲，當某個路人開口說話的聲音傳入他們耳中，難道他們不會認爲那聲音是來自剛才通過的那個影子嗎？

毫無疑問，他回答道。

對他們而言，我說，除了陰影的圖像外，眞相幾乎一無所有。

——柏拉圖《理想國》注1

蘇格拉底的論點無疑是說，我們就是這些囚徒。煙霧瀰漫的洞穴中有一群被鍊住的囚犯——這幅知名的古老圖像仍舊是最古老的哲學難題中令人毛骨悚然的一項陳述。電影《駭客任務》靠著複雜的特效呈現出大致相同的影像，帶來同等的效果。從這世界傳達到我們身上的，僅有寥寥幾道光線擊中我們的視網膜，以及極少數的空氣分子振動我們的耳膜所產生的影像與聲響。所以我們該如何確知外頭的世界發生了什麼事？該根據什麼來建構我們對這世〔76〕界的理論？又該怎麼把事情做對？

長久以來，發展心理學家已知嬰兒和孩童的學習能力無比驚人。某些心理學家甚至認爲，孩童運用有效的學習技巧，就和科學家一樣。注2 儘管如此，我們並不清楚這樣的學習是怎麼發生的——無論對科學家或孩童來說。事實上，我原本以爲這道難題在我有生之年不會被解開——但我錯了。過去幾年來，我們在理解「至少某些種類的學習怎麼發生，以及科學家與嬰兒如何能正確發現他們周遭世界的眞相」這些事情上頭有了長足的進展。

在前兩章中，我們看見就連非常年幼的孩童也懂得這世界的因果結構。他們會在心中繪製因果脈絡圖。這種知識賦予他們非凡的能力，不但能想像其他的可能世界，還能改變你我身處的這個世界。而這些因果脈絡圖會逐漸擴展、成長：五歲孩童知道的比三歲孩童多，而三歲孩童知道的又比一歲孩童多。孩童的因果脈絡圖日臻完善——它們呈現的世界愈來愈精準，而這使得孩童的想像更有力、行動更有效。孩童能正確學習到世界的運作方式。因此，嬰兒必定生來就具有強大的因果脈絡學習（causal learning）機制。

但是即使我們知道這些因果脈絡學習機制必定位於正確的位置上，我們能說出它們是什麼模樣，或者它們如何讓我們理解眞相嗎？因果脈絡學習是經驗與眞相間存在著間隙的知名惡例。大哲學家休謨原本這樣闡述此種難處：「儘管我們觀察到某個事件隨著另一事件發生，卻不能據此形成某個通則，或預知在類似案件中將會發生什麼事，因爲那樣做是一種不可饒恕的魯莽行爲……就算有許多例子顯示某個事件伴隨另一事件發生，那也和單一個例子〔77〕如此顯示沒有什麼不同，我們還是不能說兩個事件之間必然存有某種關連。」注3

我們看見的是事件之間的偶發事件——一件事跟著另一件事發生。但我們怎麼知道某件事確實引發了另一件事呢？而且事情愈來愈糟糕。在眞實人生中，因果關係很少只牽涉到兩個事件，而是有數十個事件彼此以複雜的方式產生關連。同時在眞實人生中，某件事很少**總是**跟著另一件事發生。通常成因只是使得結果更容易發生，而不是百分之百地絕對肯定如此。抽菸會引發肺癌，但未必總是如此，更別提某個特定的癮君子會否眞的罹癌，取決於其他因素構成的複雜網絡。

就像任何好的哲學問題一樣，因果脈絡學習的問題距離完全解決還有一段長路，但目前已有大幅進展。成功發展出因果脈絡圖數學模式（mathematics of causal maps）的同一批科學哲學家與資訊科學家，也發展出學習這些因果圖的技巧。他們針對一個理想的科學家如何能學習因果，發展出一套數學描述，而且已著手將那抽象的數學轉成實際存在的電腦程式，這些程式能夠實際地了解這世界。注4

這些程式仰賴邏輯和數學機率。當我們想到邏輯，往往是從明確的必然性、絕對的答案這個角度來思考。但是在科學界以及日常生活中，我們得不到那種答案。累積的證據或許會讓某些可能性較爲突出，但是它很少給我們確切的答案。

儘管如此，說沒有絕對的答案並不表示完全沒有答案。事實上，我們可以很肯定必定有不確定性存在，很精準地指出知識的不嚴密之處——我們可以制定出一種機率邏輯〔78〕

（probabilistic logic）。大多數的近代研究是從機率概念出發，而闡明機率概念的第一人是十八世紀的哲學家、數學家暨神學家湯瑪斯・貝茲牧師（Reverend Thomas Bayes）。注5 貝茲出版過的著作《神聖的仁慈》（*Divine Benevolence*），又名《嘗試證明主的眷顧與治理的主要目的在於一切受造物的幸福》（*An Attempt to Prove That the Principal End of the Divine Providence and Government Is the Happiness of His Creatures*），早已被世人遺忘，但是在他身故後，從他寫成的論文裡找到的那篇論機率的未出版論文，卻成了二十一世紀大多數資訊科學與人工智慧研究的根柢。（在網路上搜尋貝茲時，列在《哲學百科》文章之後的條目是一個商業網站，宣傳貝氏方法可運用在修車及贏得政府合約上。）

貝茲牧師的高見是，學習是可能性的機率（probabilities of possibilities）。對貝茲而言，沒有什麼事是永遠一定的，我們反而會認爲某些可能性比其他可能性更有可能發生。當我們得到更多證據說明這世界如何運作，我們就會系統性地更新所有相關選擇的可能性。少許的證據就能輕推某個假設，讓它略微超前另一個假設。倘若證據夠充分，就連最不可能的可能性也會成眞。學習是一個漫長、緩慢的過程，伴隨著許多錯誤的開端與重大變革；我們原先認爲根本毫無可能的事結果竟然成眞（或至少是此刻的最佳說明）。貝氏學說（Bayesianism）提供你精確的數學方法，讓你愈來愈接近眞理，即使你永遠無法完全達到眞理。

結合貝氏學習概念與前一章我所描述的因果脈絡圖，結果提供了資訊科學建構學習機器一種無比強大的方法。事實上，因果的圖形模型經常又被稱作「貝氏網路」（Bayes nets）。假設我對這世界有兩種不同的可能理論，也就是兩種可能的因果脈絡圖，我該如何〔79〕判定哪一個才是對的呢？

回想一下因果脈絡圖讓你做出預測。有了一張因果圖，我就能說出某些結果比其他結果更有可能會發生。假如我認爲抽菸會引發癌症，那麼我可以預測阻撓抽菸將可降低罹癌的機率。倘若抽菸不會引發癌症——假如因果脈絡圖是不同的——那麼阻撓抽菸並不會有降低罹癌的效果。因此，我可以做個實驗或臨床試驗，甚至進行一項大型的流行病學研究，找出實際情況究竟是什麼。

假設那個因果圖預測出那個證據，那麼那是正確因果脈絡圖的機率就升高了。新證據將會使得某個因果圖比另一個因果圖更有可能：如果人們停止抽菸時罹癌機率下降，那麼抽菸會引發癌症的機率就會上升。因果脈絡圖給你一種方法去預測這世界將會變成什麼模樣。透過比較那些預測和實際發生的狀況，你可以有系統地計算出任何特定因果脈絡圖確實正確的可能性有多高。

知名的涂林測驗（Turing test）建議你坐在某台電腦終端機前，嘗試算出你究竟是和一台電腦或一個人互動。[注6]發明現代電腦的涂林說，假如你無法分辨其間的差異，那麼你得承認電腦是有腦子的。如今，像Hotmail一樣的伺服器會進行眞正的涂林測驗，比如要求某個使用者辨識一個模糊不清的英文單字，以便確定它們不是將電子郵件地址提供給垃圾廣告業者的電腦。但若要眞正具有說服力，涂林測驗必須更嚴謹。在涂林的原始論文中，他還主張應進行一種「兒童電腦」測驗（child computer test）。電腦應該和成年人一樣，有能力執行相同的事，但是它也應該和孩童一樣，有能力學習怎麼去做那些事。

電腦完全無法通過那樣的涂林測驗，但是它們表現得愈來愈好了。這個新的貝氏概念讓我們打造出眞正能夠了解這世界的電腦。爲美國太空總署工作的資訊科學家已經開始設計程〔80〕式，計畫讓某個機器人無須諮詢地球上的專家，就能了解火星的岩石礦物成分。[注7] 生物統計學家正在設計程式，希望能從大量的遺傳數據中，了解使某個基因組變成某個生物的諸多事件間錯綜複雜的因果序列（causal sequence）。[注8] 美國太空總署的科學家甚至正著手設計程式，希望能從衛星數據中計算出靠近拉丁美洲海岸的海洋溫度如何導致印度季風的發生。[注9]

這些程式靠著模仿科學程序來運作。那麼，科學家如何解決因果脈絡學習的難題呢？他們運用三種技巧：他們會針對證據進行統計分析，他們會從自己的實驗中學習，還有，他們會從別人的實驗中學習。假如我是個醫生，而我想要知道抽菸會不會致癌，我可以分析流行病學數據中吸菸者的罹癌率，我可以設計一個隨機對照實驗——比方說，要求一群病患中的半數停止抽菸，同時讓另一半的人繼續抽菸——我也可以閱讀期刊，找出其他人進行過什麼樣的實驗。理想上，三種方法我都會做。乍看之下，這些了解這世界的方法似乎非常複雜又抽象。而且，其實當一般成年人必須有意識地分析統計數據或設計實驗，或評估他人進行的實驗，他們的日子通常都很難熬。任何教過、上過統計學入門課程的人都能證明此事。

不過，人們無法有意識地處理事務時，往往會憑直覺行事。開車時，我們在不知不覺間針對車速、轉動方向盤的效果與道路狀況等進行了非常複雜的計算。我們之所以能理解語句，是因爲我們在不知不覺間針對聲音與語法進行了非常複雜的計算。結果我們發現，就連〔81〕最年輕的幼童也能運用統計學和實驗來理解這個世界，和科學家及美國太空總署電腦採取的精巧複雜方法大致相同。

✤觀察：嬰兒統計學

在統計學中，我們計算不同組合的事件發生的機率，接著運用那項資訊得出帶有因果關係的結論（causal conclusions）。舉例來說，我們可以算出吸菸者與不吸菸者罹患肺癌或沒有罹患肺癌的總人數。然後我們可以計算吸菸者得肺癌的可能性有多大，並且拿它與不吸菸者罹癌的可能性相比較。接著我們剔除諸如年齡與收入等其他因素，以便證明罹癌與抽菸之間的連結並非源於其他成因。有了像這樣的充足資訊，最終我們就能斷定是吸菸導致罹癌。

珍妮・薩弗蘭（Jenny Saffran）在一九九六年於《科學》（*Science*）雜誌上發表了一篇具有開創性的論文。她在文中指出，年僅八個月大的嬰兒對於統計型態就很敏感。注10這篇論文開啟了一連串令人興奮的研究，探討嬰兒的統計學習能力。

該怎麼做才能顯示嬰兒有進行統計運算的能力呢？薩弗蘭從觀察嬰兒如何學習新字著手。舉例來說，假設你聽見「pretty baby」這個詞。相較於閱讀文字，當我們聆聽某人說話，字與字之間不會有任何停頓，而是連續發出聲音。（當你嘗試聆聽某種外語時，這個情況會變得格外清楚。）因此，「pretty baby」實際上聽來像是「prettybaby」。在這種情況下，你怎麼知道「pretty」和「baby」各是一個英文單字，而「tyba」不是呢？

假設你已經花了八個月長的時間聆聽英語（尤其是當你有個既慈祥又感情豐富的媽媽〔82〕時），你會發現「pre」這個音後面通常會緊跟著出現「ty」（不只是「pretty baby」，還會聽見「pretty boy」及「pretty darling」），而且「ba」後面會緊跟著出現「by」（不只是「pretty baby」，還有「darling baby」和「angel baby」）。相對地，你很少聽見「ty」後面緊跟著出現「ba」。於是你可能會運用這項機率資訊（「ty」經常尾隨「pre」出現，但「ba」很少尾隨「ty」出現）推想出「pre」和「ty」是相連並進的，但「ty」與「ba」卻沒有這層關係。

爲了知道嬰兒會不會這麼做，薩弗蘭在一項非常聰明的實驗中運用了「習慣化」（habituation）這個技巧來嘗試了解嬰兒的心理。習慣化倚賴的概念是嬰兒會偏好注視或聆聽新的事物。例如，假設你一再播放同一種聲音給嬰兒聽，他們會覺得無聊，對那個聲音感到厭煩。這時，如果你播放新的聲音，他們就會集中注意力，再次轉向那個聲音，開始專心聆聽。

你可以運用這個技巧來觀察嬰兒對於統計數字是否敏感。舉例而言，你可以播放不同組合的一長串毫無停歇的無意義音節。在某串音節中，「ba」永遠出現在「ga」之前，但是「da」會尾隨在許多不同音節之後，而「ba」只是其中之一。所以如果你聽見「ba」，接下來你肯定會聽見「ga」，但是你在「ba」之後聽見「da」的機率只有三分之一。接著你可以播放不同的無意義單「詞」給嬰兒聽，比方「bada」或「baga」。別忘了相較於熟悉的聲音，嬰兒比較喜歡聆聽新鮮事物，你不妨猜猜看嬰兒會不會意識到「bada」比「baga」較爲罕見，所以他們比較喜歡聽「bada」這種組合?結果顯示嬰兒的確會這麼做，因爲他們會在不知不覺間運用機率型態來分辨哪些音節比較有可能同時出現。

這種察覺機率型態的能力是不是僅限於語言呢?諸如史迪芬・平克（Steven Pinker）或諾姆・喬姆斯基（Noam Chomsky）可能會主張大腦中有個專門的部位負責處理語言。但是〔83〕當你運用樂音（例如在音樂賞析之初你會學到，如果聽見E之後緊接著出現D，那麼D之後很有可能會出現C）[注11]或視覺場景（像是理解當你看見一道門，通常也會在附近看見一扇窗）[注12]來進行同樣的實驗時，八個月大的嬰兒也能察覺其間的機率型態。

在一項特別戲劇性的最新研究中，英屬哥倫比亞大學（University of British Columbia）的徐飛（Fei Xu）指出，不過九個月大的嬰兒就能理解某些重要的統計概念。[注13]她向嬰兒展示一個透明的盒子，裡頭裝滿紅色與白色的乒乓球。有時候絕大多數是白色球，只混入少許幾個紅色球；有時候則多是紅色球，只混入少許幾個白色球。接著她把盒子的四個側面遮住，不讓嬰兒直接看見裡頭的乒乓球。然後，實驗者從盒中取出五顆球，可能是四紅一白，或四白一紅。如果你仔細想一想，就會發現從一個多是白球的盒子裡恰巧抽出四紅一白雖然不無可能，卻是出人意料之外。它有可能發生沒錯，但是可能性很低，而且肯定比抽出多是白球的可能性低得多。

年紀很小的嬰兒似乎也是這樣理解機率的。所以當他們看見實驗者從一個多是白球的盒子裡抽出四紅一白時，他們盯著實驗者猛瞧的時間長度，遠遠超過實驗者從一個多是白球的盒子裡抽出四白一紅，或實驗者從一個多是紅球的盒子裡抽出四紅一白的時間。就像貝茲牧師一樣，這些九個月大的嬰兒有能力思考各種可能性的機率。

所以，就連九個月大的嬰兒也能察覺機率型態這種統計學的基本數據。但是他們會像科學家那樣，利用那些機率型態來推斷什麼導致什麼嗎？至少到了兩歲半，或者再早一點，注

14孩童就能運用機率做出眞正的因果推論（causal inferences）。注15

爲了測試這一點，我們又再度搬出前一章我提過的布里奇特探測器。我們向受試孩童展〔84〕示立方體與探測器間複雜的偶發事件型態。而受試兒童的反應就像科學家觀察吸菸程度與罹癌率的大型數據那樣。我們不問受試孩童什麼導致癌症或如何停止吸菸，而是針對布里奇特探測器提出類似性質的問題。我們問孩子們哪種立方體能讓機器動起來，還有該如何讓它停下來。

例如，我們向孩童展示如圖一的兩種立方體。在兩種情況下，白色立方體能讓機器動起來三次，而黑色立方體則在三次中有兩次能讓機器動起來。假如孩童只看這些立方體能讓機器動起來的次數，那麼它們在兩種情況下的表現應該是一樣的。但是黑白立方體的機率型態卻是不同的：只有白色立方體也在場的情況下，黑色立方體才能驅動機器。因此，你必須「剔除」白色立方體，正如我們探討抽菸與罹癌間的連結時，必須將年齡或收入剔除。〔85〕

三歲和四歲的孩子，甚至是兩歲的孩子都能夠答出正確答案。他們說白立方體是布里奇特，而黑立方體在第一個「單因」狀況（one-cause condition）中並不是布里奇特，不過在第二個「雙因」狀況（two-cause condition）中，黑白兩種立方體都是布里奇特。爲了找出這台機器的眞相，他們會做出像科學家般的統計推論。

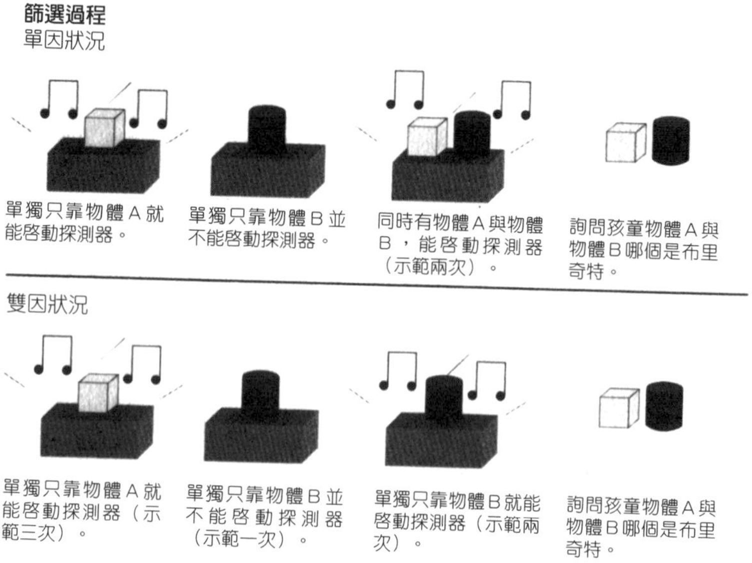

圖一：「這是布里奇特嗎？」實驗。
來源：高普尼克、索貝爾、舒茲與葛力默，二○○一

再者，孩童可以運用他們對布里奇特的新知識來推動、改變自己周遭的世界，雖然可能只是很小的變化。例如，我們可以向孩童展示圖二中的事件順序。放上黑立方體後，什麼事也沒有發生。接著我們取下黑立方體，然後單獨放上白立方體。結果探測器的燈亮了，同時還播放起音樂。這時我們將黑立方體也放在探測器上，發現探測器的燈繼續亮著，音樂也持續播放。也就是說，黑白立方體都在探測器上，而探測器持續運作。接著，我們要求孩童讓這台機器停下來。這些孩子從來沒有真正看過任何東西讓這台機器停止的狀況，儘管如此他們還是做出正確的決定：取下白立方體就能使機器停止，取下黑立方體

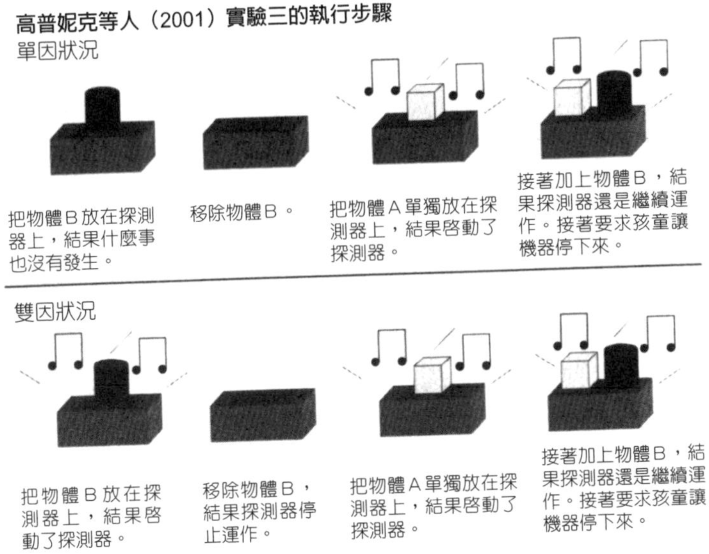
高普妮克等人（2001）實驗三的執行步驟
單因狀況
把物體B放在探測器上，結果什麼事也沒有發生。
移除物體B。
把物體A單獨放在探測器上，結果啓動了探測器。
接著加上物體B，結果探測器還是繼續運作。接著要求孩童讓機器停下來。
雙因狀況
把物體B放在探測器上，結果啓動了探測器。
移除物體B，結果探測器停止運作。
把物體A單獨放在探測器上，結果啓動了探測器。
接著加上物體B，結果探測器還是繼續運作。接著要求孩童讓機器停下來。

圖二：「讓機器停下來」實驗。
來源：高普尼克、索貝爾、舒茲與葛力默，二〇〇一

則無法使其停止。儘管規模很小，但是參與這些實驗的孩童學到了如何改變這個世界。另一方面，在「雙因」狀況下，孩童發覺他們必須取下黑白兩個立方體才能使機器停止運作。

我們甚至可以證明這些幼童是在不知不覺間計算著機率。我們向孩童展示某個立方體每六次有兩次能啓動探測器，而另一個立方體則每四次有兩次能啓動探測器。四歲大的孩子連簡單的加法都還不會，卻能說出第二個立方體比第一個立方體能夠更有效地啓動探測器。[注16]我們在其他的實驗中發現，孩子們會運用更複雜的貝式推理（Bayesian reasoning）來計算成因與結果的機率。[注17]

實驗：設法讓事情發生

〔86〕

除了觀察之外，科學家也會透過實驗的進行來了解這世界的因果結構。在某項實驗中，科學家會蓄意影響這世界，她會干擾這世界，一如當她運用自己對這世界的知識去改變它那樣。只不過在進行實驗時，目標並不是要讓某件事發生，而是找出事情**如何**發生。科學家會存心引發一個新的事件。她會在鈉中加入硫酸，或是在裝有細菌的有蓋培養皿中投入盤尼西林（penicillin），以便觀察其餘的世界會發生什麼事，又有什麼其他事件會跟著發生。她可以運用這項資訊，對現實世界中的鈉與硫酸或盤尼西林與細菌之間的因果連結做出結論，即使當時她並沒有出手干預。備有這些結論後，她就能轉而有效地大規模改變這世界。例如，她可以透過開盤尼西林這種藥給病患來治療結核病與霍亂。

〔87〕

當我們觀察到兩個事件同時發生，其中可能存在著我們不知道的某種隱藏共同成因——也許是日常壓力讓人出現高血壓，而它也會讓人罹患心臟病。但是現在假設我們選擇一群人，隨機發給其中半數的人一種能降低血壓的藥。如果他們罹患心臟病的人數較少，那麼必定是因爲這種藥的緣故。就數學上而言，我們可以運用貝氏網路模式說明這些因果關係的推論能用實驗結果的特定型態加以解釋。數學家也能證明爲什麼實驗是了解因果的一種特別有

力的方法，因爲比起光靠觀察，實驗能提供更多精確的結果。[注18]

嬰兒會做實驗嗎？就連非常年幼的嬰兒也會對自己行爲的結果特別注意。舉例來說，我們可以將一只風鈴用絲帶綁在一個三個月大的嬰兒腿上，這麼一來，每當這個嬰兒踢腿就會使風鈴移動，於是這個嬰兒將會瘋狂地踢腿。這是一種實驗，或者只是這個嬰兒想看東西移動呢？爲了驗證此事，你可以取來另一只相同的風鈴展示給同一個嬰兒看，只不過這個風鈴並沒有綁在他身上。結果發現，嬰兒比較喜歡盯著他們可以影響其運動的風鈴瞧，在那種情況下，他們會笑得更開心，還會對著風鈴低聲細語。這說明了他們不只想看到事件的效應——讓他們眞正樂在其中的，是嘗試讓效應發生，並見證最後產生的結果。他們感到快樂的原因是實驗成功了。[注19]

此外，嬰兒會有系統地探索不同肢體動作與風鈴運動間可能發生的事——他們會嘗試先〔88〕踢某隻腳，再踢另一隻腳，接著嘗試揮動某隻手臂來觀察風鈴的反應。如果這時你把他們抱到嬰兒車外，再把他們放進嬰兒車內，他們會立即擺動正確的那隻腳，讓風鈴動起來。[注20]這些探索看起來眞的就像是實驗。這些是設計用來找出這世界如何運作的行動，而不只是爲了引發特定事件。

這些非常早期的實驗似乎是爲了找出「嬰兒做些什麼」與「接下來會發生什麼事」這兩者間的直接因果連結。但是等到他們一歲大的時候，嬰兒會有系統地改變自己加諸物

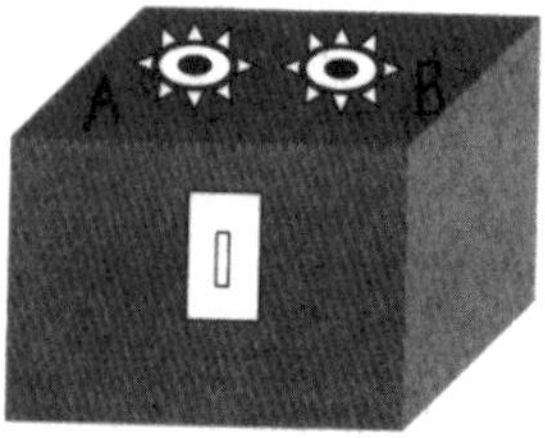

圖三：齒輪玩具。

體上的行爲。皮亞傑在很久以前就曾描述過這類的試驗性遊戲（experimental play）。[注21]爲了不要一再重複做同樣的事，比方拿積木猛敲桌子，嬰兒會先用力敲再放輕動作，或是先敲再甩，同時仔細觀察整個過程中會發生什麼事。而且他們不只觀察其行爲的立即結果，還會留意接下來的進一步後果。拿一組積木給一個十八個月大的孩子，你會發現她嘗試各種不同的組合、排列方式與角度，以便找出哪些方法能建立起穩固的高塔，哪些方法會造成同樣令人滿意的倒塌。

到了四歲的時候，孩童會進行更複雜的實驗。咱們不妨看看我和蘿拉·舒茲設計的另一台邪惡機器——齒輪玩具（見圖三）。[注22]和布里奇特探測器一樣，齒輪玩具向孩童展示了一道新的因果問題。它是一個方盒子，頂端有兩個齒輪，側面有一個開關。當你打開開關，兩個齒輪就會同時轉動。光靠這一點無法告訴你這件玩具如何運作。但是，假如你取下齒輪A，然後打開開關，那麼齒輪B會單獨轉動；假如你取下齒輪B，然後打開開關，會發現齒輪A一動也不動。透過這兩種實驗，你可以斷定那個開關會使齒輪B轉動，而齒輪B又會使齒輪A轉動。

如果你覺得有點跟不上這項實驗，別擔心，其他人也有同樣的困擾。之前我們曾經找柏克萊的大學生進行類似的實驗，當他們嘗試把整項實驗想透徹時，也覺得不知如何是好。直到我們告訴他們只要跟著直覺走，他們的表現才變得好得多。

（之前我在布里奇特探測器實驗上曾欺騙我可憐的兒子安德烈，沒想到我在齒輪玩具實驗中得到了報應。身爲心理學家，我們對於機械並不拿手，所以我們拜託機械工廠的師傅幫忙製造這台齒輪玩具。幾個月後，這台機器故障了，於是我們拜託師傅更換開關和齒輪間的電線。不料機械工廠的師傅說，其實開關和齒輪間根本就沒有因果關係，因爲當初他們的設計是讓每一個元件都有自己的獨立晶片，以便確保整台機器能夠正確運作——這些晶片就是師傅版的幕後小人。這一次，那個認爲自己像是電影《駭客任務》主角尼歐的人換成是我了。）

我們請四歲大的受試孩童找出齒輪玩具如何運作，然後離開，讓他們自行摸索，但同時利用一台隱藏式攝影機拍下他們的一舉一動。正如你所預期，孩子們玩起了齒輪玩具。他們讓齒輪飛快地旋轉，側耳聆聽盒子裡的聲音，甚至用力聞了聞那台機器。但是他們也會不斷地快速扳上、切下開關，拔下齒輪再安裝回去。在玩耍的過程中，大多數孩童都能解開這道〔90〕問題。

接著，蘿拉．舒茲提供了更顯著的證據，證明幼童運用試驗性的玩耍來理解因果問題。注23她向四歲的孩童展示一只箱子，上頭有兩根操縱桿。在其中一種版本的實驗裡，實驗者說：「這裡是你的操縱桿和我的操縱桿。讓我們找出這些操縱桿有什麼功能。」說完，實驗者和受試孩童同時推動操縱桿，然後就會有一隻小鴨彈出箱子外。這表示受試孩童不知道哪一根操縱桿能讓鴨子出現，兩根操縱桿都有可能。另一種版本的實驗完全一樣，除了這次受試孩童和實驗者分別推動操縱桿，而只有在其中一根操縱桿被按下去的時候，小鴨才會出現。也就是說，哪一根操縱桿能讓小鴨出現是再明顯不過了。接下來，舒茲讓孩子們自己把玩那只盒子。相較於事理很明顯的第二種版本，第一種版本的受試兒童會花更多時間去玩那只盒子，按壓並操作那兩根操縱桿，直到他們了解那只盒子如何運作爲止。

在另一項實驗中，克莉絲汀．雷嘉（Cristine Legare）運用我們的布里奇特探測器爲本，再加入一個小轉折。注24一群學齡前孩童看見那些立方體讓機器動起來，而另一群孩童看見有三個立方體能讓機器運作，但接著有一個立方體無法使機器運作。克莉絲汀問孩子們：「爲什麼會發生這種事呢？」然後她就讓孩子們自行把玩那台機器。後來，孩童提出一大堆有趣的解釋，譬如「妳把積木放在錯的地方！」或「電池沒電了！」或「它只是看起來像布里奇特，其實它並不是。」看見那樁令人困惑的事件的孩子，會比看見正常狀況的孩子花更長的時間去玩那個探測器，而且他們把玩探測器的方式反映了他們提出的解釋。說最後一塊積木根本不是布里奇特的那些孩子很仔細地挑出眞正的布里奇特，把它們和有問題的瑕疵品區分開來。

凡是花很多時間和嬰兒或幼童相處的人，對此並不會感到驚訝。我們認爲幼童不斷「對〔91〕事情發生興趣」是理所當然的。事實上，照顧幼童的人最重要的一項工作就是留意這種對事物感興趣的本能，在對象是插座或電扇時，可能帶來的傷害。誠如發展心理學中有一項自己動手做的練習是找一個一兩歲大的小孩，花半小時觀察她玩玩具，然後算一算你總共看到了幾項實驗——任何一個小孩都能讓最富有生產力的科學家自嘆弗如。

但是當你更仔細地思考這件事，就會發現孩童這麼做是非常奇怪的事。他們之所以對周遭事物感興趣，並不是爲了滿足自己的切身需求，因爲那些眼前的需求全都有成人代勞。那麼，爲什麼幼童要花這麼多時間與精力，甚至讓自己的安全暴露在危險之中呢？可是，假如你從學步幼兒是一台因果脈絡學習機器這個觀點來思考，那就完全說得通了。實驗是發現新成因與其後果，以及了解你已觀察到的因果的最佳方法。火星探測車也許是當代最引人注目的發掘機器，它也對周遭的萬事萬物很感興趣。

儘管學齡前幼兒的家長和幼稚園老師長久以來直觀地認定玩耍有益於學習，但是這些實驗確實嚴謹地證明了這個看法是正確的。一如想像遊戲有助於孩童探索各種可能性，探索遊戲則讓孩童了解這個世界。你只能期望這將會使狄更斯筆下那種想把遊戲從幼教課程中完全排除的行政官員放慢腳步。

進行實驗的動力似乎是天生的，但是實驗提供我們的那種學習事物的方法卻不是與生俱來的。內建在你我身上的，是發現所有非內建在你我身上的事物的那些技巧。無論是孩童或科學家進行的實驗，都會帶給我們一連串的衝擊，以及與大自然的少許意外衝突。那正是解〔92〕決柏拉圖問題的關鍵。當我們主動地針對這世界進行實驗，便是眞心誠意地與我們自身以外的眞實世界互動，而且我們無法事先預知眞實世界會給我們什麼樣的教訓。

演示：觀看媽咪的實驗

最後，有一種因果脈絡學習技巧落在統計分析與主動實驗兩者之間。對我們人類而言，它或許是最重要的一種學習。科學家不只從自己的實驗中學習，也會從他人的實驗中學習。事實上，從閱讀期刊到參加專題演講、舉行實驗室會議等，絕大多數的科學活動都有助於你從他人身上學習。科學家假定他人的干預就像我們自己的干預，因此我們能從兩種來源學習到同樣的事物。截至目前為止，每一份期刊（諸如《科學》）的每一期都反映出無數科學家所積累的實驗。

從他人的行為學習是人類文化的一種基本機制，早在有系統的科學出現之前便已存在許久。透過觀察他人的作爲並且從中學習，使我們能超越個人生命短暫且有限的限制。我們能從之前世世代代所累積的學習中獲益。

想要了解這世界的因果結構，試驗性干預（experimental interventions）是格外強而有力的一種方法，比起光靠觀察有效得多，不過這兩種學習方法間存在著某種對立。相較於觀察，我們能從實驗得到較爲堅定的結論，但是觀察的進行要比實驗的執行來得容易。因爲實驗代表了行動，而採取行動得花費心思、動用資源，並且下定決心。儘管如此，假如你認定別人的行動和你的相仿，你就可以只付出少許努力，而大大延展你的經驗範圍。你可以讓其〔93〕他人爲你執行你的實驗。

假如其他人知道的比你多，你就能從觀察他們的干預當中得到特殊的利益。就像科學課上的實驗教學示範，「專家」的干預能讓你知道什麼會導致什麼。

嬰兒像是經過精心設計，特別善於透過這種方式向他人學習。他們早就知道其他人干預這世界的方式和自己的手法相同。譬如，七個月大的嬰兒能領悟到某些行動是針對特定目標而發。[注25]爲了證明這一點，艾曼達・伍華德（Amanda Woodward）選用了習慣化技巧（habituation technique）。你向嬰兒展示兩個玩具，比如在桌上有一顆球和一隻泰迪熊（見圖四）。一隻手伸進來抓住了泰迪熊。現在，你調換兩件玩具的位置，所以泰迪熊位在先前放球的地方，反之亦然。猜猜嬰兒會怎麼預測接下來將要發生的事？他們注視的那個人

a. 習慣化　b. 新目標　c. 舊目標

圖四：伍華德「了解目標」實驗。
來源：經艾曼達・伍華德同意使用。

會移動到桌子的另一頭去拿泰迪熊嗎？還是說她會像之前一樣，依舊伸手去拿同一個位置上的那個玩具呢？七個月大的嬰兒似乎預測實驗者會伸手去拿泰迪熊，所以當她伸手去拿球的時候，他們會花較長的時間瞪著那個動作瞧。更驚人的是，假如實驗者不是用手，而是用一根棍子去碰觸玩具，那麼嬰兒不會做出這樣的預測。也就是說，七個月大的嬰兒知道媽媽的手就像他們自己的〔94〕手，會嘗試推動事情發生。

其他類型的實驗也顯示嬰兒能將自己的行動與他人的行動連結起來。舉例來說，非常年幼的嬰兒會模仿他人的行爲——他們會重複自己看見其他人做出的行爲。安迪・梅哲夫（Andy Meltzoff）是模仿（imitation）這個研究主題的翹楚。早在一九七〇年代他便指出，幾乎可說是從出生那一刻起，嬰兒就會模仿他人的手勢與行爲。[注26]九個月大的嬰兒能運用這種模仿的能力理解因果脈絡。這些嬰兒不只是模仿行爲而已，他們清楚了解那些行爲會帶來什麼結果，且有意再現那些結果。[注27]例如，一個一歲大的嬰兒走進實驗室，看見實驗者用頭輕輕敲著一個盒子的表面，然後那個盒子就發出光亮。當她在一個星期後回到實驗室，看見桌上擺著那個盒子，她會立刻用自己的頭讓那個盒子發出光亮。

到了十八個月大的時候，嬰兒會用更細膩的手法進行模仿。哥治・葛戈利（György Gergely）讓嬰兒觀察一個實驗者用她的頭去碰觸一個盒子，但是她全身被毯子裹住，所以無法用手去碰觸那個盒子。假如示範者的雙手可以自由活動，受試嬰兒們會用自己的頭去觸碰那個盒子。然而，假如示範者的全身被毯子裹住，而她用頭去碰那個盒子，那麼受試嬰兒會改用自己的手去碰那個盒子。他們似乎已經理解到如果情況許可，你會用手，但因爲你無法用手，你才會改用頭。注28

或者假設你讓嬰兒觀察某個人嘗試拆開一只由兩部分組成的玩具啞鈴，一如梅哲夫的做法。注29受試嬰兒看見那人試了又試，卻一直沒有成功。等到他們拿到那只玩具啞鈴，受試嬰兒會立刻將那玩具扯開。正如所有父母親語帶諷刺地承認道，孩子並非只從模仿你的成功〔95〕當中學會事物。他們也從避免重蹈你犯過的錯誤，以及了解你的極限當中學習。

這些嬰兒不只單純模仿他人，而是能從人類的目標、行爲與結果當中辨認出複雜的因果脈絡關係。

到了四歲左右，孩童便能利用你的干預資訊，形成非常複雜的全新因果推論。就拿稍早之前我曾描述過的「齒輪玩具」實驗爲例。孩童會在玩具上進行各種試驗，直到他們看見足以理解這個玩具如何運作的正確證據型態爲止。但是他們未必得要親身嘗試每一種不同的可能性，而可以觀察另一個人做了什麼就讓這玩具動起來。原來孩童只要看過某個大人在玩具上示範正確的實驗，就跟他們自己去執行各種實驗一樣，最後都能夠解開那道問題。注30

這暗示了其他人，尤其是照料者可以在潛移默化中扮演教導孩童因果脈絡的家庭教師——早在孩童接受任何正式教育之前。當成人示範行爲，並鼓勵嬰兒與孩童模仿他們時，也等於是鼓勵因果學習。成人會示範屬於自己文化的特殊竅門與獨有工具，同時也會指出那些竅門與工具利用了哪些因果關係。

事實上，在大多數的人類歷史當中，這類示範曾是最重要的教育技巧。在前工業社會中，它的重要性仍舊不變。芭芭拉·羅格夫（Barbara Rogoff）研究瓜地馬拉的馬雅族母親與孩童。注31她發現馬雅族孩童在年紀很小的時候，就能在使用既複雜且危險的工具上表現出非常優異的技能。當大人應用這些技能時，幼童就緊跟在一旁觀摩——村裡的廣場既是工作場所，也是托兒中心——而且成人們會設法確保就算是年紀很小的嬰兒也仔細觀察大人在〔96〕做些什麼。

這種示範也爲變革與創新提供了一種強大的機制。不管哪個聰明的或幸運的實驗者有任何一項新發現，都能夠傳播到整個社群，而且能傳遞給下一代，直到它對於從小學習此事的那個世代來說，像是第二天性般自然爲止。每一種文化都會按照這種方式發展出自己獨有的特長。羅格夫告訴我，在一趟前往城市的旅途中，馬雅族母親對於芭芭拉的孩子毫不費力地使用難懂的浴室設備，且不假思索地操作那些複雜的拉桿和水龍頭大爲驚嘆。這些馬雅族母親的吃驚反應和芭芭拉看到馬雅族孩童熟練地揮舞大砍刀及升火煮飯時的反應完全一模一樣。

透過觀察特定行爲帶來的結果，比方觀看許多實驗的變化過程，能讓你學會某種因果脈絡圖。然而，一旦學會那張因果圖，你可以做的遠遠不止是重複你看見的行爲。因果脈絡圖還能讓你思考新的可能性，以及制定新的計畫。觀看我們操作齒輪玩具的孩童，能夠想出全新的方法讓它繼續運作或停止。觀看某個專家示範如何使用大砍刀，不止能讓你表現出相同的動作，也能讓你在面對新問題時，思索利用大砍刀的新方法。

了解心智

截至目前爲止，我談的都是嬰兒如何學習物理因果（physical causes），比如齒輪與開關、布里奇特與布里奇特探測器。但是對於人類而言，心理因果（psychological causes）同樣重要，或許甚至更重要。稍早之前我們看過嬰兒與孩童學習大量的物理因果及心理因果。〔97〕就連非常年幼的嬰兒似乎也已經了解情緒與行爲的某些基本事實。但是等到他們再長大一些，才會慢慢理解欲望、感知、信念、人格特質、情緒與偏見，乃至於我們在源氏或普魯斯特作品中領會到的那份既細緻又幽微的人心。但是儘管我們已經說明孩童學習他人心智的事實，卻還沒解釋他們是**如何**學習的。

孩童學習物理與心理因果的方法是類似的。起初，讓我們發現抽菸會導致肺癌，或者布里奇特會讓探測器運作的統計分析和日常心理學看似沒有太大的關連性。但事實上，統計型態其實能幫助我們辨認出某個事物究竟有無思想。

不妨回想一下我們和人類，以及和物品互動的方式。當我們操縱物品，它的反應通常不是全有，就是全無。當我撿起一顆球，它會跟隨我的每個動作。當我放下它，它就什麼也不做。同樣的狀況也出現在電燈開關及遙控器上頭。但如果你交手的對象是人類，事情就會變得無比複雜且微妙。有時候，當你對著媽媽微笑，她也會微笑以對；有時候，她卻心煩意亂或忙得不可開交。如果你對媽媽露出笑容後，她也對你微笑，這會使你更常展露笑顏，而那會使她更常微笑，諸如此類。有的時候，與我們互動的某個物品也會展現出像人類一樣複雜的反應型態。譬如，我的電腦多數時候會按照我的指令行事，但有時它會鬧脾氣，無論我怎麼嘗試，它就是拒絕執行指令；或者更糟的是，前一分鐘還聽命行事，接著卻故障失靈。在那樣的狀況下，我們經常感覺電腦像是有自己的思想般。

就連一歲大的孩子也對這些變化難測的型態非常敏感，而且能運用它們來區辨人類和物品。[注32]心理學家蘇珊・強森（Susan Johnson）捐贈了一台絕非人類的機器，一種棕色的團狀機器人，它有能力對嬰兒的舉止產生難以預料的反應。[注33]當嬰兒發出一個聲響，那個團狀物會咿咿啞啞地說話，而當嬰兒爬動，那個團狀物會發光，諸如此類。另一個完全相同的團狀物也會發出同樣的咿啞聲和光亮，只不過它出現這些反應的時機和嬰兒做了什麼完全不相干。事件完全相同，但存在於事件之間的統計關係卻不一樣——咿啞聲在某種情況下與嬰兒的行爲是相關的，但在另一種狀況下卻是不相關的。

接著，兩個團狀物轉動，使得其中一側背對嬰兒、面向某個物體。受試嬰兒會追隨有反應的那個團狀物的「目光」，卻不理會沒有反應的那個團狀物。他們似乎認爲那個有反應的團狀物可以看得見。因此，比起那個沒反應的團狀物，受試嬰兒會向那個與他們互動的團狀物說更多話、做更多手勢。

他們也會認定那個有反應的團狀物自有其目標。他們似乎認爲它想要某些東西。還記得嬰兒能了解某人嘗試拉開一只玩具啞鈴，即便對方並沒有成功嗎？他們不會用同樣的方法對待機器。然而，當強森賦予機器互動的能力，讓它能用咿啞聲和發光做爲回應時，受試嬰兒的反應如同那機器正在嘗試拉開那玩具一般。簡而言之，他們將一個有回應的物體，即便那物體長得十分奇特，視同它有思想，並且將咿啞聲、發光和運動的型態視爲它看見了什麼，以及它想要做些什麼的指標。

我們也可以運用和布里奇特探測器相同的手法來進行心理版的實驗。注34 到了四歲左右，孩童會運用統計型態來推論個人的思維。這一次，我們用籃子裡的一隻玩具兔取代立方〔99〕體和探測器。我們告訴受試孩童這隻兔子害怕某些動物，希望他們能找出兔子怕的是誰。接著孩子們觀看兔子與其他玩具動物間的不同互動模式。當籃子裡出現了一隻斑馬，兔子簡直嚇破膽了。但是當一頭大象登場，兔子卻歡迎他進入籃子。接下來，當大象和斑馬一同現身，兔子又變得坐立難安。猜猜孩子們能否「剔除」大象的效應，並且推斷出兔子真正害怕的只有斑馬而已？

四歲大的孩子能做出正確的判斷，知道是誰讓兔子心生恐懼——他們分析數據並找出正確答案。他們也能根據這個知識出手干預，以便改變這種狀況——他們會從籃子裡拿走斑馬，好讓兔子安心（實際上，富有同情心的學齡前幼兒很急著要這麼做——早在我們要求他們這樣做之前，他們就急切地想將駭人的動物逐出那個籃子）。

孩童也能用同樣的方法對人格特質做出結論。我的學生伊莉莎白・賽佛（Elizabeth Seiver）和我向四歲大的孩子展示人、狀況與行爲間的不同情境型態。安娜和喬希是兩個小型洋娃娃，她們會玩迷你跳床，也會騎迷你腳踏車。我們讓半數的受試孩童看見安娜在四次當中有三次開心地在跳床上彈跳，然後又躍上腳踏車，而喬希在四次當中只有一次能讓自己〔100〕爬上跳床與腳踏車。然後我們讓另外一半的受試孩童看見安娜和喬希兩人在四次當中有三次都開心地躍上跳床，但是在四次當中只有一次敢接近那輛腳踏車。又一次，儘管事件相同，但統計模式卻有別。

接著，我們要求孩童解釋爲什麼安娜和喬希會有那樣的舉動。第一群孩子說，那是因爲安娜很勇敢，而喬希比較膽小，而且他們預測安娜在面對全新的狀況時依舊會表現得很勇敢——她肯定敢從跳水台一躍而下。第二群孩子說，那是因爲跳床很安全，但腳踏車很危險。觀察公園遊樂場上的行爲型態能讓孩童針對他人的個性做出某些很深入的結論。

當然，這些推論有時是正確的，但是即便年紀很小的孩童也跟成人一樣，僅憑少許數據就認定別人的性格是如何又如何。當某個同事偶爾有幾次對你微笑，你可能會迅速認定他眞是個好人（隨後卻赫然發現事實並非如此）。有時候，這種事甚至攸關生死。人們通常認定殘虐的巴格達阿布格萊卜（Abu Ghraib）監獄獄警本性必然邪惡至極，雖然心理學研究指出，許多人（甚至是絕大多數人）在那些狀況下也會做出類似的舉動。[注35]

孩童會從自己看見的型態當中學習，但他們也會進行心理實驗，以便和探索外在世界一樣探索內心世界。舉例來說，艾德・特洛尼克（Ed Tronick）讓一群九個月大的孩子觀看自己的母親突然擺出一個完美的靜止姿態——臉上毫無表情。正如你的猜想，這些嬰兒對此顯得非常不安，甚至常常哇地一聲哭了起來。但是他們也會做出大量不尋常的誇張動作，彷彿想要測試哪裡出了差錯。[注36]在另外一項研究中，一反要求嬰兒模仿成人的常態，改由實驗者模仿受試嬰兒所做的每一項動作。[37]面對這種極端奇特的行爲，一歲大的嬰兒會執行一種不同的實驗。他們會做出怪異的誇張動作，好像要測試實驗者是不是真的也會模仿那些動〔101〕作。他們會用某種非常奇怪的方式揮舞著手臂，並且觀察成人是否也會這麼做。這樣的模仿會引發受試嬰兒的好奇心，正如面無表情會激起他們的興趣，而且在這兩個實驗中，受試嬰兒都設法要從成人那裡得到回應，以便幫助他們找出究竟是怎麼一回事。

也許最強而有力的是，孩童能從觀察周遭人的互動與干預當中學習到人心的巧妙變化。觀看你身邊的人如何影響與控制其他人，能提供你豐富的心理因果資訊。舉例來說，在學習有關人心這種事情上，較年幼的弟妹比較年長的兄姊令人吃驚地更容易快速上手，雖說較年幼的手足在智商測驗和語文測驗的表現上通常略遜一籌。[38]較年幼的手足能培養出卓越的情緒與社會智能，而較年長的兄姊則是在較爲傳統的學校課業智能上有優異的表現。手足間弟妹較有可能成爲和事佬與別具魅力之人，而年長的兄姊則較有可能成大功、立大業。觀看兄姊與爸媽互動的情形可能是學習心智如何運作的一種非常重要的方法。年幼的弟妹擁有格外充沛的機會，能觀察馬基維利式智力的實際運作情形。在我的次子兩歲時，他會從他的高腳椅上興味盎然地盯著他三歲的哥哥瞧——留意每回不管是輸或贏的爭論，每一次的談判磋商討價還價，關於三歲大孩子的人際手腕與策略的點點滴滴。

在學習人心這件事情上，語言扮演著格外有力的角色。事實上，孩童的語言能力和他們對於別人想法的理解之間存在著始終如一且強烈的關連性。注39畢竟，了解別人腦子裡想些什麼的主要方法之一，就是聽對方怎麼說。透過觀察，我們能夠了解物件如何運作，而透過觀察別人的舉止，我們甚至能了解對方想要什麼。但是想要知道人們心中想些什麼，你得聆〔102〕聽他們的話語。

關於語言的力量，最戲劇性的例子也許來自聽障兒童。倘若聽障兒童的雙親也是聽障者，那麼手語就像是這些兒童的母語，而且他們會被其他使用手語的人所環繞，在這種情況下，這些聽障兒童在了解人心上不會有任何困難。儘管如此，多數聽障兒童的父母是聽人。即便那些父母學會手語，一如現今大部分的聽人父母都會這麼做，他們使用手語的流利程度多像是第二語言般斷斷續續，一如假設我突然嘗試學習西班牙語時能說的那樣。因此，父母為聽人的聽障兒童經常不了解他們身邊的人在說些什麼。這代表他們不懂自己四周發生了什麼樣的心理互動。他們在理解人心這件事情上也會遭遇極大的困難。還記得五歲大的孩子不像三歲孩童那樣，他們通常能理解有些想法可能是錯的——他們說，雖然糖果盒裡裝的其實是鉛筆，但是尼克會認為裡頭全部都是糖果。然而，假設聽障兒童的聽人父母不會手語，那麼可能得等到他們八或九歲大，才能解開這道問題。注40

更引人注目的是，研究聽障兒童讓我們看清當語言被實際創造出來時會發生什麼事。在尼加拉瓜，一如在許多貧窮小國，聽障兒童向來是被孤立、彼此分離的——他們沒有共通的語言，也沒有人教導他們手語。在一九七〇年代，尼加拉瓜成立了第一所聽障學校，所有聽障兒童能在那兒遇見彼此，互相溝通。這些孩子居然開始發明一種新的手語。等到第二代學童入學時，他們可以學習這種全新的語言，而不必自行東拼西湊地設法溝通。這項自然而然的實驗彰顯了語言帶來的好處。

珍妮・派爾斯（Jennie Pyers）研究這些孩子。注41她發現第一代學童──也就是發明那〔103〕種新語言的孩子們──在了解他人的心思如何運作上遭遇莫大的困難，就像其他擁有聽人父母的聽障兒童一樣。你可以在實驗室的測驗中看見這個問題，不過你也能在他們的日常生活中觀察到這道難題的存在。在這種情況下，即使他們成年後，也無法解決鉛筆裝在糖果盒中這樣簡單的問題。假如你要求他們描述錄影帶中某個男人心不在焉地把一隻泰迪熊從帽架上取下，然後把它當成帽子戴在頭上，他們從來不會提到也許這個男人弄錯了。學校裡的其他聽障兒童也會指出比自己年長的朋友很倒霉，因爲他們不擅長保守祕密或暗中影響他人。第二代學童已學會共通的語言，在理解人心的運作上沒有任何困難。即便他們比第一代年輕得多，但是他們在解決糖果與鉛筆問題時並沒有遇上任何困難。他們也能夠立刻指出，錄影帶中的那個男子必定是誤把泰迪熊當成自己的帽子了。

事實上，在心理學這個舞台上，現代化之前的教學法仍舊最爲有效，即便在現代生活中也是如此。我們不會在小學教授心理學，因爲我們不需要這麼做。每一個心煩意亂或權威十足的老師，每一個成功的霸凌者或英勇的霸凌對抗者，每一個迷人的情聖或令人魂顛的班級小丑，都是豐富且自成一格的心理學輔助教材。

雖然一種新工具或技巧，一個輪子或一根推桿可能令人印象深刻，但心理的輪子或推桿才是眞正推動這世界的東西。精通物理的因果關係能提供我們探索太空或毀滅這世界所需的方法。但是心理的因果關係，也就是某些人對其他人說的話，實際上能使火箭飛上天或使炸彈從天而降。

展現這世界與人心的因果結構，以及想像與創造可能的新世界與新思維，這兩種能力是人類改變的一具強力引擎。但是我們修正與變換那些描述，觀察與實驗，以及從那些觀察與〔104〕
實驗當中學習等這些能力，提供人類變革一具更爲強大的引擎。單單一張正確的因果脈絡圖就能讓我們從很多方面改變這個世界，更別提針對這世界及我們自身去創造的更爲精確的全新因果圖，能讓我們完成更多變化。

「理解這世界的因果結構」這種能力，也許存在於使我們人類獨一無二的那個核心當中。人類智能進化的兩項最重要理論都強調因果知識的重要性。其中一派強調理解物理因果的重要性，這種理解讓我們懂得運用複雜的工具。另一派則強調理解心理因果的能力，這種理解讓我們得以維持複雜的社會網絡，並且發展文化。

人類學習因果的能力也許構成了這些珍貴且獨特人類能力的基礎。當然，我們應該留意不要誇口說這些事只有人類才做得到。許多動物比我們曾經以為的更善於運用工具，也更精通於掌握其他動物的行為。此外，我們也該避免傲慢地認為這些能力比其他能力「更高等」或「更進化」。人類在地球上活動的時間長度只有恐龍的百分之一，而人類使用工具的能力與複雜的社會網絡也許只是還未導致我們的滅絕。

然而，縱使其他動物擁有一部分這些能力，人類至少比其他任何動物都要善於學習，而且我們將生命中的大部分時間與精力都用在追求這件事情上。最重要的是，當我們還是年紀很小的幼童時就開始做這件事。

思索柏拉圖的問題——人類如何學習——能幫助我們了解關於孩童的許多本來令人迷惑的事實，諸如他們對於試驗性遊戲的著迷與不知疲倦，還有他們對成人永無休止的觀察與模仿。為什麼我一歲大的孩子對什麼事都很有興趣？為什麼我兩歲大的孩子老是要去按按鈕？我那三歲大的孩子究竟是從哪兒學會**那件事**？孩子們之所以有這樣的行為，是因為他們被預定要快速且正確地學會環繞在他們四周的物理世界與心理世界的因果結構。

然而在此同時，關於年紀很小的孩童就已深入參與因果學習，而且能那麼擅長此道這項發現，指出思索那些古老哲學問題的一種新方法。柏拉圖和其他哲學家問道：「我們何以能對這個世界知道得這麼多呢？」科學的答案是，即使當我們還是個小寶寶時，實驗和統計分析的方法似乎早已編入我們的大腦中。年紀很小的孩童在不知不覺間運用這些技巧來改變他們對這世界所持有的因果脈絡圖。那些預設的程式讓嬰兒，還有我們其他人，發現真相。

譯注：

1. 柏拉圖的兄長。

第四章

身爲嬰兒是什麼樣的感覺呢？

——意識與注意力

知名的發展心理學家約翰・弗拉維爾（John Flavell）曾經告訴我，他願意用自己所有的〔106〕學位與榮譽換取待在某個幼童的腦袋瓜裡五分鐘的機會——他想以兩歲孩童的身分眞實體驗這世界。我想，無論我們如何從科學的角度大談特談腦神經的可塑性與基本的學習機制，那幾乎是所有發展心理學家都會有的祕密願望。這個念頭也會出現在每一個做家長的人心中。身爲嬰兒會是什麼樣子呢？嬰兒如何感受這世界？科學家對意識（consciousness）的理解能告訴我們關於嬰幼兒的什麼呢？而對於意識的本質，嬰幼兒又能透露些什麼給我們？

至少打從科學革命開始，意識就已經是哲學界中最爲棘手的問題之一。我們都知道人類擁有特殊的生動經驗——某片藍灰色天空的那種特殊色彩，成熟草莓的獨特風味，鴿子咕咕叫的特殊音高。哲學家發明了像是「主體性」（subjectivity）或「感質」（qualia）[譯1]等術語來描術我們感受當中的這種不尋常特質。然而，關於這個問題的最佳哲學表述也許來自湯瑪斯・內格爾（Thomas Nagel）。[注1]在一篇著名的小品文中，內格爾問道：「身爲一隻蝙〔107〕蝠是什麼樣的感覺呢？」意識的問題就是有關身爲我是什麼樣的感覺。

過去對大腦所知有限時，我們將意識視爲一種特殊物質的神祕特徵是合理的——無論你稱它是心靈（mind）或魂魄（soul）。但是近百年來對於大腦的科學研究已經說服絕大多數的哲學家，相信我們感受到的這一切必定是連接到大腦，或由大腦造成，或是以大腦爲根據地。雖然如此，比起百年前，如今我們對「那怎麼可能」這個問題依舊沒有更好的答案。少許幾磅重的灰蠱（grey goo），[編1]其電活動（electrical activity）如何能製造出天空的藍，和鴿子那咕嚕咕嚕的叫聲呢？

對大多數問題而言，包括大多數哲學問題，我們至少能找到答案也許是什麼的某個暗示。問題只在於要判定哪一個答案才是正確的。但是意識屬於那種眞正棘手、令人沮喪的問題，因爲我們甚至找不到答案應該長什麼樣子的任何線索。唯一可以確定的是，目前已有的各種可能性全都不會成功。

通常在認知科學中，會透過思考我們產生的行爲或我們進行的運算來說明心智如何運作。透過表明我們知道語言規則，來說明我們能製造新語句這項事實。假如我們學會不同的規則，就能製造出不同類型的語句。然而，意識似乎不只是擁有一顆能產生特定行爲或進行特定運算的大腦帶來的後果那樣簡單。起碼，它好像是你我正好擁有相同的規則，而且正好製造出同一種語句，但咱們對語言的感受卻截然不同。甚至，機器人也可能在毫無所覺的情況下產生那些行爲或進行那些運算。意識似乎也不只是擁有特定種類的神經連結或某種特定 〔108〕
進化史的結果。我們至少可以想像在每個方面都像人類，但沒有意識的殭屍。

另一種可能性是所謂的二元論（dualism）。這個想法主張，另有獨立的幽魅實體負責處理意識——儘管量子力學的論點把二元論打扮得花枝招展，但它就是和我們對科學所知的其他一切不相容。這並沒有成功阻止哲學家繼續爭論各種不同選項，但我認爲，就算是最熱烈的擁護者也會對這些答案感到不滿意。

幸好，在這幅慘澹的景象中還有兩線希望。首先，我們以前也遇過類似的狀況。幾個世紀以來，生命的起源問題正如今日的意識問題一樣，飽受注目但難以對付。各具特殊屬性的生物怎麼可能全都來自一大堆根本沒有生命的原子與分子呢？原來答案是我們問錯問題了——儘管我們沒有找到構成「生命」的單一解釋，卻對「分子的特定結構如何導致生物的特殊屬性」這個問題找到許多小小的解釋。

這個例子或許因爲另一線希望而顯得格外相關。雖然我們不清楚意識與大腦究竟有何關連，但是我們逐漸明白意識的特定特徵與特定的心理及神經狀態有什麼關連。例如對於爲什麼綠色似乎是由黃色和藍色組成，爲什麼當月亮接近地平線時看起來比較大，爲什麼我們全神貫注投入工作時會忘卻周遭的世界等等，我們其實知道得很多。

我們對於意識的理解大多是違反直覺的。以「盲視」（blindsight）爲例，注2 某些大腦受損的病患根本缺乏有意識的視覺經驗，他們指天誓地宣稱自己的部分視野看不見東西。但〔109〕是，假若你堅持要他們隨便瞎猜——他們會抗議說，「你不懂啦，我**看**不見」——他們卻能夠指出物品的位置，甚至物品的形狀。他們還能精準地搆到自己看不見的某顆球。科學家不久前指出，透過暫時使視覺皮質鈍化，你也可以在普通人身上得到同樣的效果。

即使在日常生活中，視覺也比它外表看來複雜得多。原來在眼睛後方的中央有個點，無法接收任何視覺輸入資訊，那就是所謂的「盲點」（blind spot）。如果有一束光照射在視網膜的那個特定圓點上，你什麼也看不見。只不過，我們當然完全沒有感受到那個洞的存在。我們會「代入」其他訊號，因此，我們似乎擁有一個連續而流暢、沒有斷裂的視野。[注3] 我們當然應該知道自己看見了什麼，但是靠盲視視物的人眞的看見了那顆球嗎？我們能看見盲點嗎？

觀察嬰幼兒體驗這世界的方式能讓我們對意識產生同樣違反直覺的洞察力。正如盲視病人的經驗最終可能帶給我們關於意識的線索，我們也可以期望，了解孩童的經驗最終能夠幫助我們理解意識究竟如何得以存在。

我們怎能說明身爲嬰兒是什麼樣的感覺呢？嬰幼兒無法說明他們的經驗，而我們之中也沒有人能夠精確記得自己的嬰兒時期，更別提我們對童年早期的記憶也很模糊且不可靠。儘管如此，針對「嬰兒的感受會是什麼模樣」做個有所本的猜測，這的確是可能的。我們可以運用以成人感受爲基礎的心理學及神經學知識，以及我們對成人與孩童在神經與心理方面的差異認識做爲輔助。

身爲成人，當我們注意某些物品，就會清楚地意識到它們的存在。當我們留意某些物〔110〕品，我們的大腦就會製造神經傳導素（neurotransmitter），使得特定神經傳導細胞運作得更好且更容易改變。嬰兒注意事物的方法完全不同於成人，而且他們大腦的運作方式也截然不同。這些差異表明了嬰兒的意識可能與成人的意識完全是兩套不同的系統。

這導致了一個違反直覺、卻非常迷人的結論。許多哲學家暗示嬰兒不知爲何就是比不上成人那樣意識清明，前提是假設嬰兒有知覺。畢竟嬰兒沒有能力說話、明白推論出某個問題的答案、擬定複雜的計畫，這些能力都與成人的意識有關。哲學家彼得・辛格（Peter Singer）甚至以此爲基礎，主張無能力的嬰兒並不比非人的動物擁有更多的固有生存權，因而惡名遠播。注4對辛格而言，爲了吃肉而殺害嬰兒和爲了同樣理由殺害其他動物是一樣正當的。無論你怎樣看待辛格的道德宣言或他對於動物意識的看法，我認爲他的事實主張是錯的。研究數據導出完全相反的結論——至少在某些方面，嬰兒比成人**更加**意識清明。

外在注意力

注意力和意識似乎密切相關。當我仔細注意某件事，我會很清楚地意識到它。許多心理學家運用「聚光燈」這個隱喩來描述這些注意力的效果——當我們注意某件事，就像我們對準那件事投射一束光線，使它的所有細節全都更爲鮮明、更加栩栩如生。

有時候，我們之所以特別留意，是因爲某個外界物品抓住我們的目光，比方一輛大卡車突然出現在我們眼前；心理學家稱之爲「外因性注意力」（exogenous attention）。但是，我們也能自主地將注意力及意識從某個物品轉移至另一個物品上，這也就是所謂的「內因性注意力」（endogenous attention）。注5我們會對自己說：「小心！這是個危險的轉角。」接著，眼前的交通狀況突然間變得格外清楚且鮮明。

新的或出乎意料的事件尤其可能奪得我們的注意。某些種類的事件，比方響亮的噪音，本來就會讓人嚇一大跳。不過，我們也會注意到那些比較微妙的不尋常事件。假設你住在鐵道附近，也已經習慣南來北往的火車聲，等到哪天火車沒有在平常那個時間通過，你反而可能會驚醒。當我們感受到新的或令人吃驚的、突出的事物，大腦會製造與注意力有關的獨特電流模式——腦波。注6嘗試弄懂新事件時，我們的身體和心智都會發生變化——我們的心跳率會透過某種獨特的方式減緩，同時我們還會進入一種格外清晰生動的意識狀態。

你可以進行一項相當於火車沒來的實驗。你重複播放某個特定型態的聲音，等到習慣以後，不播放任何聲音。雖然實際上什麼也沒有發生，你的大腦卻會像是聽見了一個令人驚奇的新聲音。反常的是，相較於聲響，我們更能清楚地察覺出奇的沉默。（在精采的懸疑電影中，比起滿是爆破與槍戰，在充滿期待的時刻卻什麼也沒有發生，通常會給人更爲強烈的感受。）

正如意料之外的靜默可能反而震耳欲聾，意料之中的噪音也可能變成無聲。過了一會兒，在盡可能理解所有資訊後，我們會變得習慣於那個聲音的存在，就像稍早之前我曾描述過的，嬰兒在觀看與聆聽實驗中表現出來的「習慣化」那樣。我們覺得無聊，因此我們的注意力和敏銳的意識全都會逐漸消失。等到完全習慣了某件事，我們對它的意識可能會幾乎完〔112〕全消失。我們確實不再聽見每天正午經過的火車聲。剛剛搬進新家時，我們會清楚地意識到每個新房間的所有細節，但是過了幾個月後，我們可能會變成對那個地方幾乎視而不見。

同樣地，剛學會一項新技能時，比如騎腳踏車或使用一種新的電腦程式，我們會惱人地意識到每一個步驟。但是等到我們的技術純熟之後，卻會對自己正在做些什麼毫無意識。我們熟知那間房子、騎腳踏車、那套電腦程式，而且對這一切爛熟於心，因此我們不再需要集中注意力去對付它們。我們不再需要理解任何額外的資訊，或學習有關這件事、這項技能的任何新知——只管做就是了。在成人生活中，當我們用這種方法啓動自動駕駛，有時會感覺到幾個小時、甚至幾天一晃眼就過去了——一切運作完美，我們是會走、會說話、會教書、能參加會議的活死人。

內在注意力

對成人而言，注意力也可能是內因的，彷彿聚光燈般自主地指向某個特定物品。在這種情況下，注意某件事其實會減少我們對周遭另一件事的關注，即便那件事很突出，是新事件或出人意表，也不例外。當我走在路上專心想著某個問題時，我常常一不小心就撞上路燈，明明它們是如此顯而易見——我的孩子老是說我根本就心不在焉！

有許多令人吃驚的實驗展現了這個效果。某些心理學家稱它是「不注意視盲」（inattentional blindness）。[注7]丹・西蒙斯（Dan Simons）設計了一項令人印象深刻的實驗。實驗者讓你觀賞一支錄影帶，畫面中有好幾個人正在傳接一顆籃球。你得到的指令是數算那顆籃球在眾人手中被傳遞的次數。由於球員會閃避他人防守，使得行進路線迂迴曲折，〔113〕所以計算傳球次數這件事得花點力氣；它就像是你在猜豆遊戲（shell game）[譯2]中拚命緊盯那粒豆子一樣。接著，實驗者會問你是否注意到任何不對勁的事。你說：「沒有啊。」於是他再次播放那支錄影帶，但是他說這次你不用再盯著那顆球瞧。沒想到，你看見有人穿著大猩猩裝緩緩走過鏡頭的正中央！前一次雖然你注視著大猩猩，但其實你根本沒看見牠，因為你的注意力全都貫注在那顆球上。（最近我在意識科學國際研究學會〔Association for the Scientific Study of Consciousness〕的一場會議上又看了一次這支錄影帶。演講者劈頭便說：「這支影片各位全都很熟悉。」確實如此，唯一的例外是坐在我身旁的《紐約時報》〔*The New York Times*〕科學線記者喬治・約翰遜〔George Johnson〕。他面無表情地盯著那支影片，數算傳球次數，絲毫沒有察覺到那頭大猩猩走進鏡頭當中，這使得在場的每個人都笑了起來。會後，他滿懷疑惑地問我：「那支影片的重點究竟是什麼？還有，大家到底在笑什麼啊？」）

原來，這些效應有神經學上的根據。當我們注意某件事，大腦就會釋放一種叫作膽素激性神經傳導素（cholinergic transmitter）的特殊化學物質。注8這種化學物質會影響神經元的運作順暢度，它能使神經元將訊息傳達得更爲清晰完整。香菸當中的尼古丁能模仿這些傳導素，讓你確實更加專心，正如鴉片能模仿可止痛的天然傳導素那樣。當我們全神貫注，大腦便會針對正在處理我們關注事件訊息的那些特定部位，選擇性地釋放出這些傳導素。同時間，大腦也會釋放出抑制性神經傳導素（inhibitory transmitter），以便活化抑制性神經元，這些神經元能對大腦的其他部分產生正好相反的作用。（咖啡也能使我們保持警醒，但它似乎是靠著遏制某些抑制因子才有此效果——咖啡能拓展我們的注意力，而香菸則是讓注意力縮小到某個特定目標上。難怪咖啡和香菸是新聞記者最愛的嗜好物，因爲他們得吸收關於某〔114〕則頭條新聞的所有資訊，然後在截稿時間之前將它濃縮爲兩百五十字的報導。）大腦的實際作爲全都取決於抑制效果與興奮效果間的平衡。也就是說，聚精會神其實是增強大腦某些部位並關閉其他部位的結果。

注意力不只能使大腦的某些部位運作得更好，也能使那些部位變得更具有可塑性。換句話說，大腦的那些部位比其他部位更容易改變。關於這一點的證據來自邁可．莫山尼克（Michael Merzenich）及其同事針對猴子所做的研究。注9神經科學家能記錄猴子大腦細胞的活動，並且觀察到不同細胞會對不同事件產生反應。例如，某些細胞會對特定種類的聲音有反應，其他細胞則對於撫觸有反應。

實驗者讓猴子注意某種事件，而非其他事件。比方說，猴子會聽見一連串的聲音並感覺到一連串的撫觸。假設聽見某個特定聲音時牠動了動手，就能得到果汁，但是感覺到撫觸沒有任何獎勵。結果，猴子比較注意聲音，正如身在一間擠滿了人的房間裡，你會全神貫注地偷聽可能爲你帶來好處的某段對話，而忽略與你無關的其他對談。

檢查這些猴子的大腦時，他們發現負責處理聲音訊號的細胞因爲這些經驗——兩種事件帶來的回應有別——而被重新連結了，但是處理觸覺的細胞卻沒有變化。事實上，經過訓練之後，這些猴子的大腦細胞有更多對聲音產生反應，但是對觸覺產生反應的細胞數目卻不增也不減。當他們改變實驗的設計，讓有報酬的活動變成是觸覺時，則會得到完全相反的效果。這些變化至少有部分受到膽素激性神經傳導素的影響所致。[注10] 倘若讓猴子注射能阻絕這些傳導素的某種化學物質，就會降低這些變化發生的可能性。這種可塑性效應似乎也與我們的直覺相符，也就是當我們密切注意某事物，可以增進我們對該事物的理解。學習新事物時，我們其實是從全新資訊的觀點去改變我們的心智與大腦。

自主的內因性注意力——比如我告訴自己要注意來往的車流——是說服大腦學習的一種方法。它讓我們將某件事看成是新奇或出乎意料的，即便事實並非如此。身爲成人，我可以輕易斷定，爲了滿足某個更爲遠大的目標，我需要取得更多的資訊，就像留意聲音能讓猴子得到果汁那樣。舉例來說，雖然探討注意力的神經心理學論文多半很無趣，但因爲我認爲那些資訊能幫助我提高寫書時的內容正確度，所以我可以強迫自己時時留意這類論文。爲了追求那個目的，對我來說，關心這類論文的重要性等同於接收本質上就很引人注目的某些突發事件（像是希區考克電影的第一幕）的相關資訊。或者，我也可以強迫自己在車水馬龍的街頭注意再尋常不過的來往交通，因爲我隱隱感覺到可能即將發生某件危險的事。

因此，雖然我們拿不出一套意識的宏大理論，但是對於清晰生動、嚴密聚焦的某種特定知覺如何與心智及大腦有所關連卻有一套說法。當我們產生這種意識，我們的心智會吸收這世界某些部分的資訊，同時摒除其他會令人分心的資訊。而且我們能運用那些被留意到的資訊去理解某些新事物。此外，我們的大腦裡還發生了某些事——大腦會適時地釋放出膽素激性神經傳導素與抑制性神經傳導素，從而使大腦的相關部位運作得更有效率，並且讓那些部位能夠更輕易地被重塑。

關於特殊的無意識，還有另一種相關的說法。許多心理和大腦歷程根本沒有被我們意識〔116〕到。但是在其他狀況下，我們竟然會讓有可能意識到的事變得不那麼清楚地意識到。當我們愈來愈熟悉、理解並精通某些事情或活動後，處理這些事就會慢慢變得不假思索——相較於過去，不會那麼清楚意識到它們的種種。同樣地，當我們全神貫注在某件事情上，便較不會清楚意識到其他不被注意的事。抑制性大腦歷程似乎涉及了這兩種無意識。

嬰兒注意力

但這些和嬰兒有什麼關係呢？我們不知道嬰兒的意識經驗究竟是什麼樣子，但我們對於嬰兒的專注能力與他們的大腦確實有些了解（至少，我們的確了解幼猴與幼鼠的大腦）。注11嬰幼兒與成年人在重要且發人深省的諸多方面，表現出既相似、卻也有所不同的特徵。

在惡劣的舊日時光，心理學家認爲嬰兒的聚精會神只不過是一種完全不假思索的反射動作，根本連大腦的高級中樞都沒動用到。這是「嬰兒大腦未臻完備」迷思的一部分，這個迷思認爲新生兒是「會哭的胡蘿蔔」，是具有少數反射動作的植物。

事實上，當嬰兒注意某個事物時，他們似乎和成人一樣，能理解關於它的資訊，並且能意識到它的存在。當他們看見一個相當微妙的突發事件，他們的腦波反應和成人的完全一樣。他們會鎮定地、專注地凝視著那件事，他們的眼睛會掃描那件事的重要特徵，而且他們的心跳率會逐漸減緩——一切都和成人的反應相同。種種跡象都顯示出嬰兒和成人一樣，能〔117〕清楚意識到那個事件。假如那件事夠有趣，嬰兒對它的關注就會持續相當長的一段時間。但是就跟成人一樣，過了一會兒，嬰兒會漸漸地厭倦此事，接著把注意力轉移到別處。

這個事實是稍早我曾提過的「習慣化技巧」的關鍵。展示某樣帶有微妙不尋常的物品，會立刻吸引住嬰兒的注意力，而且他們盯著不尋常事情瞧的時間，確實比他們對待尋常事件的時間長。嬰兒似乎對於出乎意料的事件擁有永難饜足的胃口。對心理學家而言，這眞是件幸運的事，因爲我們可以倚賴這種對於新事物的關注，得知嬰兒如何看待這個世界。不過，這件事本身就夠引人注目的了。此外，你愈年輕，當然就會經歷愈多既新奇又令人意外的事，無論外在或內在世界皆是如此。不管是你周遭的事物或你自己內心的感覺，都會開始變得出乎意料。

不過，嬰兒與成人的注意力還是有些地方不盡相同。對成人而言，外在事件或內在決定都能影響注意力——它可以是外因的，也可以是內因的。但是對嬰兒來說，外因性注意力的比例遠多於內因性注意力。他們偶爾能夠對注意力展現些許控制。儘管如此，這種說法在嬰兒發展早期較爲正確，在晚期則不然。有趣的外在事件總是比內在的計畫與目標更能吸引嬰兒的注意力。嬰兒會爲了不要錯過房間裡的大猩猩而放棄追蹤那顆球。內因性注意力在學齡前這幾年似乎一直都發展得相當緩慢。

你可以在日常生活中觀察到這個現象。假如你希望一個兩歲大的孩子放棄某個玩具，與其嘗試說服或甚至賄賂他們，還不如給他們一個能牢牢抓住其注意力的新玩具，使他們主動將注意力從舊玩具身上移開，這樣有效多了。事實上，嬰兒有時候會被他們其實並不喜歡的有趣事物給迷住了，比方格外強烈的亮光或特別響亮的聲音。他們會大聲哭鬧，卻無法將目光移開，就像成人看恐怖電影那樣。

有趣的是，隨著嬰兒年紀漸長，就愈難將習慣化技巧運用在他們身上。對於年紀大一點的孩子來說，他們的注意力會慢慢受到自己的內在安排較多的控制，而不像過去那樣，容易自然而然地受到外在事件的影響。因此，他們的注意力愈來愈不適合做爲他們看見了什麼的一種可靠指標。至於成人，當然，一旦我們決定要專心盯著那顆球，就算出現了極不尋常的大猩猩，也無法讓我們分心。

嬰幼兒與成人間的第二項差別牽涉到抑制作用（inhibition）。嬰兒和幼童的注意力沒有那麼集中，他們不像我們那樣善於抑制分心。因此，就算是發生在他們視野邊緣的事，也能輕易地將他們的注意力從原本的焦點轉移過來。

這是福也是禍。嬰幼兒不像年紀較長的孩子與成人那樣，善於專注在單一一件事情上，但是他們卻比較擅長辨識附帶的資訊。舉例來說，假設我讓孩童進行一項記憶測驗。[注12]他們快速瀏覽一副紙牌，每次兩張。他們被告知必須記住左手這一側的紙牌內容，但無須理會另一張紙牌，也就是說，他們只要注意左手邊的紙牌就行了。看完所有的紙牌之後，你開始測試孩童對左右兩側紙牌內容的記憶。年紀較長的孩童在記憶左手這側紙牌的表現遠比右手那側的好——他們就像成人般，會抑制未被留意的資訊，而且他們對於該注意的那側紙牌的記憶表現也優於年紀較小的孩童。但是對於年紀較小的孩童來說，這兩種學習是很類似的。事實上，較年幼的孩童在記憶那些未被留意的紙牌時，他們的表現確實優於較年長的孩童。

玩紙牌配對的記憶遊戲時也能看見這種情況。有個名叫「專注」（concentration）的遊〔119〕戲玩法是將所有紙牌的牌面朝下，在桌上一字排開。玩家輪流從另一副紙牌當中抽出一張牌，接著再翻開桌上的某一張牌。假設兩者一模一樣，玩家就可以保留這兩張牌。這個遊戲的祕訣在於注意哪張牌放在哪裡，即使這時候還沒有輪到你，而那些紙牌和你當下的成敗似乎沒有關連。令人意外的是，幼童很善於此道，他們的表現有時甚至還超過成人。此外，我們全都有過那種驚人的經驗：聽到某個孩子說出某次成人對話間的隻字片語或想法，即使對話當時那個孩子看起來並沒有特別注意聆聽。

因此，與其由自己決定該注視這世界的哪個部分，嬰兒似乎是讓這世界決定他們該看些什麼。此外，與其決定該在哪兒集中注意力、又該在哪兒抑制分心，嬰兒似乎能同時間意識到這世界的更多部分。他們不會只揀選那些對自己有用的特定資訊，而是廣納身邊所有事物的各種資訊，尤其是那些新奇的訊息。當然，在嬰兒眼中的新奇資訊，數量遠比我們認為新奇的多得多。

這種普遍關注的能力讓嬰兒成為非常出色的學習者。在上一章中，我們看見嬰兒能從非常微妙的新穎統計型態中學會因果脈絡圖。這表示嬰兒必定吸收了自己看見的每一件有趣事物的各種資訊，無論它是否顯然有用或重要。這讓嬰兒與孩童比成人更快、也更容易建構出新的因果圖，並且改變舊有的因果圖。

神經科學研究似乎也反映出這樣的情景。嬰幼兒的大腦具有豐沛的膽素激性神經傳導素，後來才會發展出抑制性神經傳導素。有趣的是，嬰兒需要相對較高濃度的麻醉藥才能讓 〔120〕
他們失去知覺，這也許是因爲麻醉藥的原理正是作用在這些神經傳導物質上。[注13]「意識」的定義之一是，能用麻醉藥排除的東西。因此，這也暗示了嬰兒比成人擁有更多這種神祕物質。而嬰兒的大腦也比成人的大腦更容易塑形且更富有可變性。舉例來說，當孩童的大腦受到損傷，他們的復原速度遠比成人快，復原程度也遠比成人徹底。孩童大腦的其他部位會接管受傷部位的功能。成人的大腦就沒有這麼靈活了。就像俗諺中的老狗，老腦袋要學新把戲總是比較費力。

當莫山尼克使用幼猴進行我方才描述過的那個猴子實驗時，他得到很不一樣的結果。幼猴的大腦不像成猴的大腦那樣能區分聽覺事件與觸覺事件，正如人類嬰兒對於只專注在一件事情上會感到比較棘手一樣。另一方面，你只要提供動物許多刺激，而不要求牠們特別注意那些刺激的某個面向，就能進行一個相當不同的實驗。例如，你可以只讓動物沉浸在具有某種系統性模式的聲音中。當莫山尼克和他的同僚這麼做的時候，幼猴的大腦細胞發生了變化；它們對聲音的反應不同，即便沒有好處也依然如此。[注14]年長的動物不會表現出這類的普遍可塑性。

此外，我們知道大腦的不同部位涉及不同種類的注意力。位於大腦中央的頂葉皮質區（parietal cortex）負責管理適應這世界的新奇事件或出乎意料的事件這種能力；位於大腦後方的枕葉皮質區（occipital cortex）則涉及視覺世界的持續性關注——頂葉皮質區提醒我們新事物的存在，而枕葉皮質區則負責理解它的意義。大腦的這兩個區域在嬰兒期的早期階段就非常活躍。[注15]

名列抑制黑名單的嫌犯——也就是大腦額葉的某些部位——在內驅注意力與抑制分心的 〔121〕 能力上涉入甚多。這些大腦的部位從嬰兒期的早期階段就具有潛在的活躍性。但是額葉區及大腦其他部位之間的連結會隨著嬰幼兒年紀漸長而逐漸變得愈來愈強固。就算到了青春期，這些連結仍會持續形成。這些連結是我們抑制分心及控制注意力的能力提高的原因。

拉斐爾・瑪拉基（Rafael Malach）和同僚進行的一系列迷人研究使這些種類的注意力與這些大腦部位間的差異顯得格外清晰。[注16]瑪拉基和同僚將受試者送進功能性磁振造影儀（Functional Magnetic Resonance Imaging, fMRI）中。這種儀器能追蹤你解決某道問題或進行某件工作時，有多少血液流向大腦的不同部位，反之，它能追蹤那件工作如何使大腦的不同部位活躍起來。你可以運用它讓那些大腦的圖片「亮起來」，就像你在《科學人》（*Scientific American*）雜誌上經常看到的那樣。絕大多數的時候，躺在功能性磁振造影儀裡頭的可憐實驗品不是執行單調乏味的工作（比方出現紅色的「X」時要按下某個按鈕），就是只能靜靜地躺在那兒。在這兩種情況下，大腦的額葉區都是活躍的——雖然當受試者執行某個蓄意策畫的行爲時，活躍程度相對較高，但是當他們靜靜躺在儀器裡神遊太虛時，大腦額葉區仍舊保持著活躍的狀態。

不過，瑪拉基的幸運受試者可以改看由克林伊斯威特（Clint Eastwood）主演的《黃昏三鏢客》（*The Good, the Bad and the Ugly*）這部精采的電影。相當令人驚奇的是，幾乎每一個受試者追蹤劇情發展的大腦反應模式都是相同的——賽吉奧・里昂（Sergio Leone）[編2]實在很清楚該怎麼鑽進你的腦袋瓜裡。更令人驚訝的是，大腦的額葉部位，也就是負責規畫、思考與掌控自我動向的部位，在人們觀賞電影時竟然是被抑制的。大腦後方的部位，也就是嬰〔122〕兒大腦很活躍的部位，則會亮起來。這些受試者顯然是神智清醒的，卻沒有自覺。他們並沒有著手擬定計畫、仔細考慮、評斷或推敲這部電影，他們只是完完全全地沉浸在那部電影當中。對嬰兒來說，注視一隻米老鼠造型的手機，可能就像被一部精采的電影給徹底地、充滿幸福地、忘我地擄獲那樣。

心理學家經常假定，孩童注意力的變化，是大腦的這些部位成熟程度變化的結果。大腦的變化可以像是孩童年紀漸長的身高變化——他們無須學著怎樣長高，事情就是這麼發生了。同樣地，大腦也可能只是因爲某些展開的遺傳程序而產生變化，接著孩童的心智變化也會隨之發生。但是你也可能得到完全相反的結論：當孩童學習新事物，當他們對更多經驗與技巧愈來愈熟練且習慣，他們的大腦會因此產生變化。

事實上，有兩種互補的大腦歷程以此方式仰賴經驗。大腦會在不同的神經元間創造出愈來愈多的連結，但它們也會刪除不太常用的連結，只保留最有效的連結。這兩種歷程會同時發生，時間貫穿個體發展的每個階段，而且兩者都會受到外在事件的塑造影響，但均勢會不斷變化——在生命初期，大腦會形成過多的連結，等到我們慢慢長大，大腦會開始剪除過多的連結。[注17]這些歷程可能反映出互補的心理歷程，甚至反映出我們的經驗特質。在生命初期，我們對各種可能性都很敏感，等到年紀漸長，我們只會關注那些或許很重要、很有意義的可能性。

因此，注意力的心理學圖像與神經學圖像互相補足彼此。這張注意力發展的圖像，在嬰兒與成人的分工演化上也是非常合乎情理的。假設你希望影響這個世界，將注意力局限在極〔123〕少數的事件上是合理的。你需要專注學習只和你的目標及計畫相關的那些世界的面向——就像實驗中的猴子只專注在能換得果汁的聲音上。身爲成人，我們能預先決定什麼資訊對我們有用，什麼資訊只不過在分散我們的注意力。我們的大腦會強化第一種資訊，並且抑制第二種資訊。同樣地，爲求有效運作，你希望自己大腦的絕大部分能夠相當穩定、強健且不容改變——只改變需要改變的少許部分，至餘其他的部分假如沒有發生問題，就保持原狀，不去擾動它。

對嬰兒來說，演化的要務是以最快的速度盡其所能地學習。他們的責任只在於對周遭的世界繪製出正確的地圖。他們學習、推論、繪製因果脈絡圖，並且做出違實的結論，他們不需要擔心自己所學是否與某個特定計畫或目標有關。父母親自然會爲他們代勞那一類的煩惱。與其只注意那些立即有用或者切題的事件，關注每一件事，尤其是新奇、迷人、帶有豐富訊息的事件會是比較好的策略。從長遠來看，大猩猩可能比球更能提供有用的資訊。比起在出現紅色的「X」時按下按鈕，觀賞克林伊斯威特的那部電影可以告訴我們更多的事。

幼童與注意力

我們無法直接問嬰兒他們的意識像是什麼樣子，但是我們可以嘗試觀察與典型類別的意識有關的能力（比方內因性注意力）來找出答案。我們也可以在幼童身上運用這套間接的方法。不過，我們其實可以直接問幼童他們的經驗是什麼樣子。直到一九九〇年代中期，這個〔124〕顯而易見的想法似乎從未出現在任何人心中。約翰・弗拉維爾，也就是我在本章一開頭提到的那個人，是美國國家科學院（National Academy of Sciences）中極少數的發展心理學家之一，也是有史以來最傑出的發展論者。雖然他是說出那個想法的第一人，但是這份榮耀理應歸功於弗拉維爾夫婦，因爲他的妻子艾莉（Ellie）在這項工作中扮演了不可或缺的角色。在一九九三年的一場會面中，約翰站起身來悄悄地說道：「艾莉和我很納悶，不知孩童是怎麼看待意識的？所以我們到幼稚園去訪問他們。」有時候，我們需要天才來看清顯而易見的事。接著，他繼續描述某些既驚人又充滿哲學趣味的結果。注18 弗拉維爾夫婦發現，關於意識，幾乎所有被我們認定爲不言而喻的事，在學齡前兒童看來根本不是顯而易見的。

學齡前兒童對於注意力的看法和成人截然不同。他們似乎不了解關注焦點是什麼。例如，我們可以向他們展示艾莉盯著一張有趣的幼稚園孩童照片看，照片放在一個非常普通的相框裡。艾莉會指著照片中的不同小孩，描述他們的個性。接著，我們問這些孩童，艾莉是不是正想著照片中的小孩？他們全都說是。但是我們也可以問，她是不是正在想著裝有照片的那個相框呢？他們說是，她也正想著那個相框。他們不認爲艾莉正在思考一切的事物，他們說她並沒有想著隔壁房間裡的那把椅子。但是他們的確相信她會思考她看見的一切事物，他們並不了解所謂的「不注意視盲」。當然，這有可能只是因爲他們對於意識這回事感到困惑，但也有可能是因爲他們自己的意識確實和艾莉的意識並不相像。這有可能是因爲他們自己是透過注意力沒那麼集中的方式來體驗意識。因此，即便當我們直接詢問孩童的意識經〔125〕驗，我們會找到線索，發現他們的意識有可能和我們自己的非常不一樣。

身為嬰兒是什麼樣的感覺呢？

針對「身爲嬰兒是什麼樣的感覺」這個問題，前述的所有這一切能告訴我們些什麼呢？可以取信的是，嬰兒實際上比成人能意識到更多的事，他們的感覺也更爲強烈。成人世界的注意力聚光燈對嬰兒來說似乎更像是一盞注意力燈籠。他們似乎能在同時間生動地體驗所有事物，而不是只體驗那個世界的某一個面向，並且關閉其他的一切。他們的大腦浸淫在膽素激性神經傳導素中，伴隨著極少的抑制性神經傳導素緩和前者的效果。此外，他們的大腦及心智都具備了強大的可塑性，對於嶄新的可能性徹底開放。

與成人相比，嬰兒似乎也較少經歷某些種類的無意識狀態。他們的經驗中較罕有常見、熟練及不假思索的狀況，所以他們較少出現因習慣某些事而產生的無意識行爲。由於他們不那麼擅長抑制分心，所以會有更多的意識場域爲他們所利用。這也暗示了嬰兒比成人更爲神志清明。

對成人而言，清晰的知覺伴隨著注意力而來，而注意力又與大腦的可塑性互有關連。在成人身上，注意力確實能使我們改變自己的心智與大腦。假如我們進行逆向推理，也就是大腦的可塑性意味著注意力，而注意力又意味著清晰的知覺，那麼嬰兒似乎是比成人更爲神志清明。

不過，這全都相當間接。我們可以肯定地說，比起成人，嬰兒沒有那麼多已經成形的習慣、沒有那麼專心，可塑性也比較高。這個世界的多數部分對他們來說是新奇的，而且他們也需要多多了解它。但是，處在這種情況下會是什麼樣的感覺呢？爲了解決這個問題，觀察成人處在和嬰兒一樣的情境下，其覺察（awareness）是什麼樣子，可能會有幫助。當我們〔126〕把自己的心智與大腦放在和嬰兒類似的處境下，**我們的**意識會是什麼樣子呢？我們會失去覺察，或者得到覺察呢？

旅行和禪修

首先，想一想成人的旅行經驗，尤其像是一個美國人到印度或中國等異域去旅行的經驗。身處異鄉的成人在許多方面就像個嬰兒一樣。這個旅人可在同時獲得大量的新資訊。而且他也沒有能力判斷哪些資訊可能比較有價值，因此他無法預先進行「由上而下」的決策（top-down decisions）。就像嬰兒一樣，這個旅人的注意力可能會被外在物品或事件給吸引住，而不是由她自己的意圖與決策來支配。

假如這趟旅程的目的是爲了旅行本身，而不是爲了追求某些特定的目標，比如參加會議、進行交易買賣，或者造訪某個旅遊景點，那麼前述狀況會格外眞切。事實上矛盾的是，旅行這種成人活動的目的大體上就是不要有目的。在最佳的情況下，旅行和參觀泰姬瑪哈陵或長城無關，而是和嘗試掌握陌生文化的完整肌理有關。而且旅者經常會指出，那些機緣巧合、出乎意料的事件往往最爲鮮明生動、最能增長知識——一個好的旅人會讓自己保持開放，接受各種可能性。

這樣的旅人就像嬰兒一樣，專注於發現新事物，他們並不確定那些發現將會是什麼。外出旅行時，我們會注意那些在自己國內被視爲理所當然的小事情：日本人的日常生活之道充滿了強烈的美學，或是法國咖啡館中，人們打量彼此的那種心照不宣的神情，甚至是我們不懂的某種語言當中微妙的語調變化。這些可能會促使我們重塑對於自己文化與國家的因果脈絡圖——我們自己的欲望與行動——而且這嶄新的知識也許會透過日本的盆浴、義大利的熱情或法國的機智幽默，讓我們對於如何活出自己有了全新的想像。旅行能開闊心智雖是老生常談，但這也許一點也不假。旅行的時候，我們彷彿重拾童年時無窮盡的好奇心，因此我們不僅會在自己身上發現新事物，也能在他人身上找到新意。

當我們旅行，至少當我們用這種方式旅行時，我們的注意力和覺察會被增強，而不是關閉。生命似乎更爲鮮明生動，甚至連痛苦也會變得更爲犀利。事實上，在一趟旅程的短短幾天當中，擠進了許多經驗，充滿了各種意識。相較於在家度過數周例行、不知不覺的日常生活，我們對於身在北京或巴黎寥寥數日充實生活的記憶深刻得多。另一方面，計畫和行動會受到不利的影響，因爲各種新資訊分散了我們的注意力，所以我們可能會留下一道由被遺忘的夾克和隨手亂放的手機充電器構成的痕跡。

也不妨想想某些門派的禪修。禪修法門牽涉到透過新穎的方法來操縱注意力。有些門派的禪修概念是將生動的注意力穩定持續地集中在單一事物上——曼荼羅、譯3公案或耶穌受難像上。但是在另外一些門派的禪修中，其概念則是盡可能地分散注意力。某些種類的「開放覺察」（open awareness）禪修與不集中注意力在單一事物上有關。它們是戰勝不注意視盲及跳脫注意力抑制的竅門。

在這些法門中，你得從提高自己專注和覺醒的整體水準開始。你挺直腰桿端坐著，而不是躺下來或坐在椅子上，因爲你並不想要只是昏昏欲睡。此外，禪修者也會攝取大量的咖啡因。其實，茶最初是由中國的和尚培育出來的，他們發現神經傳導物質的少許改變有助於維持專注狀態。時至今日，茶仍舊是每座禪寺的支柱，而且據說許多現代的日本僧侶是以濃厚、難喝的雀巢即溶咖啡作爲代替品。

同時間，你藉由端坐在一堵無門窗的牆前，偷走這份覺察。通常在這類狀況下，你的注意力會往內走——成人會同等注意自己的內在經驗與外在世界——不過，禪修者也會努力防止這種事發生。他們有意識地設法避免計畫或思考。他們會透過數息來安住心念。（你很難在數算自己呼吸的同時還能做出合乎邏輯的論據，或規畫任何事。）

隨此經驗產生的結果非常引人注目，至少在短暫的片刻當中是如此。當你對特定外在事件與內在計畫的專注減弱後，突然間，你會立刻清楚地意識到身旁的每一件事：地板的質地、牆上光影的微妙變化、鳥兒與過往車輛的聲音，甚至是你疼痛的膝蓋。所有的這一切似乎全都亮了起來，再也分不清瑣事或要事，內在或外在。

旅行與禪修運用的手段雖然相反，卻能促成同樣的經驗。旅行時，你讓自己暴露在這麼多既新奇又出乎意料的外部資訊中，因而使得注意力篩選及抑制的慣常機制失靈。比起你平常會留意的事（比方參與某場特定的會議），此時你身旁的每一件事都會有趣得多。禪修時，則是讓注意力的慣常機制處於匱乏的狀態。你幾乎沒有給它們任何可資運用的素材，而且你還有意識地試圖避免集中精神、抑制與計畫。兩者的結果很類似：正如大量的新資訊可以癱瘓抑制機制，關閉抑制機制也能使日常訊息展現新意。

禪修和旅行似乎最終會導致哲學家口中的相同現象學（the same phenomenology），也就是同一類型的主觀經驗。事實上，禪修有個迷人的特質是，你不必離開房間就能造訪北京。相對於尋常成人注意力的聚光燈意識（spotlight consciousness），它就像是童年的燈籠意識（lantern consciousness）。你無須特別集中注意力在任何一件事情上，就能清楚地意識到每一件事。會有一種興高采烈及一種奇特的幸福感伴隨著這些經驗而來。

「燈籠意識」是對於日常生活清晰的全景式理解，它通常是某種宗教或美學經驗的一部分。燈籠意識似乎也會伴隨其他類別的活動發生，譬如墜入情網、狩獵，甚或是瘋狂。但也有許多其他種類的宗教與美學經驗，其他種類的興奮與狂喜，具備了與此不同的特質。

舉例來說，我會說這種全面性的燈籠意識和來自心理學家稱爲「心流」（flow）的那種獨特的成人快樂感受，幾乎是完全相反的。注19「心流」是指當我們的注意力完全集中在單一物體或活動上，在那個活動中忘卻自我的那種經驗。這類經驗多半發生在計畫執行得很順暢、很有效率時，也就是舞蹈跳得正精采、投籃神準或下筆如有神助時。在「心流」狀態中，我們享受一種無意識的獨有愉悅感。完全沉浸在某項任務當中的時候，我們會忽略外在的世界，甚至對於必須採取的每一步分解動作都會失去知覺。整個計畫就像是會自行推動似的。燈籠意識似乎也不像因持續專注在單一物體上而產生的那種宗教經驗，或者外在世界彷〔130〕彿全都一塊消失了的那種神祕經驗。

燈籠意識會導致一種與眾不同的快樂感受。這種快樂和失去自我意識的感受有點類似，只不過失去自我意識的理由是我們變成了這世界的一部分。無論是維吉妮亞・吳爾芙（Virginia Woolf）譯4與愛蜜莉・狄金生（Emily Dickinson）譯5等作家，或是亨利・卡提爾布列松（Henri Cartier-Bresson）譯6這位藝術家，他們的作品都能喚起人們的燈籠意識。它是威廉・布雷克（William Blake）譯7筆下的沙中世界，是威廉・華茲華斯（William

Wordsworth）[譯8]詩句中的如茵綠草。

從歷史的角度來看，這種現象學經常和童年有所關連。禪師鈴木俊隆（Shunryu Suzuki）稱之爲「初心」（beginner's mind），也就是尚未受到專門知識汙染的那份心境。[注20]諸如華茲華斯等擅長喚醒這類經驗的浪漫時期詩人，明確地認定它與童年密切關連。他們認爲童年十分珍貴，因爲孩童懷著一份無窮盡的好奇心盡情體驗這個世界。

發展心理學與神經科學指出，這種直觀的識別是正確的。我想，燈籠意識就是身爲嬰兒的那種感覺。嬰兒就像佛陀，是斗室中的旅者。他們被屏障、陰影與聲響團團包圍，沉浸在幾乎讓人無法忍受的鮮艷奪目與令人興奮的新奇當中。威廉・詹姆士（William James），這個心理學界的最偉大作家，擁有一種典型的鮮明形象，那有助於喚起這樣的經驗。他本人並非將它應用在嬰兒身上，而是用在聰穎傑出但注意力不集中的成人身上。他說，對某些人而言，意識場域就像是一道嚴密聚焦的光束，四周全被黑暗團團包圍。對於其他人，我認爲還有對嬰兒來說，「我們可以假設它的邊緣比較明亮，而且充滿了流星雨一般的影像，這些影像會隨機地撞入意識場域中，取代原有的焦點概念」[注21]。

並非各種強烈或不可思議的經驗都帶有童年的特徵，其中有許多就像心流，只會出現在〔131〕成人身上。嬰幼兒顯然並不總是處在這種狀態下。事實上，那可能只是因爲他們處在這種狀態下的機會比成人多得多，因爲嬰兒的時間大多用在熟睡或令人難受的緊張不安中。想想看，你在旅途上會感覺多麼疲憊不堪。就像嬰兒一樣，旅人也可能表現出在凌晨三點醒來痛哭的那種傾向。

而且對成人來說，這種放棄控制與紀律的作爲，當然是經過成熟的訓練所展現出來的一種高度控制與自律的結果。老練的禪修者能決定不要決定、選擇不要選擇、計畫放棄計畫。旅人首先得存錢、投入時間與金錢去安排前往印度或中國的一切。而無論嬰兒與幼童想不想要，他們就身處於這種狀態下。

發展心理學與神經科學有助於說明身爲一個嬰兒會是什麼樣的感覺，而旅行、禪修與浪漫時期的詩作，甚至能提供我們有關嬰兒經驗一種移情式的第一人稱體驗。嬰兒也能告訴我們關於意識的本身。正如盲視病患告訴我們行動與意識可以分離，嬰兒則告訴我們不同種類的心理能力可以分離，而且會導致不同種類的意識。伴隨學習而生的那種意識可能和伴隨計畫而生的那種意識截然不同。幾乎所有關於成人意識的實驗研究都牽涉到集中注意力與某項特別嚴格定義的任務。但是嬰兒使我們想到，這只不過是「覺察是怎麼一回事」當中的一個微小片段。

實際上，也許哲學家能從嬰兒身上學到一課更爲廣闊的經驗。哲學家與心理學家往往嘗試尋找解開意識問題的那把單一鑰匙，無論那是神經元的某種特殊振盪，或是大腦的某個〔132〕特定區域，或是某種特定能力（諸如語言、高等計畫或自我反省）。嬰兒的情況暗示我們，答案可能更爲多樣化，也更加動態。與其思索一套意識的宏大理論，我們應該針對內因聚焦與外因開放、有自覺的計畫與無自我意識的全神貫注、聚光燈與燈籠等這許多不同種類的意識，去尋找些許的解釋。隨著年紀漸長、變得更聰明，或發展出了解這世界的新方法時，我們的意識會有哪些變化？這些變化可能會格外發人深省。與其只專注在握有關鍵性解釋的那個單一面向的意識，我們也許應該更加歡迎多種多樣的、形形色色的經驗體系。

譯注：

1. 一個人受到感官刺激時，主觀的感覺內容。
2. 取三個胡桃殼或杯子，把一粒豆子藏在其中之一底下，然後快速調換胡桃殼或杯子的位置，讓觀看者猜猜豆子在哪裡，猜中者贏。
3. 爲梵語mandala的音譯，原指佛教徒爲安置諸佛尊以便祭供觀修而築的方圓土壇，後來多指代表宇宙的圓形圖案。
4. 英國女作家，開創意識流小說的寫作技法，且爲西方女性主義的先鋒。
5. 十九世紀美國女詩人。
6. 當代法國寫實攝影大師，善於捕捉稍縱即逝的影像，以決定性的瞬間呈現出事件層疊的關係。

7. 英國浪漫時期的詩人暨畫家。

8. 英國浪漫主義詩人。

編注：

1. 奈米科技的假想災難，起因於能夠自我複製的奈米機器人（nanorobot）失控地分解周遭事物進行複製，最終留下整片的灰色黏團。

2. 《黃昏三鏢客》的導演暨編劇。

第五章

我是誰？

——記憶、自我與流動的意識

意識不只是我們對於外在世界的知覺，也是一種獨特的內在經驗。意識不只會受到記憶〔133〕與計畫、著迷與幻想的影響，也會受到我們對外在世界的體會與領悟所左右。我們在時空中旅行，在過往的鮮明想像與未來的熱情（或怒目）期待中來回移動，而且我們還會聽見「內心的聲音」不斷獨白著，那個聲音會在我們的腦袋瓜裡喋喋不休。成人大部分的清醒時刻多是花在這些內心的反思上，而非注意外在的世界。

這種意識的潺潺流動與我們的個人統合（personal identity）感受密切相關。我的經驗發生在**我自己**身上。偉大的哲人勒內・笛卡兒（René Descartes）認爲，這種內在經驗其實是我唯一確切知道的事：我思故我在。只不過這個「我」是誰呢？她是內在觀察者，坐在第一排注視我的生命逐漸展現。她是恆常不變的自我，統合我對往昔的記憶與對未來的預期。我的人生發生在她身上，她負責規畫我人生的剩餘部分，而且她也是那些規畫的受益人。她是〔134〕我內在的眼睛，我的自傳作者，也是我的執行長。

在嬰幼兒身上也有這種內在意識嗎？他們具有和我們一樣的意識流或內在觀察者嗎？他們有那種恆常不變的整合自我的感受嗎？再一次，由於無法實際變成嬰兒，我們很難確定答案到底是什麼。但是正如上一章提過的，我們可以運用其他種類研究所得的資訊，說明非常年幼的孩童的內在意識可能會是什麼模樣。我們可以從與成人內在意識有關連的心理功能著手，觀察這些功能在孩童時期如何變化與發展。

意識與記憶

正如注意力與我們的外在意識密切相關，記憶則與我們的內在意識緊密連結。心理學家區分出不同種類的記憶。過往的經驗若能對眼前的行爲產生任何影響，那就是一種記憶。就連非常簡單的生物，比方海蛞蝓（sea slug），也具有那種記憶。[注1]當實驗者輕柔地碰觸海蛞蝓的吸管時，牠的鰓會略略內縮。但是，假設在那個輕柔的碰觸之後，會一再出現海蛞蝓的尾部遭受強烈電擊，那麼一旦海蛞蝓感覺到那個輕柔的碰觸後，牠就會更用力地縮鰓。這反應彷彿是海蛞蝓記得那個輕柔的碰觸會引起強烈電擊，就像帕夫洛夫（Pavlov）的狗兒記得某種音調會引起電擊一樣。

記憶也可能是指人在一生中累積的知識。比如我說，我記得巴黎是法國的首都，還有貓的英文拼法是「c—a—t」，但我卻不記得自己究竟是在什麼時候發現這件事或第一次知道這件事——對於巴黎變成法國首都這件事，我毫無**記憶**——我只知道那是正確的。

不過，有一種特殊的意識經驗使我的記憶屬於我，同時讓我爲自己的生活創造出一篇情節連續的故事。心理學家稱之爲「情節記憶」（episodic memory）或「自傳式記憶」（autobiographic memory）。[注2]這是那種具有強烈情感、生氣勃勃、具體、有意識的記憶，像是四歲時我在紐約古根漢博物館（Guggenheim Museum）畫出我人生中的第一幅抽象畫，或者十四歲那年我在費城美術館（Philadelphia Museum of Art）獻出了我的初吻。

這些不同種類的記憶牽涉到大腦的不同部位。大腦某些部位遭受損傷的人可以學會新訊息，卻無法創造出新的情節記憶。在這些病患當中，最有名的當屬首字母爲H．M．的這名病人。[注3]此人在年輕時曾因癲癇而動過腦部手術。沒想到，手術破壞了他的海馬迴。因此，雖然H．M．能學會新技能，像是使用電腦，有時他還能習得新的事實，然而他的自傳式記憶及他的個人統合實際上卻都在一九五三那一年戛然而止。每一次和他的醫生碰面，他就會重新自我介紹，因爲他沒有曾經見過對方的那段記憶。此外，每一次照鏡子都會讓他嚇一大跳，因爲他必須調和鏡中那張日漸衰老的臉和他認定自己還是個二十七歲少年郎的認知。

雖然H．M．明顯有意識，但他的意識卻與你我的意識大相逕庭。光是想像你的意識跨度只能往前延展些許片刻，也就是假設你稍早的經驗不再屬於你，這就夠讓人頭昏眼花的了。在《記憶拼圖》（*Memento*）這部電影中，主角罹患的正是這種「順行性失憶症」（anterograde amnesia）。片中離奇的情節充分捕捉到這種經驗有多麼混亂、多麼奇特。男主角不斷對於前一刻究竟發生了什麼事感到毫無頭緒——他走進方才和某人對談的那家酒吧，但是裡頭的每一個人對他來說都是素不相識。他計畫要走進一家汽車旅館，緊接著卻發〔136〕

現他已身在那家汽車旅館當中，但他完全不知道自己是怎麼到達那裡的。

我們的情節記憶是打哪兒來的呢？乍看之下，自傳式記憶彷彿只是一種內在意識的數位光碟機，它會記錄你的生活點滴，讓你能重播、回味，但它其實並沒有那麼簡單。舉例來說，當我回想自己的初吻，它像是我注視著雨中的兩個人坐在博物館外花園的長椅上。當然，我並不是真的從外朝內窺看，而是由內向外張望。一片真正記錄了我的經驗的數位光碟片會顯示出我的鼻尖，還有一張若隱若現的臉龐。

即便是最鮮明生動的「鎂光燈」自傳式記憶（flashbulb autobiographical memories）也可能出錯。所謂「鎂光燈」自傳式記憶是指，在我們經歷過像《挑戰者號》（*Challenger*）太空梭爆炸或九一一恐怖攻擊等重大變故後留下的記憶。在《挑戰者號》空難發生後不久，心理學家記錄了人們的經歷。注4他們請受訪者回答類似以下的問題：「事故發生當時你人在哪裡？」「你是從電視上看見或從廣播中聽見這個消息？」等到三年後，他們又問同一群人同樣的這些問題。關於這場劇烈爆炸的回憶如此鮮明，所以受訪者對自己的記憶正確性很有自信，偏偏有許多人弄錯了答案——他們並沒有像自己以爲的那樣清楚地記得這整件事。換句話說，就連這些罕見的生動回憶，也並不只是原始經驗的謄本而已。

我們甚至可以創造完全虛假的自傳式記憶，細節還一應俱全——回憶中的那些經驗根本從未發生過。這些記憶有可能是關於外星人綁架、邪教儀式虐待，或甚至犯下某樁罪行等戲劇性的回憶，也可能是再普通不過的回憶，像是你童年時在某個大賣場走失的記憶。

伊莉莎白・羅芙特斯（Elizabeth Loftus）及其同僚曾進行過令人吃驚的實驗，他們在尋常大眾身上創造出虛妄的記憶。注5起先，他們暗示某個事件，比方在大賣場走失是真有其〔137〕事（「你媽媽說你曾經在大賣場迷路。」）；接著，他們會提供若干細節，並要求受試者努力回想（「你還記得你躲在噴泉旁嗎？」）。在整個歷程結束之前，受試者已有絕對的信心能記起自己在大賣場走失的事。雖然這件事其實從來沒有發生過，但他們卻對整件事有栩栩如生的情節記憶。

情節記憶不同於其他種類的記憶，因爲它們包含了非常多的感官細節。我可以重溫那場雨的確實感覺，以及那個初吻的細緻觸感，但是我只知道巴黎是法國的首都。你可以要求人們想像某個事件感覺起來是什麼樣子，看起來是什麼光景，還有嚐起來是什麼滋味，藉此引導對方發展出同樣詳盡且具體的心像。當你這麼做，無論是發生在某個記憶研究實驗室、某回治療療程，或某次警察訊問當中，你確實都可以創造出自傳式記憶。這些虛妄的記憶如此誘人，因爲它們「感覺」起來就像是眞實的記憶——我們無法分辨對它們與對眞實事物的意識經驗。

就連那些說記得自己被外星人綁架的人也不是失心瘋或滿口謊言。注6他們確實體驗到自己描述的那些記憶。對於外星人綁架現象的最佳解釋是，它肇始於某種特殊的睡眠障礙。

這種睡眠障礙讓你感覺全身不聽使喚，還會讓你覺得房間裡頭有人！大部分有這種經驗的人會就此打住，但是其中有極少數的人會從他們以前聽過的外星人故事這個角度來詮釋此事。正如羅芙特斯的實驗對象會把她的暗示「發揚光大」成為一段記憶那樣，這些睡眠障礙者會把那種經驗擴充成一段更詳盡的回憶，裡頭包含奇異的光線和各式探針與儀器。這些記憶感覺起來與「巴黎是法國的首都」這種記憶迥然不同。

孩童與記憶

那麼，嬰幼兒的狀況又是如何呢？他們是跟成人一樣，擁有充分發展的情節記憶，還是像H．M．那般，只有掐頭去尾的刪節版記憶呢？正如外在意識的狀況那樣，事實證明這個答案遠比前述二者選一還要複雜得多。就連非常年幼的嬰兒也有情節記憶，但那與成人的情節記憶大不相同。在小寶寶出生後的頭五年間，他們會逐漸發展出某種看起來很像是成人版自傳式記憶的東西。這些記憶的變化，說明了孩童的內在意識同時也發生了變化。

拜「嬰兒大腦未臻完備、不過是會哭泣的胡蘿蔔」迷思所賜，心理學家過去認為嬰兒根本沒有情節記憶，但事實上，嬰幼兒對於特別事件確實有具體的記憶。你不妨想一想稍早之前提過的模仿實驗。受試嬰兒看見實驗者用自己的前額碰觸盒子，讓它發亮。一個月後，當他們再次看見那個盒子，會彎下身用自己的前額去碰觸那個盒子。他們很明顯地記得這個獨特的不尋常事件。

等到他們學會說話，一歲和兩歲大的孩子就能敘述以前發生在他們身上的特定事件。注7 我的兒子艾列克謝（Alexei）在十八個月大的時候，時常纏著他的奶奶一同觀星賞月。一個月後，他的奶奶再次來訪，雖然當時是大白天，艾列克謝卻立刻大喊「月亮」，然後用力拉著她的手臂，希望她帶他到戶外去。

不過要等到他們年紀再大一些，才會開始將那些記憶編織成一篇連續的故事，而他們會在故事裡扮演英雄的角色，或至少是故事的主人翁。注8 羅賓・費伍許（Robyn Fivush）記錄某個日常事件（比如一個母親和她的孩子到動物園玩）的發生經過。幾天後，她要求那個孩子敘述當天發生的事。兩歲大的孩子能說出相當具體的事情，像是「大象便便了」。但令人〔139〕驚訝的是，孩子們說的每一件事幾乎都是他們的母親在造訪動物園那天曾經說過的話，他們的敘述像是母親發言的直接回聲。如果母親在那天沒有明確地提到大象，她的孩子就不會記得牠。我覺得我的情節記憶屬於我，而不是屬於，比方說，我弟弟的。但是對於這些非常年幼的孩童來說，他們的記憶彷彿一半屬於他們的母親，一半屬於他們自己。相反地，五歲孩童可以針對發生在自己身上的事，製造出複雜且原創的敘述。

你也能在更多的實驗情境下看見年幼與年長孩童間的差異。三歲孩童似乎沒有較年長孩童的那種記憶力。當有人問道：「二十七號那天晚上你人在哪裡？」爲了正確回想起當時狀況，我彷彿攤開了過去幾天的情節記錄，讓我的心穿梭在每一天的往事中，檢視細節一覽無遺的各種片段記憶。心理學家稱之爲「自由回憶」（free recall）。[注9]但是你也可以觀察給予某人一條線索，是否有助於他們回憶起某件事：「二十七號那天晚上，你在酒吧裡有沒有看見一個男人戴了頂黑色軟呢帽，手裡還提著一個小提琴盒？」

這些線索回憶（cued recall）也是情節記憶，只不過它們是透過外力促成，不是由內而生。這不同於訊問者直接告訴你正確答案，也有別於那些母親叮嚀自己兩歲大的孩子要記住大象，或實驗者敦促大學生「回想起」自己在大賣場走失的那種方式。你記得的那些資訊確實就在那裡，只不過少了提示你就無法提取。它就像外因性注意力和內因性注意力之間的差異。你的記憶是由外部，而非內部來控制。

在一項實驗中，我會給你一串單字，然後要求你盡可能想起愈多字愈好；或是告訴你某個字，請你回憶下一個字是什麼。對我們所有人而言，線索回憶遠比自由回憶要來得容易，但是對學齡前兒童來說，這中間的難易差別會更爲明顯。得到線索提示時，他們的記憶表現非常優異，但他們在自由回憶上卻會遭遇重大困難。

你可以在日常生活中清楚看見這一點。比如你到幼稚園接孩子回家，接著你必然會問：「小乖，你今天在學校做了些什麼啊？」同樣地，你聽見的回答必然是「沒什麼啊」或「我玩耍」，儘管這孩子今天明明參加了一趟讓人興奮的小旅行，在科博館乘坐火箭，或者從攀爬架上重重摔落下來，或者第一次玩蛇梯棋（snakes and ladders）。[譯1] 好的幼稚園通常會提供一小張清單，告知父母親當天孩子們在學校做了哪些事。當你追問其中某一項活動時，剛才堅稱「沒什麼啊」的孩子會突然說出許多刺激的細節來。這並不是因爲那個孩子故意耍脾氣，而是因爲她無法像成人或六歲大的孩子，能夠自由地存取自己的記憶。

知道你如何知道

有意識的自傳式記憶的特徵之一是，你不僅知道事件本身，還知道自己怎麼得知這些事──你知道（或至少相信）你的知識來自過去某些相當具體的經驗。我不知道我怎麼得知「巴黎是法國的首都」這件事。但是我的確知道，我之所以知道費城美術館外的那張長椅與那場雨，是因爲當時我人就在那裡。某些哲學家會說，這是意識經驗的特徵之一。於我而言，說我有意識地記得那個吻，卻不相信自己經歷過那件事，似乎很矛盾。虛妄的記憶之所以感覺逼真，是因爲我們同樣確信自己知道它們的來源，只不過這份確信是錯誤的。

腦部有損傷的人會失去自傳式記憶，也無法記得自己知識的來源。他們或許能夠學會如何撰寫電腦程式，卻無法告訴你任何有關他們怎麼學會寫程式的事──彷彿新知識突然之間

就出現了。就連能夠創造某些新記憶的較輕微腦傷病患，也時常在記憶來源這件事情上遭遇異常的困難。注10

記得自己的想法來自何方這件事，對非常年幼的孩子而言也很棘手。注11 譬如在我的實驗室裡，我們向孩童展示一座小陳列櫃，並將一顆蛋、一枝鉛筆等九件不同物品放入不同的抽屜中。有時候，我們會真的拉開某個抽屜，讓孩子們看看裡頭裝了什麼東西。有時候，我們沒有拉開抽屜，只是口頭說明「這個抽屜裡有一枝鉛筆」。還有些時候，我們會說：「嘿，看看你能不能猜出這個抽屜裡頭有什麼？看，這是一條線索，它剛好裝得進這個蛋盒裡。」全部介紹完畢後，接下來我們關上所有的抽屜，然後指著每一個抽屜問以下這兩道問題：「這裡頭裝了什麼？」「你是怎麼知道的？是你親眼看見，還是我告訴你的，或者是你從線索當中想出來的？」

所有的孩童都記得每一個抽屜裡頭有什麼。不過，三歲大的孩子在回想他們是怎麼知道的這件事情上，遭遇到很重大的困難——他們時常會在被告知答案的狀況下，說是自己親眼看見的，或是明明自己親眼看見，卻說是實驗者告訴他們的。另一方面，五歲大的孩子既能告訴你他們知道些什麼，也能說明他們獲得那個知識的來龍去脈。

這種「來源失憶」（source amnesia）也會讓孩童格外容易受到他人的影響。也因此，法庭是否該採信孩童的證詞，確實是個重要的法律議題。光是對某個孩子說出像是「他有摸你，對吧？」這樣的話，就能使他相信那件事的的確確發生過。

當年我兒子艾列克謝唸幼稚園的時候，有段時間他回到家總會說很多關於副園長的恐怖故事，包括他向孩子們大吼大叫、痛毆園生，還嚴厲地懲罰他們。聽到這些當然讓我很擔心。但是後來我發現，這位副園長還被認爲是住在地洞中，吃活蝙蝠當晚餐。原來，這些說法來自遊戲場上的都會傳奇，並不是艾列克謝的直接經驗（雖然這則傳奇可能刻畫出這位副園長個性上的某個面向）。〔142〕

傳統智慧認爲，孩童易受他人影響是因爲他們無法分辨眞相與謊言，或事實與幻想，但是我們已經了解這種看法並不正確。孩子們知道眞實與虛構的不同，而且他們也眞心嘗試要說實話。暗示感受性（suggestibility）與資訊來源的關係較爲密切——孩童無法分辨他們從哪兒獲得資訊，因此，不管是遊戲場上的八卦，或者從某個誘導性問題得到的推論，都可能會和眞實的記憶混淆不清。

潔西卡·吉爾斯（Jessica Giles）是我在柏克萊大學的大學部學生。她對兒童的法律制度一直很投入。我們曾進行一項實驗，想了解孩童的暗示感受性是否和他們對於資訊來源的認識有關連。注12 我們播放一部影片給孩童看，然後問他們一些問題。有些問題是來源問題：「你怎麼知道那個男孩穿著黃色靴子呢？是你在螢幕上看見它們，還是那個男孩告訴你有關它們的事呢？」有些問題則是誘導性問題，用以測量暗示感受性。雖然那雙靴子是黃色的，但我們可能會說：「那個男孩穿著紅靴子，對吧？」我們發現，記得自己怎麼知道某件事的那些孩子，較有機會成功抵抗誘導詰問。此外，假如我們先問孩童資訊的來源，再問誘導性問題，則可以減低他們的暗示感受性。釐清資訊來源能讓只有四歲大的孩童成功抵抗誘導詰問。

三歲的孩子不容易記得自己的念頭打哪兒來，也不善於記憶自己早先的心理狀態。我們 〔143〕
能在我之前提過的「錯誤信念」（false belief）實驗中觀察到這個現象。注13 孩童看見一個密封的糖果盒，結果裡頭裝的是鉛筆。面對這樣的發現，孩童自然既驚訝又失望。然而，接下來當我們問起他們第一眼看見糖果盒時，認爲裡頭裝了些什麼，即便幾分鐘前他們才因爲發現真相而大吃一驚，他們卻堅稱自己本來就知道盒子裡裝滿鉛筆。他們已經完全忘記自己先前的錯誤信念了。

我們想知道，孩子們會不會像遺忘過去的想法那樣，忘了過去的欲望呢？首先，我們問孩童想不想吃餅乾，當他們說「想」，我們就提供餅乾給他們，直到他們吃得太飽，拒絕再吃爲止。接著我們問，之前他們剛坐下、還沒有開始吃餅乾時，他們是不是想吃餅乾？半數的三歲孩童會說當時他們根本沒有想吃餅乾。這些孩子可以順利記住過去發生的所有有形事件，卻無法記得當初自己對那些事件有什麼樣的感受。

嘗試想像身爲一個孩童在這些實驗中會有什麼感受，就跟嘗試想像身爲H．M．會是什麼感受一樣讓人錯亂：你凝視緊閉的抽屜，同時清楚地聽見我說裡頭有一顆蛋；你很震驚地發現盒子裡裝的是鉛筆，你一心想多吃點餅乾……然而不過幾分鐘後，你歡快、自信且眞誠地記得自己看見了那顆蛋，你一直相信盒子裡裝滿了鉛筆，還有你從來沒有想要吃餅乾。似乎沒有什麼比剛剛才發生在我們身上的意識經驗更顯而易見的事了。然而，能夠記得賞月這種具體事件數個月的三歲孩童，無法回憶起自己幾分鐘前才剛體驗過的經歷。

成人可能會在過了很長一段時間後犯下這類錯誤。我們可能會認爲自己向來都把共產主〔144〕義看透透，認爲自己其實參加過我們只在電視上看過的那場集會，或者認爲自己絕無可能曾經喜歡唐諾文（Donovan）。[譯2]但是，孩童在不過幾分鐘後就會犯這類錯誤。他們必定活在一個與我們大不相同的世界裡。

建構自我

自傳式記憶在個人統合上扮演著相當重要的角色。現在的我之所以能和早先或稍後的我保有相當的持續性，並不是因爲我們共享某些具體特徵——畢竟，現在的我比較像其他五十歲的女性發展心理學家，而不像三歲時的我或（如果有幸活到）八十歲時的我。它甚至不是因爲這麼多年來我一直保有的相同體態——畢竟我現在的軀體（令人遺憾地）和三十年前我所擁有的那一副完全不同。祕密就在於記憶。我能夠記得早先我有何感受、當時我有什麼想法、之前我做了些什麼，就連如今看來奇怪的六歲時的我所思所感（當時的我相信全中國的每個人都住在紙做的房屋裡，而且那時的我對於冒險走入漆黑的地下室懷有非理性的恐懼），或者更加怪異的十六歲時的我所思所感（當時的我相信全中國的每個人都熱烈歡迎文化大革命，而且那時的我對於冒險走入暗巷懷有非理性的大無畏），無一不清楚明白。

那些記憶是**我的**，而且它們以一種非常獨特且有意義的方式屬於我。我也許知道我弟弟曾有過同等怪異的想法與感受，但是我不記得它們，而它們也不是**我的**過往思緒與感受。在《星際爭霸戰》（*Star Trek*）這部電視史上最具哲學深度的節目中，有一段故事能把這一點說明得特別清楚。婕琪・戴克斯（Jadzia Dax）是由兩個部分所組成的生物，一具平凡的軀〔145〕體（婕琪）及一個獨立的共生體（戴克斯）。當軀體死亡時，共生體會從這具軀體轉移到另一具軀體上。婕琪承襲了共生體在過去所有生命中累積的知識，例如他在外交與博奕方面的技能。然而眞正讓婕琪與戴克斯成爲單一個人的是，她也繼承了戴克斯在所有前世的記憶，而且能像體驗她自己的記憶那樣體驗那些記憶。

哲學家約翰・坎貝爾（John Campbell）主張，自傳式記憶的意識經驗取決於過去的我和今日的我，以及未來的我之間的因果關係。[注14]身爲成人，我們認爲自己的生命像是一則展開的因果故事，貫連著我們過去、現在與未來的經驗。我們在未來將會做、將會感受、將會相信些什麼，有賴於我們現在做、現在感受、現在相信些什麼，而這又有賴於我們過去曾做、曾感受、曾相信些什麼。這條單一的時間線對成人而言似乎不言自明，但是我們卻可以按照相當不同的方式來處理我們的經驗。例如，對於解離性疾患（dissociative disorders）或具有多重人格的人而言，不同的自我各自擁有獨立的時間線，因此，當我身爲傑寇醫生（Dr. Jekyll）時，我的所作所爲將會影響傑寇的未來行動，卻不會影響我身爲海德先生（Mr. Hyde）時的行爲。譯3

非常年幼的孩子已經對自我（self）有些認識。舉例來說，差不多十八個月大時，幼兒就會開始認得鏡中的自己。注15爲了顯示這一點，你可以暗中在幼兒的額頭上貼一張貼紙，接著讓她站在鏡子前。一歲大的孩子表現出彷彿鏡中人是另一個幼兒似的，他們會指出鏡中的貼紙影像。相反地，兩歲大的孩子會立刻伸手摸摸自己的額頭，看看貼紙是不是在哪兒。

不過，他們似乎並不了解這個我和過去及未來的我有何關連——他們心中沒有那條時間線。泰瑞莎・麥寇梅克（Teresa McCormack）連著兩天向孩童展示兩組不同系列的圖片。注16接著，她問孩子曾看過哪幾張照片，以及他們在今天或昨天看過那些照片。三歲大的孩童〔146〕很擅長辨認出自己看過哪幾張照片，但是對自己何時看過它們卻很不拿手。到了六歲左右，孩子們就能把這件事做得跟成人一樣好。

丹尼・波維內利（Danny Povinelli）曾做過一項更誇張的實驗。注17現今幾乎所有的家長都習慣爲自己的學齡前寶貝拍攝影片、重複播放回味，因此就連三歲大的娃兒也對錄影如何運作略知一二。在這項實驗中，一個成人逗一個小孩玩，在玩耍的過程中，這個成人會暗中在這個孩子的額頭上貼一張貼紙，手法和前述那個十八個月大的幼兒與鏡子的實驗如出一轍。緊接著，這個成人播放記錄了剛才發生一切的影片給這個孩子看。看見影片中的貼紙時，五歲大的孩子會大吃一驚，連忙摸摸自己的額頭，想確認它是不是還在那兒；也就是說，他們能將影片中「過去的我」和觀影時「現在的我」統整在一起。至於三歲大的孩子看見影片中的貼紙時，則是泰然自若，一點也不驚慌。他們雖然能辨認鏡中「現在的我」，卻無法整合「現在的我」和「過去的我」。儘管他們會說起影片中的自己額頭上有張貼紙，但他們似乎無法將關於「過去的我」的資訊和「現在的我」擺在一塊。他們好像並不了解「五分鐘前在他們的額頭上貼貼紙」表示「現在那張貼紙還黏在他們的額頭上」。

同樣表露心跡的是，這些三歲大的娃兒也會用自己的名字來指稱影片中的那個孩子，但四歲大的孩子則會說影片中的孩子是「我」。強尼三歲時會說：「看！強尼的頭上有張貼紙。」而不會特別留意去摸自己的額頭。等到他四歲時，會說：「看！我頭上有張貼紙。」而且說完還會馬上伸手去把它撕下來。較年幼的孩童知道影片中的那個孩子是以前的自己，但是他們看不出以前的強尼和現在的自己有何關連。

所有這一切導致許多心理學家主張，嬰兒與年幼的學齡前兒童並不像較年長的孩童或成人那樣擁有自傳式記憶。研究記憶的學者通常會將情節記憶與自傳式記憶視爲描述相同事物的兩種說法。事實上就成人而言，這似乎是正確的。但是，你可以說嬰幼兒雖然有情節記憶，卻沒有自傳式記憶。儘管他們非常善於記住過去發生的特定事件，卻無法將這些事件放入單一的連貫時間線中，也想不起自己當初怎麼知道這些事件，更記不住自己過去對這些事件抱持什麼樣的態度。相較於透過其他方式得知的事，他們也不會特別優待自己直接體驗過的事。他們也缺乏一個單一的「內在自傳書寫者」，一個能串連起他們過去與現在心智狀態的「我」。他們無從感受那個過去曾認爲盒子裡裝了鉛筆、在拿到點心前曾經想吃餅乾，或是額頭上曾被人貼了貼紙的「我」。

孩童與未來

當四歲孩童開始了解自己的想法也許在過去曾經改變過，他們同時也會開始了解自己的想法在未來或許也將發生變化。克莉絲汀娜・艾坦斯（Cristina Atance）向孩童展示不同風景的圖片：烈日當空的沙漠，或白雪皚皚的山頂。注18 她說：「假設明天你要去這裡旅行，你該帶些什麼？」孩童可以從以下物品當中二選一：一副太陽眼鏡或一只貝殼，一件保暖夾克或一顆冰塊。接著她問道：「爲什麼你選擇那樣東西呢？」四、五歲的孩子會根據他們想像的未來，選擇能保護自己的正確選項（去沙漠要戴太陽眼鏡，去雪地要穿保暖夾克）。而他們也會從預先考量未來狀態這個角度，清楚闡明那些選擇背後的理由：「以免我眼睛痛」或「我可能會感冒」。但是三歲大的孩童不會這麼做。他們認爲你帶貝殼或太陽眼鏡去沙漠都是恰當的。

另外還有其他證據，說明嬰幼兒不會像成人一樣，設想自己身在未來的狀況。約莫就在孩童發展出自傳式記憶的同時，他們也會發展「執行控制」（executive control）能力。執行控制這種能力是指我們願意抑制自己眼前的渴望，以便在未來得到我們想要的東西。在稍早的章節我們已經看過，三到五歲大的孩童變得有能力改變自己的想法。他們透過唱歌、吹口哨或閉上眼睛，讓自己不伸手去拿無比誘人的餅乾。

之前我們也看過，就連年幼的嬰兒都能爲未來計畫。他們能想像這世界可能展現的另一種面貌，並且採取行動，讓那種面貌成眞。然而，執行控制需要的不只是擬定計畫。我不只得想像這世界可能展現的其他面貌，還得想像我自己可能展現的其他面貌。通常，研擬計畫是指我會做某些事以得到我現在想要的東西。但是當我現在想要的東西和我未來想要的東西有所衝突時，執行控制就會變得重要。它需要我理解當下我的感受和稍後我將會有的感受兩者間的因果脈絡連結。眼前的我並不需要太陽眼鏡，而且我想吃一片餅乾。隨後，當我身在沙漠中或失去兩片餅乾時，我的感受將會大爲不同。執行控制需要我同等關注未來的我和現在的我。

對成人而言，執行控制就像自傳式記憶，與意識密切關連。正如我們所說的，成人可以〔149〕在無意識間毫不費神地行動、計畫，並透過複雜的路徑順利穿越車流。但是假設我們想要在半途改變計畫，或者爲了將來必須做的事而捨棄自己現在想要做的事呢？那需要一種「我」的意識感覺，亦即知道是誰上場表演。想一想以下那些時候：當「妳」——也就是「現在的妳自己」——不費心思卻巧妙熟練地開車回家、穿越路障、轉過幾個彎之後，那個身爲執行管理者的「妳」突然進入意識狀態中，想起妳今天必須往完全相反的方向走。

或是想想意志力與自制力似乎多深切、甚至多費力地需要意識的存在。那個身爲執行管理者的妳必須時時刻刻保持警覺，守護那個行事衝動、順從慣性、心不在焉的可憐的妳——準備好突襲，免得她多吃了一個可頌麵包或按下傳送鍵，寄出那封憤怒的電子郵件。

在我們的日常經驗中，意識的內在觀察者和情節記憶的內在自傳書寫者，似乎都與內在執行管理者密切關連——事實上，他們似乎是同一個人：我。我們感覺自己具備了執行控制的能力，那是因爲我們心裡有個「超越的我」（überself），他居間協調過去、現在與未來的我，並且在最後交付命令。伍迪・艾倫（Woody Allen）在電影《性愛寶典》（*Everything You Always Wanted to Know about Sex*）中傳神地捕捉到這幅日常景象。在那個倒霉誘姦者的大腦內，湯尼・藍道（Tony Randall）坐在控制中心的一張大椅上，拚命嘗試協調巨型電視螢幕上的視覺輸入，與控制此人行爲的液壓系統——「該死！是誰讓那驚恐的表情閃現！」正如哲學家傑瑞・佛度爾（Jerry Fodor）所言：「總有人得要負起責任，那麼，老天，那人最好是我。」注19

從科學的角度來看，這當然不可能是正確的。就像內在自傳書寫者會見證我的記憶，內〔150〕在執行管理者正是哲學家口中的「小矮人」（homunculus），他藏在你的腦袋瓜裡。不過，我們無法利用「某人的腦袋瓜裡有另一個小人負責體驗與決策」這一假定，來說明某人經歷了些什麼，又做了什麼決定。像這樣的解釋其實什麼也沒有說明——「超越的我」並不存在，大腦中並沒有類似湯尼・藍道的小人，在負責決策的地方並沒有指揮中心的存在。

儘管如此，它的確感覺像是那樣。從純粹現象學的觀點而言，在那個負責觀察、記憶與決策的「我」——內在意識的常駐小矮人——和自傳式記憶與執行控制之間，似乎存在著某種緊密的連結。科學心理學告訴我們，不能用「透過內在的眼睛確實可以看見有個神祕的『我』」來解釋內在意識，就好像不能用「確實有盞聚光燈橫掃過外在世界」來解釋外在意識一樣。相反地，在自傳式記憶、執行控制能力與內在意識的樣貌之間，必定存有某種更爲間接的連結。不知爲何，我們擁有自傳式記憶與執行控制能力此一事實，帶領我們去體驗內在的眼睛和恆常不變的自我。由於自傳式記憶與執行控制在幼兒身上的表現如此不同，他們的內在意識及對於自我的認識，很有可能也和成人有別。

意識流

我們可以單刀直入地問孩童他們的內在意識是什麼模樣。這正是弗拉維爾夫婦採取的方法。注20正如孩童對於外部覺察的想法與成人截然不同，孩童對於內在意識的看法也同樣不尋常。我們假定自己擁有一股意識流，其間包含的想法、感受與記憶無情地不斷流過我們心〔151〕頭。但就連五歲的孩子也不同意這種看法。假設這個孩子看見艾莉靜靜地坐在椅子上，凝視著一面牆。你問道：「艾莉正在思考嗎？此時此刻，她的腦子裡正在進行什麼活動嗎？她正在盤算什麼、體會什麼，或者構思什麼嗎？」五歲的孩子否認這種可能性——假如她沒有正在做某件事或注視某樣東西，那麼她的大腦必定是一片空白。

更讓人驚訝的是，孩童也是這麼看待自己的心智。如果你問他們能否一連數小時保持自己的大腦徹底空白，他們會很自信地說可以。甚至在我們很清楚他們必定一直在思考的某些情況下，他們還是堅持自己可以做得到。舉例來說，假如你讓四歲孩童聆聽每三十秒響一次的鐘聲，接著讓鐘聲中止。這些孩子會嚇一跳。但是如果你問他們剛才他們在想些什麼，他們會說：「什麼也沒想。」更驚人的是，假設你挑明了問他們，剛才靜默時，他們是不是正在想那座鐘的事，他們仍舊會說：「沒有。」年紀較長的孩童跟成人一樣，他們會說自己剛才正想著那座鐘，納悶它怎麼不響了，或者等候它再次響起。幼童相信，唯有當你有事可想，你才會思考，一如艾莉只有在確實凝視某樣東西時才會思考。一個四歲孩子是這麼總結的：「每次你思考一會兒，就有某些事發生，某些事消失。有時候，某些事會持續好幾分鐘，接著會有幾分鐘什麼事也沒有發生。」這和成人版的意識流描述大不相同。

此外，儘管這些幼童非常清楚一張圖畫或一個句子是什麼模樣，他們卻否認自己體驗過視覺意象或內在語言（inner speech）。假設你對孩童說：「我希望你在自己的腦袋瓜裡回答一個問題，但是千萬不要大聲說出你的答案。你會在自己家裡的哪個地方找到牙刷呢？」為〔152〕
了完成這項要求，我們大多數人會在心裡描繪出自己家中的每個房間，然後在浴室裡找到牙刷。接著你問這些孩子，他們是不是在腦海裡想像浴室的樣子？雖然當你要求四歲孩子大聲說出答案時，他們的答案正確無誤，但是他們堅稱自己沒有想著那間浴室。

他們還說，你無法在腦袋瓜中和自己對話。弗拉維爾夫婦要求他們想一想自己老師的名字怎麼發音。他們否認自己的腦袋瓜裡有任何聲音說出那個名字，而且如果你直截了當地問，他們說自己腦子裡出現一張圖的可能性，和出現一個聲音的可能性一樣。

學齡前兒童似乎也很了解思考的其他面向。他們知道如果你決定了什麼事，或裝扮成某個東西，或解決了一道問題，你會思考自己正在做的事。假如艾莉凝視著一項魔術錢幣戲法，他們會說艾莉正在思考這個戲法怎麼運作。假如你問艾莉晚上想吃中國菜還是印度菜，然後她邊說「嗯」邊坐下來靜靜沉思，他們會說她正在思考晚上要去哪兒吃飯。他們了解思考事情這個概念，他們甚至了解你可以不必著手做任何事就能思考。不過他們無法理解你的想法可以是由內而生的。他們不懂思緒可以只依循你內在經驗的邏輯而生，未必得要從外部被觸發。

活在當下

針對「身為嬰兒究竟是什麼感受」這個問題，前述這一切告訴我們什麼？嬰兒和記憶有問題的病患H．M．不一樣，他們能夠有意識地記住具體的過去事件，將它們與當前事件區分開來，還能夠保留那些記憶好幾個月。嬰兒也能夠規畫、想像這世界可能的樣貌，並且使〔153〕那些可能的世界成眞。

儘管如此，嬰兒與幼童尙未發展出自傳式記憶與執行控制能力。他們無法體會自己的生命像是一條單一的時間線，能往回延伸至過去，也能向前邁進到未來。他們不會像成人一樣，任自己沿著這條時間線向後或朝前移動，在須臾片刻間重溫過去的我曾經是個悲慘輸家或幸福戀人，或是預想未來的絕望或歡樂。而且他們並不覺得自己沉浸在一股連續不斷的多變想法與感受當中。

事實上，對嬰幼兒來說，做出這些過去與未來設想的人似乎並非同一種類的「我」。他們不會對自己過去的心理狀態保持記錄。儘管他們記得過去曾經發生過某件事，但他們似乎記不得自己當時怎麼看待這件事，又有何感受。此外，雖然他們會爲不久的將來擬定計畫，但他們似乎不會對自己未來的狀態有所期盼。他們不會推想自己隨後會怎麼想、怎麼感受。

就連非常年幼的嬰兒對自我也有些許認識。他們能在鏡中辨認出自己，還能分辨自己與他人的不同。畢竟三歲孩童知道影片中的人是強尼，而不是其他小孩。但是談到內在觀察者、自傳作者與執行管理者，他們似乎沒有經歷過和成人一樣的經驗。

在此條件下，狀況又會是如何呢？我認爲，幼童的意識包含了成人意識的所有元素。有過去事件的影像、預定目標的景象、如裝扮遊戲的奇思玄想那樣的違實，甚至是抽象的思維。孩童能辨別出這些類型的心理活動有何不同，也能區分當下知覺與過去回憶、眼前幻想與未來目標的差異。但是對三歲孩童而言，這些活動並沒有按照單一時間線來安排，把回憶放在過去，將意圖放在未來（至於虛構故事與幻想則擺到一旁）。而且孩童可能欠缺單一一個內在執行管理者的經驗。相反地，那些記憶、影像和思緒受到當前事件或其他記憶、影像和思緒的暗示時，會在意識中突然出現又消失。

倘若對成人而言，外在意識像一盞聚光燈，那麼內在意識正如同一條小徑。它是我自己特有的小徑，因我遍歷這世間而形成的小徑。當我回頭看它，就能看見我一路走來的足跡，

〔154〕

而我也能翹首引領凝視我的終點，無論那目的地如何朦朧不清。這小徑拉著我們前進，爲我們的生命注入它們特有的推進力。當然，這小徑可以輕易地變成一道常軌、一條窄路，任我們終日反覆奔波其上。

正如注意力在孩童身上比較像是一盞燈籠，他們的內在意識或許比較像是漫遊閒逛，而不是旅行遊歷——是一趟探索，而非征服的行程。他們赤腳涉水，走入意識的池塘，而非順著湍急的溪澗奔流而下。他們在受到保護的未成熟領域中安全無虞，因此可以前往任何他們想要去的地方。那裡有正在大便的象群！那些怪異的機器就是得用你的頭去觸碰才行！喏，快速繞道前往科學中心的火箭船，想跟查理・芮維歐利連絡得用曲折迂迴的方式，還有我將要用這些積木搭造出令人無比驚嘆的高塔。

內在意識、自由聯想、入睡前思緒與內觀禪修

在上一章中，我建議我們可以透過旅行或開放覺察的禪修，來獲取對於嬰兒外在意識的同理一瞥。儘管集中的注意力是成人外在意識的典型範例，但即便在成人身上，也能看見許多其他種類的覺察。同樣地，雖然對於計畫和回憶的專注內在獨白是成人內在經驗的經典範例，但仍有其他的成人經驗可能比較接近幼童的體會。透過像是精神分析治療的

「自由聯想」（free association）或者在我們墜入夢鄉時可能會經歷的那種「入睡前」思緒（hypnagogic thought）等成人經驗，我們或許能夠一窺嬰兒的內在意識。在我們失去意識前，一股由影像、思緒與感受組成的波流流經我們心頭。（身爲一個無可救藥的失眠者，我有時會感受到自己短暫地脫離入睡前狀態，並且想著，「等一下，剛才那個念頭根本說不通呀，喔感謝老天，我一定是睡著了」——這是那個固執的內在觀察者眞的想要撒手不管前，勉強維持住意識的最後一搏。）某些門派的內觀禪修（insight meditation）會蓄意培養出類似的狀態。禪修者只是觀看自己心裡來來去去的念頭，並不嘗試控制它們。

在所有這些經驗當中，我們要不是故意，就是湊巧放棄了控制自己的想法——我們要不是存心關閉自傳式記憶和執行控制，就是因爲我們打瞌睡而失去了它們。但是，和旅行或開放覺察的禪修不同，我們在這些經驗中是朝內，而非向外轉。在這些情況下，我們的意識變得出奇地沒有條理且浮動易變，莫名其妙地就從影像切換到記憶，再切換到思緒。但是它也變得格外豐富；我們可能會因爲看見自己心智的內容多麼稀罕詭麗而大吃一驚。一朵盤旋紫花的影像變形成一段躲在桌底下的兒時記憶，再變換成一股突然襲來的無形焦慮感。如同關閉注意力的聚光燈可以讓我們認識到我們外在知覺的多樣與豐富，關閉執行控制可以讓我們〔156〕認識到我們內在經驗的驚人多變。我們可以任由自己的心智四處遊蕩，看看它們會走訪哪些地方。

然而無論它們有多珍貴、多有趣，這些經驗完全不同於成人內在意識的日常典型經驗，也不同於能反映出某些最重要成人能力的經驗。在這些意識狀態中，心智不會構思條理清楚多段式邏輯論證，或者為兒童照護大樓建案的所有意外狀況擬定步驟計畫，或者深情地重演上個周末的每一分每一秒。當你忙於自由聯想、入睡前思緒或內觀禪修時，你無法、至少不會去做前述的任何一件事。孩童似乎也不會做這類專注的長程規畫或有系統的回想。

此外，在這些孩子般的狀態下，對於單數、有意識的「我」的感知，似乎變得有些減弱，而內在觀察者也逐漸消失。其實，在內觀禪修的傳統中有個深入的見解——嚴格來說，本來就不該有「我」。無論對成人來說是否眞是如此，這種看法對嬰幼兒而言倒是符合事實。

為什麼意識會改變？

到了六歲左右，孩童會逐漸發展出自傳式記憶、執行控制與內在觀察者的雛型。他們對於成人所理解的意識也有了粗略的理解。是什麼引發了內在意識的這些變化呢？

語言的發展肯定發揮了作用。自傳式記憶與執行控制的發展和運用語言的能力是並行的，因為語言提供一種媒介，讓我們告訴自己也告訴他人究竟發生了什麼事，以及該怎麼辦。還記得之前我們曾提過，孩子們去了動物園之後，只記得母親告訴他們關於動物和當天冒險經歷的事。同樣引人注目的是，對成人而言，這種內在的語言獨白——內心的聲音不斷嘮叨——是內在意識最重要且最獨特的特徵。但是弗拉維爾夫婦的發現說明，對孩童而言，內在語言並沒有那樣重要。

語言無疑在成人意識中占有一席之地。那內在語言不停地嘮叨、催促、指使和說服我們。有一則或許是杜撰的故事提到哲學家傑瑞・佛度爾（他是哲學界的尤吉・貝拉〔Yogi Berra〕譯4）。某人問他，當他撰寫哲學論文時，他的意識流像什麼模樣。他的回答是，大多時候它會說：「加把勁啊，傑瑞；你做得到的，傑瑞；堅持下去，傑瑞。」我們的內心似乎全都有那些聲音。但是對孩童來說，那種聲音至少沒這麼咄咄逼人。畢竟，他們已經有自己爸媽的真實聲音指示他們、限制他們，讓他們大體上朝目標前進並遠離麻煩。

成人與孩童在內在意識上的差異就像兩者在外在意識上的不同，反映出孩童與成人間的一般分工狀況。孩童特有的待辦事項——盡可能多了解這世界、盡快了解這世界——塑造了他們特有的意識。就拿來源失憶、暗示感受性和剷除過去的錯誤信念爲例。假設你只是想要盡快且盡可能有效率地更新自己的看法，那麼，拋棄舊有的錯誤信念，以及不保留有關那些信念當初來自何方的資訊，是有道理的。

假如你像嬰兒一樣，經常得在同一時間更新並替換你的許多想法，這一點就格外適用。

嬰幼兒學得又多又快，以至於他們的整個知識存貨每幾個月就得汰舊換新——在三到四歲〔158〕間，他們還得經歷全面性的典範轉移（paradigm shift）。我們在第三章看到孩童經常學習並創造出關於這世界的全新因果脈絡圖。在發展心理學中，我們時常輕鬆地提到九個月大與十二個月大的嬰兒對物體的概念有巨大的歧異，或是三歲與四歲孩童在心智的理解上表現截然不同。但是這意謂著在短短幾個月間，這些孩童完完全全改變了他們對這世界的看法。想像一下，你在九月時抱持的世界觀和你在六月時對世界的看法完全不同，然後到了聖誕節前，你的想法還會再徹底改變一次。或者想像你最根本的信念會在二〇〇九至二〇一〇年間被徹底大改造，接著在二〇一一年來臨前還會再次大翻新。眞正靈活、創新的成人可能會按這種方式大幅改變自己的想法，但終其一生也不過是兩、三回而已。

當我們年紀漸長，我們的看法將會變得愈來愈堅定，因爲我們會搜集愈來愈多的證據支持這些看法。也因此，我們會不太願意改變這些看法。假如你的待辦事項並不是改變自己的看法，而是堅持其中的大多數，只在你確定你需要的時候，審愼地改變其中的極少數，那麼，你的行爲肯定完全不同。既然如此，記錄下你的看法的歷史與來源，顯然比較有道理。唯有當你確定新的訊息既健全又可靠，而且比現有的看法還要更健全更可靠，你才會想要改變自己的想法。

嬰兒意識的其他面向或許也反映出這些差異。據說，自由聯想、入睡前意識、創新、創造力等成人狀態間彼此互有關連。當病患躺在診療椅上，會感覺自己在自我理解上得到重大突破；科學家表示，他們經常在夜半時分產生重要的想法；還有，內觀禪修原本理應產生頓〔159〕悟。甚至對成人來說，不加批判的「腦力激盪」是鼓勵新想法的好方法，而腦力激盪感覺很像是自由聯想或入睡前思維的過程。嬰兒熱愛創新與創造力。這些經驗或許是「利用嶄新方式將想法與資訊組合起來」這種潛在思考歷程的現象學標記，正如鮮明生動的注意力似乎是學習與可塑性的一種現象學標記那樣。

另一方面，自傳式記憶與執行控制雙雙反映出成人構想與執行長程計畫的特有能力。透過將我的經驗視爲單一連貫的整體，貫穿了過去、現在與未來，我才能去做類似以下的事：暫時忍受研究生的薪水，期望隨後能獲得一席教職，或是拚命撰寫某本書的頭幾頁，而它的預定出版日是在五年後。在人類過去的演化中，這些能力讓我們爲了確保未來的豐收，而在今日播下種子，或是爲了製造一件只在未來才用得到的工具，而願意在今日投入時間與精力。

關於執行控制的一塊或兩塊餅乾實驗，最早是在一九六〇年代進行的。若干年後，它們竟然成了預測青少年在校表現的一種非常好的指標。那些在五歲時較善於延遲滿足的孩童，比起當年無法忍受延遲的其他同伴，更有機會成爲師長眼中既能幹又成熟的青少年，而且他們的SAT[譯5]成績也比較好。[注21]

某些心理學家甚至主張，那些認爲自己沒有未來的青少年最有可能做出自我毀滅的事。邁可・錢德勒（Michael Chandler）觀察加拿大原住民部落的青少年。[注22]這些青少年是出了名的自殺高危險群，其惡名也包括了其他較不激烈的自毀行爲。錢德勒發現，有自殺危險的 〔160〕
這些青少年對於自我缺乏完整一體的感受。相較於沒有自殺危險的孩子，這些青少年鮮少能將現在、過去，尤其是未來的自我串連在一起。

自我的地圖：建構意識

到目前爲止，我一直主張認知發展科學可以告訴我們身爲嬰兒或幼童，感受會是如何。它和身爲成人的感受顯然十分不同。但是，這些差異能向我們透露更多關於意識本身的資訊嗎？

思考孩童的事點出了哲學的一道核心爭論。我們的意識經驗是不容否認的嗎？它是人類知識與生命的基石嗎？還是說，意識本身是一種創造，甚至是一種幻覺呢？

直到大約一百年前，哲學家認爲我們的意識經驗決定了我們的處世之道。假設我們仔細審視自己的內心，便會看見驅使我們如此行事的想法、情緒與決定。那就是笛卡兒的方法，而他主張意識經驗是我們能確切知道的事。它也是威廉・馮特（Wilhelm Wundt）和威廉・

詹姆士等最早的科學心理學家所採行的方法。而且這種內省的沉思在亞洲哲學與心理學中至關重要。

但是內省也會導致令人煩惱的矛盾。當我們端詳自己的心智，我們不也正在改變自己心智的運作方式嗎？打個比方，我們當眞感受到那個包括了觀察者、自傳作者和執行管理者三種角色的內在自我了嗎？大衛・休謨有名地爭論說，我們並沒有：自我是一種錯覺，每當我們嘗試尋找它，它就會消失無蹤。佛教傳統也有類似的說法。究竟是因爲根本沒有能被感受〔161〕的自我，還是因爲每當你嘗試尋找它，那被體會的自我就消失無蹤了呢？究竟是內省揭露了你的眞實經驗，還是它使得那個經驗變成了其他東西？

隨著心理科學逐步發展，我們發現愈來愈多「內省會誤導人」的案例。事實上，我們的意識經驗有時會與我們的行爲或其他心理學證據直接牴觸。比方在不注意視盲的案例中，我們確信自己有意識地看見了整個場景，然而事實證明我們沒有察覺那頭大猩猩的存在。在盲視的案例中，病患覺得自己無法看見他們能準確伸手觸及的某個東西。在自傳式記憶的案例中，我們確信自己記得那些我們從未眞正經歷過的事件，範圍從我們對九一一恐怖攻擊的初始反應細節，到被外星人綁架等。在執行控制的經驗中，當我們實際上受制於某些非理性的無意識偏見時，我們卻時常確信自己做的是理性的選擇。注23而且在所有這些案例中，我們都會感受到有個小矮人、內在觀察者、自傳作者和決策者的身影，偏偏我們很清楚那絕不可能存在。

這些矛盾使得某些哲學家，尤其是丹尼爾・丹奈特（Daniel Dennett）主張，意識根本就不存在。注24那是個相當極端的觀點。但是丹奈特抑制了這條連續體的一端。這條連續體的兩端分別是「反對意識」和「擁護意識」。諸如丹奈特和保羅與派翠西亞・丘奇蘭（Paul and Patricia Churchland）等哲學家屬於前一派，注25而約翰・希爾（John Searle）和大衛・查爾默斯（David Chalmers）則是後一派的代表人物。注26第一陣營強調意識經驗易變與矛盾的本質，第二陣營強調意識的特殊第一人稱確定性（first-person certainty）。對於查爾默斯這一陣營的哲學家而言，意識與大腦間的分歧說明了意識是無形體、非物質的，而不是指意識是虛假的錯覺。儘管查爾默斯並不認爲心智等同於神祕的靈魂，但他以爲，具有意識的心智〔162〕和大腦根本是不同種類的東西。

考量孩童的狀況並不能對意識做出令人滿意的解釋，但它確實參與了丹奈特陣營論點的討論。將孩童納入考量似乎使得意識更讓人困惑，也更加矛盾。究竟孩童是精準地指出了有別於成人的意識經驗？還是他們正好弄錯了自己的意識像什麼模樣？孩童是眞的不記得自己先前認爲盒子裡裝了糖果？還是他們只是誤解了自己過去的經驗？假如我們沒有所謂的內在自我，我們還可能有自覺嗎？在不知道那是**我的**意識經驗的前提下擁有某種意識經驗——這句話究竟是什麼意思？倘若孩童有可能曲解了自己的意識經驗，想必成人也可能會誤解，對吧？

當我們思考孩童的案例，許多被我們視爲理所當然的意識面向都會四分五裂。比方，我們知道自己在幾秒鐘前的想法，我們的意識流是不間斷的，我們擁有一個統合的自我，諸如此類。觀察孩童則告訴我們，意識並非帶有特殊功能的單一統一現象。我們對於外在世界的清楚覺察可能有別於我們對負責決策的「我」的認知，而那可能又不同於空想的能力或重溫往事的能力。孩童是有意識有知覺的，但他們的意識似乎與成人的截然不同。

端詳孩童也讓我們得以欣賞意識經驗與心理解釋間的缺口。在早先幾章中，我們看見孩童無意間成了地球上最爲理性的生物，出色地從數據中得到正確的結論，執行複雜的統計分析，以及進行聰明的實驗。但是這些出色的理性學習能力附帶了一種看起來不理性、感覺並不合邏輯的意識。

皮亞傑和佛洛伊德推測，孩童的意識可能像是自由聯想或入睡前思緒，這想法和我不謀而合。只要你花點時間陪一個三歲孩童，就很難避免自己做出那樣的結論。不過它們需要採取進一步的步驟，才能斷定這就是孩童眞實的思考模樣——不合邏輯、沒有條理、唯我論的。而那顯然並不符合事實。那或許是一個三歲孩子心智感覺起來的模樣，卻不是一個三歲孩子心智眞正的模樣。對孩童而言，心智運作的方式與意識經驗的情況間差距非常深刻，遠大於體現在成人身上的差距。

觀察意識如何改變也突出了我們所思、所知與所感間複雜且間接的互動。孩童的意識發生變化是因爲他們學會更多關於這世界、關於他們自己心智如何運作的事。舉例來說，當他們開始理解到他人的欲望或看法可能會改變，他們就會開始感受到那些變化發生在自己身上。注27 觀察孩童的結果指出，多半無意識的學習過程會與我們意識經驗的詳細肌理不斷交織。當我們改變自己思考的方式，也就改變了思考帶給我們的感覺。當我們所知的發生變化，我們的經驗也會隨之改變。意識並不是一種顯而易見且明白易懂的笛卡兒式流動，而是洶湧且渾濁的一團混亂。哲學家可能只得接受自己還需在泥濘中玩耍一陣子。但至少孩童告訴我們，它可能很有趣。

譯注：

1. 一種棋盤遊戲。棋盤方格間常有蛇或梯子相連接，憑擲骰子所得點數決定可走幾步。遇到梯子可直接爬升到梯子頂端數字較大處，遇到蛇則得循蛇身後退至蛇尾數字較小處。以最先走到棋盤頂端終點方格者爲勝。
2. 全名爲唐諾文・菲利浦斯・萊奇（Donovan Philips Leitch），活躍於一九六〇年代的蘇格蘭民謠歌手，有「英國的鮑伯・迪倫（Bob Dylan）」之稱。
3. 傑寇醫生和海德先生是十九世紀蘇格蘭作家羅伯特・史蒂文生（Robert Louis Stevenson）的作品《變身怪醫》

（*The Strange Case of Dr. Jekyll and Mr. Hyde*）的主角。喝下試驗藥劑的傑寇醫生會化身爲個性截然不同的海德先生。待藥效退去，海德先生又會變回傑寇醫生。

4. 美國職棒大聯盟洋基隊的傳奇捕手。

5. Scholastic Aptitude Test，美國高中生申請大學時必須檢附此種測驗的成績，主要在測量考生的英文程度與數學推論能力。

第六章

赫拉克利特的河流與羅馬尼亞的孤兒

——早期人生如何塑造稍後的人生？

赫拉克利特（Heraclitus）是首批留名青史的哲學家之一，他質疑人類是否能在生命的〔164〕每個階段均保持不變。還記得他那著名的格言嗎？「人永遠無法踏入同一條河兩次。」因爲無論是那條河或那個人都已經不同了。個人統合的本質是一則經典的哲學問題；隨著時間流逝，我們仍舊是同一個人嗎？我們如何能保持不變，仍是原來的那個人呢？哲學有一半是故事，另一半是論點，而統合的問題則和某些精采的故事有關。

其中一則故事是尤里西斯（Ulysses）與海妖的傳說。尤里西斯知道海妖的歌聲會誘惑他，使他喪命，然而在他好奇的天性驅使下，無論如何，他還是想要聽聽看。所以他讓自己率領的水手把他綁在船桅上，還要所有的手下全在耳中灌滿蠟，這麼一來他們就不會受到海妖的影響，也不會聽見他說的任何話。他下令船保持前行。果真，當他一聽見那歌聲，便詛咒起自己先前的種種預防措施，並連忙命令屬下爲他鬆綁；然而那些水手聽不見他的指令，只管繼續航向前方。問題來了，尤里西斯到底想要什麼？究竟他想被鬆綁，還是不想？看來〔165〕早先的尤里西斯和聽見海妖歌聲的尤里西斯好像是兩個不同的人。

針對這則故事，哲學家德瑞克・帕費特（Derek Parfit）說了一個更讓人困惑的版本：「在多年以後，某個年輕的俄國人將會繼承大筆的土地。由於他懷抱著社會主義理想，現在他打算把這些土地送給農民。不過，他知道自己的理想遲早可能會消散。爲了杜絕這種可能，他先是簽下了一份法律文件，確保土地將會自動分贈給農民，唯有在得到他妻子的同意下，這份文件才能作廢。接著他對妻子說：『答應我，假如我改變了心意，要求妳取消這份文件，妳絕不能同意。』他還補充說：『我的理想就是構成我這個人的要素。倘若我失去了那些理想，我希望妳認爲那代表我已不存在。到時候，我希望妳認定妳的丈夫不再是我，不再是此刻要求妳應允此事的這個人，而只是他墮落後的自我。答應我，妳絕不會按照他的要求行事。』」果然，隨後當他眞正繼承了這些土地時，他堅持要他的妻子讓這份文件失效，成爲見證他年輕時愚蠢的紀念物。她該怎麼做呢？注1

這裡還有另一個比帕費特的故事更教人坐立難安的故事。科學家終於發現了一種讓人永生不死的方法。他們培育出一組複製人，具有完美的年輕肉體。當你年老後，他們會將你大腦中所有神經迴路複製到其中一個複製人身上，確保兩者的大腦在每個方面都一模一樣，而你所有的記憶、思緒與感受，也原封不動地複製過去。然後，他們會殺了你。你能接受這樣的提議嗎？

這些哲學故事全都生動地提出了「什麼讓我成爲『我』」這個問題。我在什麼意義上能保持一輩子都不改變？我存在的每一個階段，比方叛逆的青春期與保守的老年，彼此間的關係是什麼？經歷海妖歌聲誘惑前後的尤里西斯，彼此又是什麼關係？

在上一章，我們看見就連四、五歲這麼年幼的孩童都已發展出自己的自傳式故事，它能串連起他們的過去與未來。他們知道在過去被貼了貼紙的那個「我」和現在正在看影片的這〔166〕

個「我」，以及未來在沙漠中可能會需要太陽眼鏡的那個「我」，都是同一個人。不過，這種統合並非憑空自動浮現，而是孩童主動創造那個「我」——亦即，他們是自傳中獨一無二的主人翁那種感受。事實上，在延遲滿足的實驗中，孩子們開始能夠像尤里西斯對付海妖那樣，對餅乾採取行動。他們可以爲了未來自我的利益而讓現在的自我承受挫折。

這些狀況牽涉到的是短期——把現在的「我」，和幾分鐘前的「我」或幾分鐘後的「我」結合起來。當我們考慮一輩子這種長時間的規模，這個問題會變得更爲尖銳。對孩童來說，光是搞懂現在的我和幾分鐘前的我有何關係，就已經夠難的了。因此，統合現在的我與四十年前的我當然更加困難。然而，我們生活度日的方式有如一則讓孩子逐漸變成大人的故事，而那連結了童年與成年。實際上，那則故事感覺像是我們個人統合必不可少的一部分。知道過去的狀態將能告訴我們現在的情形。

早期的童年經驗會怎麼影響我們隨後的人生呢？這些問題勝過其他問題，主宰了有關童年的公開與私下討論。我的父母過去做了什麼正確的事（或者，更常見的是，做錯了什麼事），讓我成爲今天的我呢？我該做些什麼才能確保我的孩子未來表現良好呢？

關於這些問題，我們的日常直覺會失控地轉向。我們都覺得，發生在我們孩提時代的那些事塑造了今日的我們。這是佛洛伊德的主張至今仍廣受歡迎的原因之一，儘管那些主張中多數在科學上早已名譽掃地。這類直覺或許也該爲自我成長和親子教養類圖書的流行負起責〔167〕

任，而且它甚至是人們熱中閱讀陰鬱、令人沮喪的童年回憶錄的理由。

另一方面，我們也覺得隨後發生的事件能夠凌駕童年的影響。幸福的婚姻、順遂的職場表現，甚至是某個好友，都能把我們從早年的悲慘中拯救出來。更有力的是，我們相信自己在某種程度上可以主動塑造自己的生命，而那讓我們跳脫了童年決定論。不幸童年的回憶錄多半會有個鼓舞人心的結尾，頌揚「復原」的可能性，而非以同樣不幸的結論告終。（當然，那種描述儘管擁有美好童年及慈愛的父母，卻因作者的自由意志而成爲一個惡劣大人的回憶錄，倒是出奇地罕見。）

哲學家全神貫注在尤里西斯和那位俄國君子的困境上，沒有付出太多關注在這些童年的問題上。這眞是太可惜了，因爲只消一丁點的哲學清晰思維能力就會大有幫助。有許多方法可以思考童年早期和它爲往後人生帶來的衝擊，而它們常常教人感到困惑。我們可能會認爲，某些童年往事確實會使我們擁有某些成人特性。要不，我們可能會認爲，童年經驗讓我們對這世界與其他人產生某種想法，而那些想法塑造了我們成年後的思維與行動。

正如我們將會看到的，這兩種看法各有證據支持，但是科學呈現的圖像則是複雜難解的。這複雜的因果正是人類具有改變能力的緣故。我們能改變環境的這種能力，使得童年與成年間的關係格外複雜費解。

童年早期還能透過一種比較微妙、但效力強大的方式影響成年後的生活。由於人類具有自傳式記憶和對自我的感受，所以無論好壞，我的童年必然是今日身爲成人的我的一部分。〔168〕也就是說，並不是我的童年讓我成爲某個特殊的成人，而是無論我現在是什麼樣的成人，其中都包括了我的童年。

生命週期

有什麼特定的童年往事——尤其是那些父母做或不做的事——會直接影響我們隨後的生命嗎？當我對家長們演講時，至少有四分之三的提問都跟以下問題很類似：如果我讓孩子看電視，她以後會有注意力的問題嗎？如果我唸書給子宮裡的她聽，她出生後會比較聰明嗎？如果我放莫札特的音樂給他聽，未來他的數學成績會比較好嗎？或者（更普遍的是），如果我做X（上班/不去上班、讓他睡在我床上/不讓他睡在我床上、任他哭/不任他哭），終有一天他會變成一個沒有希望的瘋子嗎？這種問題多半會被戲稱爲：「未來他會跟他的心理醫師怎麼說我呢？」

這些問題極爲誘人——我曾經有三十年的時間，爲了我的孩子不斷自問同樣的問題。然而，支持「早期經驗會爲隨後生活帶來影響」這種簡單觀點的科學證據卻少得驚人。容我舉個格外引人注目的悲傷例子：在希奧賽古（Nicolae Ceaușescu）獨裁政權統治期間被遺棄於羅馬尼亞孤兒院的孩子們。[注2]儘管這些孩子的肉體並未受到虐待，他們卻飽受嚴重的社會與情感剝奪。沒有人陪他們玩或抱著他們，對他們說話或愛他們。這些嬰兒得一連好幾個小時孤單地躺在自己的搖籃中，有時甚至一連幾天或幾周。

在希奧賽古政權瓦解後，這些孤兒院的悲慘情景終於被世人發現，其中多數孩子當時年約三、四歲，被送往英國，由中產階級家庭收養。他們看起來和其他孩子完全不同。不但個頭比較嬌小，他們的言行舉止看似有著嚴重的智能障礙，他們幾乎不開口說話，而且他們的〔169〕社會行爲顯得很怪異。

然而，等這些孩子到了六歲左右，他們已經大幅度趕上。他們的平均智商只比一群類似背景、卻更幸運的孩子略低一些些。他們愛自己養父母的方式一如其他孩子愛自己的爸媽。事實上，絕大多數的羅馬尼亞孤兒和其他孩子完全沒有差別。

可是，的確有些羅馬尼亞孤兒持續受苦。雖然相較於他們可憐的起點，這些孩子已經恢復了不少，但他們在認知與社交能力上仍舊遠遠落後其他孩子。當初這些孩子在孤兒院裡待得時間愈長，他們隨後會產生問題的可能性也就愈高。這暗示了早期經驗確實得爲隨後的問題負責。因此，羅馬尼亞孤兒的故事既關乎適應力（對所有那些已完全恢復的孩子來說），也關乎風險（對那些沒有完全恢復的孩子來說）。

羅馬尼亞的孤兒是個充滿戲劇性的案例，這可分成兩方面來說：當他們還是小嬰兒時，他們受到巨大的剝奪；等到他們被人收養時，他們的生活環境也同樣產生了巨大的變化。但是這種風險與適應力的組合，也是典型發展研究的寓意。孩童時期受到虐待使你很有可能會對自己的孩子施暴，但是絕大多數的受虐孩童並沒有變成施暴的父母。他們透過某種方法，跳脫了自己早年生活的境遇。

遺傳的弔詭

你或許會認爲，這代表了童年經驗事實上對往後的人生根本沒有任何影響，而我們今日是怎樣的人多是由我們的基因決定。可惜，這似乎也不正確。正因爲人類的基因遺傳與後〔170〕天的經驗相互作用，我們才能在發展中看到這麼多的變化。單獨而言，這是個無關緊要的觀察。反而是觀察那些互動可以有多複雜、具有多面向這件事比較有趣。

心理學家經常談到「遺傳率」（heritability）這個詞。[注3]在相同環境下成長的人們，可能在智力、心智或脾氣上有天壤之別的表現，也就是說，每個人各有不同的「特質」（traits）。接著你可能會問，那麼，這些特質上的類似與差異和遺傳上的類似與差異，兩者之間可有某種數學的關係呢？假如你比其他小孩更聰明、更瘋狂或更悲哀，你的父母有可能比其他家長更聰明、更瘋狂或更悲哀嗎？我們能從人們基因的差異，預測出他們在某些個人特質上的表現差異嗎？

雙胞胎研究是處理這個問題的絕佳方法。我們知道同卵雙胞胎有著完全相同的基因體，而異卵雙胞胎的基因體則有所差異，但無論異卵或同卵雙胞胎，他們身處的環境是完全相同的。假設同卵雙胞胎在某個特質上比異卵雙胞胎更爲相似，那表示那種特質是「可遺傳的」。舉例來說，假如某對同卵雙胞胎之一有酗酒的傾向，那麼另一個雙胞胎很有可能也嗜酒如命。假如這對雙胞胎是異卵雙胞胎，那麼機率就會相對較小，儘管那個異卵雙胞胎是酒鬼的可能性仍舊遠高於隨機選出的某個路人。

另外一個方法是觀察養子女。養子女在某些特質上比較像自己的親生父母（共享相同的基因），還是比較像自己的養父母（共享相同的環境）呢？再一次，親生父母皆是酒鬼的孩子若被滴酒不沾的養父母收養，這些孩子日後也爲酗酒問題所苦的機率較其他養子女要來得高。你也可以在一群父母及其子女身上只測量這些特質。有酗酒問題的人，比起有其他問題 〔171〕的人，更可能有嗜酒如命的父母。因此，酗酒是可遺傳的。注4

運用這些技巧，某些心理學家提出一套精準的數值，標示某個特質的遺傳率。根據我剛才描述過的那幾種研究，心理學家可能會說，在一個標準的白人、中產階級群體中，酗酒的遺傳率是點四〇。同樣地，你可以在一個標準的白人、中產階級群體中測量智商的遺傳率。在那樣的群體中，智商得分的變異與基因變異的相關係數預估介於點四〇到點七〇之間。實際上，點四○的遺傳率已經是相當顯著了。

人們經常假定，非常容易遺傳的特質必定由基因而起，而較不容易遺傳的特質則由環境而生。這些類型的研究被含括在「基因」的標題下，從犯罪行爲到創造力，無所不包。不過，遺傳率測量的是在特定環境中的變異程度，而人類會創造自己的環境，尤其是自己身處的社會環境——人類創造的許多環境不像任何以往曾有過的環境。我們已經看過自己（由基因決定的）違實思考與干預因果的能力，那表示我們能夠影響自己身處的環境，使它們變成一個不同的環境。在人類生活中，這是必須遵循的規則，而非只是一種期望。麻煩在於，就算是完全相同的基因，也可能在新環境中展現出過去不曾發生的、非常不同的效果。這導致在概念上很難將基因的效果與環境的效果區分開來。

讓我們舉一個非常簡單且顯著的例子。小寶寶在醫院出生時，會馬上接受一種叫做苯酮尿症（phenylketonuria, PKU）的罕見基因疾病篩檢。患有此症的孩童無法代謝食物中的某些〔172〕
化學物質。假如他們食用正常餐點，會變成嚴重智能障礙，但如果他們食用去除了那些化學物質的特殊飲食，一切就會沒事。因此，苯酮尿症患者的心智障礙百分之百來自基因，但它也百分之百肇因於環境。過去，當這些化學物質總是一再出現時，苯酮尿症是完全可遺傳的；但如今我們知道如何排除那些化學物質，它就不再是可遺傳的了。

人類運用自己與生俱來的認知能力，發現苯酮尿症和發育遲滯間的因果連結，並且介入干預，改變帶有這種缺陷基因的孩童所處的環境。對其他動物而言，少了這些能力，苯酮尿症的效應確實完全源於遺傳。但對人類來說，事情並非如此。

你也能在比較尋常的案例中看到這些遺傳率的弔詭。舉例來說，維吉尼亞大學（University of Virginia）的艾瑞克・涂克漢默（Eric Turkheimer）找到一個資料庫，裡頭蒐集了極度貧窮的雙胞胎的數據。[注5]所有早期雙胞胎研究的對象都是中產階級家庭的孩子。結果發現，智商對富有的孩子而言更具遺傳性。事實上，對窮小孩來說，基因對智商差異的影響幾乎完全消失——在父母有多聰明和孩子有多聰明間，幾乎沒有相關性，而且同卵雙胞胎的智商表現並不比異卵雙胞胎有更多雷同之處。因此，窮小孩的智商似乎不像富小孩的智商那樣受到自己基因的影響。但是那怎麼可能？貧窮肯定無法改變你的ＤＮＡ，難道不是這樣嗎？

答案是，窮小孩身處環境的微小變異——比方上一所較好或較壞的學校——能使他們的智商表現有重大的差異。那些差異蓋過了所有遺傳的差異。富小孩通常都上好學校，所以他們之間的差異較有可能反映出遺傳的差異。惡名昭彰的是，查爾斯・莫瑞（Charles Murray）和理查・賀恩斯坦（Richard Herrnstein）在他們合著的《鐘形曲線》（*The Bell Curve*）一書中指出，智商的遺傳率代表了「領先啓蒙計畫」（Head Start）[編1]之類的計畫是〔173〕
徒勞無功的。[注6]不過事實上，這個新的遺傳率結果導致了正好完全相反的結論：改變窮小孩的環境能帶來莫大的效果。

歷史研究也顯示，新環境能改變基因的影響。雖然人類的基因並沒有什麼改變，但絕對智商的分數，在二十世紀卻以驚人的速度一飛沖天。注7 有一種頗具說服力的說法是，一百年前，人類著手一項史無前例的基因—環境實驗。我們開始將發展中的大腦放進一個全新的環境之中：學校。在那之前，只有極少數的人體驗過學校教育。結果發現，在這個新環境中，那些大腦會以過去不曾出現的方式運作，而且，一旦每個人開始上學，先天條件與後天環境間就會出現一種典型的人類互動。聰明人（或至少在學校表現傑出者）上學後會變得更聰明，他們因而想要追求更多的學校教育；只要能提供更多的學校教育，人們就能變得更聰明。

這項環境實驗也可能有負面的結果。同樣在近期驟然崛起的注意力缺失症（Attention Deficit Disorder, ADD）可能就是同一枚硬幣的反面。某些人或許總是比其他人擅長持續關注單一一件事。但是縱觀多數的人類歷史，這些變異並沒有帶來什麼影響，因爲那種持續、專注的注意力對獵人或農夫來說都不是特別重要，而且它甚至可能是一種缺點。

然而，集中注意力在學校教室這個環境裡，可以造成非常巨大的差異。在學校中，擅長在起始點集中注意力的孩童，將培養出令人印象更爲深刻的集中注意力技巧。因此，遺傳差異會被誇大，而拙於集中注意力則成了一大問題，甚至是一種疾病。

有時候，人類創造自己所屬環境的能力，可以完全克服我們的遺傳風險——苯酮尿症的故事就是人類獨創巧思的勝利——但是同樣地，這種能力，也會使那些風險成倍增加。當我們與他人互動時，這一點尤其眞切。正如我們看到的，我們施於社會世界的影響會比我們作用在物理世界的來得有效。而且反過來，我們所處的社會環境也會塑造我們。

舉例來說，我們知道壓力事件——像是死亡、離婚、虧損、羞辱——能讓任何人感到沮喪。事實上，在發生這些事件後，難過和悲痛都是正常且適當的反應。但是，有憂鬱症遺傳風險的人在面對這些壓力時，會顯得格外脆弱、易受傷害。有些人在遭逢變故後能迅速恢復活力，有些人則會逐漸沉入深深的哀傷中。

雪上加霜的是，有憂鬱症遺傳風險的人們，實際上更有可能經歷壓力事件。注8 別忘了我們可以影響自己身處的社會環境。相較於開朗且適應力強的人，憂鬱者的行爲方式更容易招徠他人的拒絕與羞辱，使他們更加地沮喪。憤怒的人更容易煽動他人的怒氣，而那當然會使他們更加地憤怒。不妨想像酒吧中有個哀傷的女子，她向鄰座男子傾訴她那不順遂的感情生活、令人傷心的眞實故事，或者想像酒吧中有個憤怒的男子，他認爲鄰座男子一直找他麻煩。我們幾乎可以確定，這個鄰座男子的反應方式，會讓那個女子更傷痛，讓那個男子更憤怒。

嬰兒如何培養自己的父母

人們與其所處環境間的這些互動循環始於童年早期，事實上，甚至始於嬰兒時期。孩童塑造他們身處的世界，然後那世界也會塑造他們。過去三十年來我們已經發現，孩童對自己〔175〕父母的影響和父母對自己孩子的影響一樣多。孩童行事方式的個別差異會導致父母行事方式有所差別。

爲人父母的可能會用非常不同的方式對待自己的兩個孩子。你可以在非常極端的案例中（比方虐待案件）看見這種情形。注9很多時候，在這類案例的家庭中，最後只有一個孩子會受到虐待。多病或易怒的孩子似乎特別容易受到攻擊。但是它似乎也會發生在比較尋常的案例中。父母親會用不同方法對待不同的孩子，因此，這兩個手足可以說是在非常不同的父母管教下長大成人。比起令人想擁抱、溫暖又好相處的嬰兒，要求多又難取悅的孩子（教養書很委婉地稱這類孩子爲「精神飽滿的」）將會得到一個不同的母親。我家老大和老二只差了一歲，兩人童年時總是形影不離。但是我那熱情、充滿感染力、外向的長子艾列克謝，比起他那沉著、害羞、理智的弟弟尼可拉斯，擁有一個多幾分地中海風格（輕鬆隨意）、少幾分盎格魯・薩克遜風格（一板一眼）的母親。

這不只是說，想要用同一套方式教養特質完全不同的孩子毫不可能。事實上，就算你對自己的每個孩子做出同樣的事，你的行爲對他們而言可能代表了不同的意義。把動個不停、活潑、追求刺激的姊姊放進一張彈跳搖椅（bouncy swing）中，她會樂翻了。把膽小、害羞、尋求穩定感的妹妹放進這張彈跳搖椅中，她會嚇得半死。

我們能在其他種類的研究中看見這些互動的效應。心理學家針對養子女與雙胞胎進行了「反社會行爲」、「神經質」、「容易藥物濫用」與一長串其他問題的研究。注10（以下我將採用「悲慘的」作爲這些各式各樣術語的日常同義字，反正它可以表達那些不快樂的人以及他們讓別人也不快樂的概略樣貌。）擁有悲慘的親生父母，但隨後由正常的養父母撫養的孩童，比起其他孩童，有略高的風險會步上自己父母悲慘的後塵。對於擁有正常的親生父母，卻由悲慘的養父母撫養的孩童而言，結果同樣適用。但是假設你結合了兩種效果，假如你實在很不幸，既擁有悲慘的親生父母，又由悲慘的養父母撫養，那麼你遭逢成人苦難的風險非常地高，遠遠超過只是把兩項因素加總在一起的程度。因爲當遺傳風險與環境風險相遇時，它們不只是加總，而是會相乘。

更糟的是，絕大多數時候遺傳風險和環境風險會相伴發生。大多數孩童與他們的父母共享基因與環境：憂鬱的赤貧孩童是由憂鬱的赤貧父母所撫養，有酗酒傾向的孩子是由具同樣弱點的父母教養成人。反之亦然：開朗、得到充分支持的嬰兒多半有對同樣開朗、得到充分支持的雙親。

有時候，嬰兒可以使他們的雙親改頭換面。畢竟，嬰兒是親密感、喜悅與意義的龐大來源，而且不只一個可憐的單親媽媽曾被自己那溫暖、關愛的嬰兒給拯救了。然而更常見的是，憂鬱的母親帶著一個憂鬱的嬰兒，而這情形讓那母親益發憂鬱，偏偏這個發展又讓這個嬰兒更加憂鬱，如此循環不已。

惡性或良性循環是發展的規則，因爲我們有學習與干預的能力。嬰兒根據他們看見自己的父母親做些什麼來了解這個世界，而他們也會根據那樣的知識採取行動。那些行動會影響他們的雙親做何反應，而那又影響嬰兒做何反應、如何反應，以此類推。一個生性憂傷的嬰兒觀察自己憂傷的母親，斷定憂傷是人性，因此她舉止憂傷，而那使得她母親更加憂傷。這〔177〕
些能力代表了遺傳差異可以被擴大，也可以完全消失無蹤。

這可能聽來像是個悲觀的結論，就某些方面而言確實如此。但正如羅馬尼亞孤兒所展現的，它也可以是樂觀的。如果我們的遺傳或我們的早期經驗簡簡單單就能決定我們的命運，那麼這個故事確實很苦澀。但這些循環不只可以無限延續，也可以被打斷。讓孩童能塑造自己世界的相同能力，也讓我們能出手干預，影響發展中的循環。

像是密西根州的培瑞托兒所方案（Perry Preschool Project）[譯1]與卡羅萊納啓蒙老師方案（Carolina Abecedarian Project）[譯2]都從根本上撼動貧窮孩童的早年經驗。[注11]參與這些方案的孩童白天會到精心設計的托兒所上學，裡頭有玩具、書本、沙坑、塑膠桌椅，最重要的是，還有全心奉獻的成人照顧他們。接著，研究人員比較這些孩童與社區裡其他沒能來上這所托兒所的孩童的表現。科學證據顯示得一清二楚：這些干預產生了持續的效果。不管是二十或三十年後，比起對照組的孩童，當年參與這個方案的孩童事業更有成、受過較高的教育、更健康，也較少犯罪入獄。根據經濟分析顯示，這些方案的投資報酬率大得驚人，遠優於投資股市的表現。

　　這看來像是爲「早期經驗會直接影響隨後生活」這個普通觀點所做的辯護。但那些方案不只影響了那些孩子，也影響了他們的父母。那些方案給予貧窮的家長及其孩子一種自主與連結的感受。參與方案的孩童不只擁有不同的早期經驗，也因而擁有不同的父母，且是終生擁有那些不同的父母。而且，這些方案讓孩子變得不同，變得更有自信且更爲好奇，這影響了他們的父母與其他人對待他們的方式。像培瑞托兒所方案一類的方案之所以成功，並不只〔178〕
是因爲它們提供孩童特別豐富的早期經驗，也因爲那些改變導致孩童所處的環境隨後發生了一連串的變化，一路直達成年。

　　所以，當我們思考早年經驗對成年生活的影響時，我們需要將人類干預的能力列入考量。就連幼童都能影響他們身處的環境，透過想像創造出新的環境。那些環境則會反過來影響那些孩子。這創造了一種典型的人類發展循環。它也代表著父母或其他人能夠運用某種方式介入其中，去改變、中斷或加強那些循環。

譯注：

1. 一九六二年，大衛・魏卡（David P. Weikart）在密州政府贊助下推動的托兒所方案，主要目的在於協助低收入家庭的三、四歲兒童。
2. 一九七二年於北卡羅萊納州推行的一項對照實驗，旨在研究對貧窮孩童施以早期幼兒教育是否能提高他們的入（小）學準備程度。

編注：

1. 自一九六五年起開始施行，針對低收入家庭及其年幼子女提供適當的教育、健康及營養方面的協助。

第七章

學著去愛

——依附和統合

愛的理論

〔179〕在上一章中，我勾勒出早期經驗能影響日後生活的一種方式。由於我們能塑造自己身處的環境，早期經驗可以導致惡性、也可以導致良性循環。不過，早期經驗可以透過其他方式影響隨後生活。當我們學會的東西愈多，當我們觀察和實驗，我們對這世界的因果脈絡圖及所持的理論就會發生變化。因此，我們能考量的違實及我們能進行的干預也將會改變。我們早先了解到的這世界，能影響我們詮釋新事件的方式，並且幫忙決定接下來我們將要學些什麼。而那會反過來影響我們看待這世界的進一步理論，直到成年。那些特別的成人理論，那些有關這世界如何運作的概念，將會決定我們想些什麼、做些什麼。

這種隨人生不同階段而產生的理論變化，最清楚的例子牽涉到心理學家所謂的「依附」（attachment），也就是一般大眾口中的「愛」（love）。嬰兒和學步幼兒了解想法與欲望，但他們也了解愛。了解養育、保護與照料自己的人——那些愛自己的人——還有，弄清〔180〕楚愛的運作，這對嬰兒來說尤其重要。

所有孩童都想要、也都需要愛。渴望保護與撫育是天生且普遍的——這是保護未成年的演化體制中必要的部分。但是照顧可以有許多不同形式，而嬰兒對於愛的想法可能天差地別。

想要知道嬰兒如何理解「愛」這回事，我們可以觀察當他們的照顧者離開後又回來時，他們做何反應。[注1]年紀很小的寶寶已經能夠分辨熟人——新生兒很快就能認出且偏好自己母親的臉蛋和聲音——[注2]但首先，他們會用同一套幸福的微笑和迷人的咿咿呀呀，向無論熟悉或陌生的所有成人打招呼。

到了一歲左右，嬰兒發現某些人會用某種特別的方式對待他們，而那些人正是他們應該索愛的對象。大約一年後，喜愛與信任會集中在極少數的熟人身上，不只是媽媽，也包括爸爸、保母和兄姊。這個年紀的許多孩子會對陌生人接近自己感到焦慮，因而退縮到父親或母親安全的臂彎裡。同樣地，當照顧自己的人離開，許多孩子會變得沮喪。但是當他們與自己所愛之人再次相聚時，他們很快就會忘卻先前的煩惱，馬上就把注意力轉移到其他事物上。

這是一種相當抽象的說法。我的兒子艾列克謝是個情感豐富又強烈的孩子，他表現分離痛苦的方式之一是，在我離開時用自己的身體猛烈撞擊窗戶，哭喊著「媽媽！媽媽！」，然後用手抓刮玻璃。另一方面，當我回家時，他會從房子的另一頭以閃電般的速度狂奔而來，把自己摔進我的臂彎裡，熱情地擁抱我，表現重逢的欣慰。這痛苦與喜悅的風暴消散得一樣迅速，大約在我離開家或回到家五分鐘後就完全煙消雲散，彷彿從未發生。

為什麼會發生這種事？我們知道就連非常年幼的嬰兒也會仔細注意其他人。他們會格外 〔181〕

留意自己行爲與情緒和他人行爲與情緒間的關連性——也就是愛的統計學。注3 嬰兒注意到當他微笑，母親也微笑以對。當他哭泣，她會面露憂傷，接著安撫他。或者，假設這個模式是不同的：這個嬰兒可能會注意到當他對母親微笑，母親面露憂傷、心煩意亂或微笑以對的可能性是相同的。或者，當他哭泣，母親還是照樣微笑；或者更糟，母親會生氣，而且讓他的痛苦加劇。

到了一歲大，嬰兒已經學會這些模式。他們也學到某些人的反應不同於其他人。父母會迅速回應嬰兒的高興與難過，但陌生人不會這麼做。嬰兒已經注意到某些人會比其他人更積極反應，所以他們會愈來愈依賴那些人。

羅馬尼亞孤兒最異於尋常的一件事情是，他們並沒有學到上述這一點。注4 不過這完全可以理解。在荒涼無望的孤兒院裡，不斷換手的陌生人來來去去，負責照料他們的基本生理需求，卻沒有人看顧他們的心理需求。與其盼望有特定的人來照顧自己，他們隨機嘗試，渴望能從自己遇見的任何人身上獲得關愛。當他們受到傷害或感到害怕，他們跑向一個陌生人的機率和他們奔向自己認識的某人的機率一樣高。一直要等到他們被人收養後，才會發展出特定的依附。

但即使在不那麼極端的環境中，也不是所有嬰兒都會學到關於愛的同等事物。注5 我兒子那種反應強烈的模式稱爲「安全型依附」（secure attachment）。這種嬰兒相信這個特定的人是個可信賴的關愛來源，所以會對她的離開感到不開心，等她回來時則會感到安心。但是其他嬰兒並不這樣反應。

某些「逃避型依附」（avoidant attachment）的嬰兒會在照顧者離開或回來時，主動迴避與照顧者的互動。這些嬰兒既不哭鬧也不慶祝，只是興味盎然地研究自己的玩具。你可能會〔182〕認為這些嬰兒只是不像安全型依附的嬰兒那樣苦惱，但假如你在分離期間測量這些嬰兒的心跳率，便會發現這些生理跡象指出，嬰兒的內心其實很苦惱——[注6]這是我所知最悲哀的研究發現。這些嬰兒確實注意到照顧者要離開，他們因此很不開心，但是他們似乎已經學到，表現出那份不開心只會使事情變得更糟。他們已經學到哭泣比較可能帶來痛苦，而非安撫，因此即使年紀很小，他們也已經知道該壓抑自己的情緒，而非把它們表露出來。

還有其他「焦慮型依附」（anxious attachment）的嬰兒，他們不只在照顧者離開時表現出極度不安，等到照顧者回來時，他們的情緒還是無法平復。他們無法迅速回復平靜的愉快心情，而是會繼續哭鬧、黏著照顧者不放。他們也可能突然激動起來，亂丟玩具，甚至在黏著母親不放時，對著她們憤怒地哭喊。

這種情形難免會讓人認定安全型依附嬰兒遠比逃避型依附或焦慮型依附嬰兒可愛多了，但是別忘了這至少有部分取決於環境，這些嬰兒自己稍後將會發現這一點。不同依附類型的多數優勢有文化差異，[注7]這值得我們停下來想一想。

在德國，逃避型依附的嬰兒比美國多，而日本則較多焦慮型依附的嬰兒。我們可能會想像逃避型依附嬰兒比較強悍、不動聲色，因而主張焦慮型依附嬰兒只是比其他嬰兒需要且期待更多的親密感受。在大多數人都屬於某個相同模式的地方，那些模式可能是明智且合宜的。一個逃避型依附嬰兒在伊頓（Eton）[譯1]的操場上可能很成功，因爲在那兒幾乎沒有任何人會表露出太多親密；而一個焦慮型依附嬰兒在某個非洲小村落可能活得很好，因爲幾乎沒有任何人曾經落單過。

「紊亂型依附」（disorganized attachment）嬰兒是狀況最糟糕的。[注8]這些嬰兒從未發展出一套始終如一的期待。他們會無預警地突然從一種行爲模式轉向另一種行爲模式。這些嬰兒特別容易受到隨後問題與困難的傷害。〔183〕

爲什麼嬰兒的行爲會有這麼大的差異呢？其中有一部分或許反映出嬰兒氣質（temperament）的差異，但是大多數心理學家認爲，嬰兒也會針對其他人如何回應自己，發展出「內在運作模式」（internal working models）。[注9]這些模式就像是稍早之前我曾探討過的理論與因果脈絡圖，只不過它們是愛的理論，而非物理學、生物學或心理學的理論。它們是照顧的因果脈絡圖。安全型依附嬰兒斷定照顧者會盡快讓他們感覺好多了。逃避型依附嬰兒認爲表達痛苦只會引發更多不幸。焦慮型依附嬰兒則不確定安撫會不會奏效。

儘管在整體大局中，它對形成理論而言似乎是個相當狹隘的主題，然而從嬰兒的觀點來說，沒有什麼理論比這更重要。因爲嬰兒得完全仰賴照顧者才能生存，所以找出照顧者的運作模式，自然比理解日常物理學或生物學更爲重要。

依附的內在運作模式就像其他理論一樣，是根據嬰兒對周遭的人所掌握的證據而形成。[注10]那些迅速回應嬰兒信號的母親——她們在離開後會回到嬰兒身邊，並且在嬰兒不高興時加以安撫——很有可能養出安全型依附的嬰兒。當嬰兒苦惱時不會安撫他們的母親，很有可能養出逃避型依附的嬰兒，而那些會表現出自己非常苦惱的母親，則很有可能養出焦慮型依附的嬰兒。

當然，其中也有部分可能反映出母親與嬰兒間遺傳或氣質的相似之處。但是別忘了嬰兒會對所有照顧他們的人發展出依附關係，而非只對母親。同一個嬰兒可以對不同的人發展出 〔184〕
不同但一致的依附模式，取決於那些人如何回應這個嬰兒發出的信號。例如，某些嬰兒學到雖然媽媽的反應遲鈍，但爸爸的反應既積極又靈敏，於是他們會對爸爸產生安全型依附，而對媽媽產生逃避型依附。這意味著，這些模式不能只歸因於嬰兒的氣質。

最引人注目的是，一項非常新的研究竟然顯示出，安全型依附與不安全型依附嬰兒具有不同的愛的理論。[注11]蘇珊·強森測試一歲大的嬰兒，想知道他們擁有安全或不安全型的依附關係。接著她進行稍早之前我曾描述過的習慣化實驗。首先，受試嬰兒會觀賞一支動畫影片，主角是「母親」，一個大圈圈滾上一處斜坡；以及「孩子」，一個小圈圈待在斜坡底端。這兩個圈圈就像人一樣互動，到了某一個時點，這個「孩子」開始跳動，沒想到有個貨眞價實的嬰兒隨著影片哭了起來。接下來，這些嬰兒會看見兩種結局之一：不是「母親」向下朝孩子移動，就是她遠離孩子、繼續滾上斜坡。安全型依附嬰兒期待她會回到孩子身邊，所以他們會盯著那令人費解、沒有反應的母親瞧上好一會兒。至於不安全型依附嬰兒，教人心碎地，他們擁有完全相反的理論——當母親改變路徑回到孩子身邊時，他們會瞪視良久。在另一項研究中，強森發現這些嬰兒也會對影片中「孩子」圈圈的行爲做出不同的預測——安全型依附嬰兒預測他會朝母親移動，不安全型依附嬰兒可不這麼想。這些嬰兒有的才十二個月大，就已經學會預測愛的走向。

兒童早先的反應方式，和他們在五、六歲時坦率談論與思索愛的方式之間，其實也有關係。[注12]當孩子們年紀稍長，你就能要求他們針對愛進行預測，並且製造違實。假設另一個孩子的父母在旅途中必須提早離開，這孩子會怎麼想？他應該怎麼反應？安全型依附的孩子 〔185〕
能夠預測其他孩子會怎麼想，也能夠提供良好的干預手段（打電話給對方，看著她的照片，等等）。逃避型依附的孩子也能夠意識到那個孩子的感受，但無法提供任何可能有幫助的建議。（這一點尤其令人心酸，假如你還記得逃避型依附的孩子無法表達自己內心的悲傷。）

不過，愛的理論和其他種類理論有一個重要的差別。當孩子針對物理世界或生物世界形成一種理論時，她根據的是手邊大量且一致的數據集。大多數的球確實往下掉，而非往上跑；幸運地，大多數種子都會迅速長成植物；不幸地，大多數寵物魚很快就會一命歸西。但是牽涉到愛的時候，孩童只能依據非常少量且非常多變的樣本（也就是父母、兄弟姊妹、祖父母、保母等喜歡自己的人）求得結論。

而且，球、種子和植物的反應方式幾乎全都相同，但照顧者的反應可能有百百種。畢竟，母親只是女性在某段特定時間裡的特殊身分，負有特殊的重擔，也自有其強項與弱點。某些母親可能會立即回應孩子的喜悅，並且馬上安撫他的痛苦。但是，所有的母親在某些時候都會心煩意亂、發怒或傷心難過，而其中有些母親幾乎時時刻刻都心煩意亂、發怒或傷心難過。詩人羅伯．哈斯（Robert Hass）完美地捕捉到這一點：注13

當我們在詩歌裡提到「母親」，
通常是指某些屆臨三十
或者剛過三十，正準備生養小孩的女子。
我們用這個特別的名詞
汲取孩子認知中的動人哀感，
並使她負有責任。編1

關於照顧者與孩童間這種根本的不對稱性，存在著一種可怕的遺憾。從客觀的角度來〔186〕看，照顧者只是擁有複雜生活經歷的個人，盡己所能做到最好。然而從嬰兒的角度來看，照顧者舉足輕重；這一小撮脆弱人類，可能定義了一個嬰兒對愛與照顧的概念。

這對父母和孩子來說可能是不幸，但對心理學家而言卻是天賜恩惠。你很難測試兒童對物理世界的早期理論和成人所持的理論間是否存有連續性，因爲所有的成人似乎都對物理世界抱持著大同小異的理論。但有大量的新近證據顯示，成人跟嬰兒一樣，持有不同的愛的理論。

心理學家能透過許多方式查明這些理論——[注14]他們可以進行訪談，了解受訪者與其父母的關係，或是請受訪者列出能描述對自己很重要的人的形容詞，或請受訪者回答一份關於他們感情史的問卷。又或者，他們可以在機場觀察人們與親人道別時的言行舉止。[注15]（我曾親眼目睹我那如今已三十歲的寶貝對著候機室裡一名美麗的年輕女子，再現某種很像當年他一歲時面對分離而表現出來的行爲。）

就像嬰兒一樣，某些成人似乎滿懷信心地，即便不總是正確地，相信自己過去一直被人所愛，而且未來也將會被人所愛。其他人則傾向於避免思索「愛」這回事，不管過去或未來皆是如此。比方他們會說，他們就是不太記得父母怎麼對待自己，而且在遇上感情的壓力時，他們會轉而埋首於電腦和試算表中。還有些人害怕他們需要的愛總是多過自己能得到的愛，害怕自己的愛很可能被拒絕，得不到回應。在候機室裡，某些人會緊盯著自己的親人，直到對方消失在登機門後的最後那一刻；某些人則是盡可能縮短告別的時間，以降低痛苦的程度。

〔187〕我們對於愛的體驗經常以深遠幽微、無意識的方式影響我們。在一項驚人的實驗中，瑟蕊娜・陳（Serena Chen）和其同僚要求大學生寫下一份詳細列表，描述某個重要他人（significant other），也就是他們深愛的某人（通常是父母之一）的具體特點。[注16]他們也寫下另一份類似的清單，描述他們熟知但並不喜愛的某人的特性。數週後，這些大學生參與一個他們以爲完全不同的研究。他們閱讀其他學生提供的簡略描述，接著被要求回想那些人物速寫的內容，還被問到如果遇見那個人，他們會有什麼感受。

他們並不知道那項新研究的某些速寫，包括了他們在先前研究中描述的重要他人的許多特徵。假如他們說自己的母親矮小風趣、拿手好菜是焗烤千層麵，那麼可能會出現一個身材嬌小、逗趣的美食家。大學生們對這些速寫的反應非常不同於其他的速寫。首先，他們往往假定這些人在其他方面也會跟自己的重要他人很相像。他們可能會記得這個身材嬌小、逗趣的美食家就像自己的母親一樣，也是個急性子，而且同樣不修邊幅，儘管在那段描述中其實並沒有出現類似的訊息。

此外，他們對待速寫人物的態度反映出他們對重要他人的感受。假如他們和母親的關係良好，他們很有可能想和那個像她的女孩碰面。假如他們認爲母親經常批評自己，那麼，和跟她感覺很像的虛構人物會面，會讓他們覺得很焦慮。然而，當這個新人像的是他們熟知但不怎麼在乎的某人時，以上這些效應全都不會出現。（讓人很鬱悶的是，這些研究坐實了所有女性心中的懷疑——他在內心深處確實把我想成他媽媽。）

因此，這些內化的愛的理論會影響我們對其他成人的期待。它們似乎也會影響我們對待〔188〕自己孩子的方式。在一項研究中，心理學家訪問懷了第一胎的新手父母。[注17]他們請這些準父母談談自己的童年，尤其是關於愛的經驗。等到孩子呱呱墜地後，心理學家便著手觀察這些孩子對於分離的反應。結果發現，父母的童年故事可以預測這些孩子的行爲。（再一次坐實了我們最擔心的事——在內心深處，我眞的跟我媽媽一個模樣。）

從這些研究可以得到幾個有趣的洞見。我們的知識形式原來和內容一樣重要。正如你可能猜想到的，那些大聊特聊自己父母有多愛他們的準父母，更有可能教養出安全型依附的寶寶。但是除此之外，某些聲稱自己童年很艱困的人，反而會對自己的過去發展出體貼、深思的想法，然而也有些人的想法比較零碎且混亂難懂。

也有些人說自己與父母的關係非常不愉快，但能用一種深思熟慮的、有條理的方式敘述那些經歷。他們能夠針對那些早年經驗如何使他們變成目前的狀態，說出一個清楚易懂的故事。一張關於這世界、條理分明的因果脈絡圖的優點之一就是，它讓你能懷有違實——去想像這世界可以有怎樣不同的發展。而這正是發生在這些成人身上的事：他們了解自己父母過去的所作所爲，但他們能夠想像自己採取不同行動後的發展。可喜的是，那些人更有可能與自己的孩子發展出安全型依附的關係。還有些人敷衍地說自己過去倍受疼愛，卻記不得任何具體的細節。那些父母不太可能教養出安全型依附的孩子。

當然，最明顯、最重要也最困難的問題是，愛的早期理論如何影響後期理論呢？究竟嬰〔189〕
兒對於自己母親的內隱愛意和成人對於愛的外顯想法間有何關係？有一些不畏艱難的研究持續了長達二十年，乃至於三、四十年的時間，一路追蹤嬰兒直到他們長大成人。注18在大多數的研究中，早期與後期的依附型態間確實有很高的相關性。

不過也有很多例外——許多嬰兒最初屬於焦慮型或逃避型依附，但後來他們卻成爲可靠且慈愛的父母，另外有些嬰兒起初是安全型，長大後卻是不安全型。可別忘記那些能對自己不快樂的童年詳加剖析的父母，輪到他們爲人父母時，他們會設法補救這一點。

關鍵因素往往是某種全新的經驗，它能改變這個孩子對愛的想法。一個新近發現的養父母、一位全心奉獻的老師，或一個朋友其熱情親切的家庭，都能徹底轉變一個缺乏信心的孩子。另一方面，當父母生病、死亡或離異，因而無可避免地失去愛，也能使原本穩定、安心的孩子不願再相信愛。

愛的理論就像其他理論，它們既有連續性也有變化。早期的信念會塑造隨後我們看待這世界的方法。（不妨想一想大學生錯將母親的所有優缺點一股腦兒地套用在只是剛好也有幾個同樣怪癖的女孩身上。）擁有某種特定的早期理論或許會讓我們在日後更有可能採行類似的理論，但是只要我們遇見足夠的反證，理論也可能會被推翻。

這是風險與復原力圖像（risk-and-resilience picture）的認知版本。我們的早期經驗會影響我們的見解，而我們的見解又會影響我們的行動，我們的行動則會影響我們的經驗，諸如此類的。負面的早期經驗使我們處於隨後也會遇上負面經驗的風險中。但是別忘了還有復原〔190〕力。只要有足夠的愛的新經驗，就連最根深柢固的理論也會發生變化。羅馬尼亞的孤兒清楚地展現了這一點。

這些想法當中有許多聽來與佛洛伊德學說有關，確實是如此，依附理論的創始人約翰・鮑比（John Bowlby）深受佛洛伊德的影響。佛洛伊德顯然就像皮亞傑，對童年有許多既深刻又真誠的洞見。就像佛洛伊德一樣，依附關係的研究者指出非常早期的經驗，尤其是我們從父母那兒得到的經驗，也許會在很久以後塑造我們的情感。他們也指出，這類的塑造往往在不知不覺間發生——我們並不會清楚地意識到自己的母親理論竟然會影響我們對昨晚遇見的女孩的反應。而且這些研究者還將親子間的清純之愛，與隨後我們對戀人的性慾之愛畫上令人震驚的等號。

但不是所有研究者都這麼想。當代的發展心理學家不只倚賴自己對病患在診療時所言的詮釋，他們還會進行細緻、縝密且費時的實證研究。因此，儘管現象可能看似與佛洛伊德學說有關，但理論解釋卻未必如此。對佛洛伊德而言，塑造人類天性的根本力量是心理驅力，也就是原本應該透過壓抑和移情來分配或重新導向的心理能量不斷湧出的源頭。在這幅景象中，我們對這世界的看法是由這些無意識的驅力所決定，而且通常是扭曲的。

心理學向來都受到科技隱喻的影響，而且在認知科學與神經科學中，心智看起來比較像一台電腦，而非一具引擎。我們的大腦被設計成追求這世界的正確圖像，然後運用那張正確圖像對這世界採取有效的行動，至少就整體和長遠來看是有效的。讓我們在物理學或生物學〔191〕上屢有斬獲的運算與神經學能力，也能讓我們在「愛」的領域有新發現。

而且，與其像佛洛伊德那樣主張孩子想要和母親發生性關係，倒不如說成人想要從他們性交的對象那兒得到母親般的呵護比較符合事實。我們疼愛自己照顧的孩子；受我們照顧的孩子愛我們。事實上，正如我們將看到的，我們愛那些幫忙照顧我們子女的人。近期的著作指出，在我們疼愛自己子女的事實與我們深愛自己伴侶的事實之間，存在著某種演化的、以及發展的連結。那樣的愛容許童年發生。它和性一樣深刻，一樣具有演化上的重要性。但是那種愛也超越了只是生母與子女間的關係或性伴侶間的關係。愛的理論不只對母親、父親或孩子而言是重要的，它對每一個人來說都是重要的。

超越母親：社會性一夫一妻制與代理母職

討論依附關係的著作指出，人類嬰兒可以對許多不同的人發展出依附關係，而不僅限於他們的母親。這反映出一個演化的事實。人類對孩童的關切並不局限於自己的直系子孫，而是延伸到更廣泛的範圍。就大多數的人類歷史而言，「照顧」這檔事不只落在母親，或者父親身上，而是包括了祖父母、兄姊、阿姨、遠房親戚、朋友等——也就是整個社群。事實上，當代的中產階級美國社會極爲不尋常，在那社會中只有非常少數的人參與養育孩子這件事。（這或許也能說明爲什麼那些負責照顧孩子的人有時似乎會小題大作。在大多數時候與大部分地方，教養孩童是自然而然、理當如此的事，但是許多現代父母卻認爲它是一項需要鑽研的特殊專業。沒有別的事能像身爲考生那樣讓人焦慮不安了。）〔192〕

「漫長的不成熟期」是人類演化的特殊花招，它代表父母親與人類群體中其他成年成員，都必須在他們子女身上持續很長一段時間，進行非常大量的投資。那投資的報酬不只由個別的父母親收割，而是會回饋到整個群體當中。

無疑地，人類在更大程度上，甚至比我們最親近的靈長類親戚更偏好演化生物學家口中的「社會性一夫一妻制」（social monogamy）注19與「代理母職」（allomothering）注20。兩者皆常見於無論爲了什麼理由皆需傾注大量親職投資於子代身上的物種——那樣的投資遠超過單獨一個母親所能負擔。社會性一夫一妻制在鳥類中很常見，不過在哺乳動物中沒有那麼普遍。它代表人們會與特定的一群他人發展出緊密的社會連結（企鵝、天鵝或田鼠也是如此），而這些人會共同撫養孩童。男性與女性不只是性伴侶，他們變成社會性的盟友，他們是夥伴。

社會性一夫一妻制下的父親通常正是他們所撫養的孩子的父親，所以他們能在其子代身上獲得某種遺傳利益。然而，採行社會性一夫一妻制的物種卻未必嚴守單一性伴侶的準則。相當驚人的是，根據近年來的DNA研究顯示，就連天鵝也會走私偷情，在非固定伴侶間有大量的性活動，因此，許多天鵝爸爸撫育的小天鵝並不是自己的骨肉。社會性一夫一妻制的物種有時爲了撫育幼兒，甚至會與某個同性成員形成親密關係，就像紐約中央公園動物園（Central Park Zoo）知名的同性戀企鵝那樣。鳥類似乎特別可能採行社會性一夫一妻制，因爲蛋在孵化前會有很長一段時間既需要保持溫暖，又容易受到掠食者與意外的傷害。

至於代理親職（alloparenting）則可見於許多靈長類動物，以及海豚、大象與某些鳥類〔193〕中。在代理母職一事上，群體裡的女性成員雖然並非幼崽的眞正親生母親，卻能在育兒方面發揮重要作用。狐猴（lemurs）和葉猴（langurs）都有青少年保母。狐猴媽媽會將自己的幼兒留給其他年輕的狐猴看顧，以便外出尋找食物。象群甚至會分配看護責任。另外也有代理父親和代理父職行爲，這尤其常見於鳥類，不過在靈長類中倒是比較少有。

從演化的角度來看代理親職是很有意思的，因爲就像許多利他行爲一樣，它似乎是自相矛盾的。爲什麼要耗費所有的能量去保護別人的基因？凡是有代理親職現象的物種，結果都具有一些獨特的特徵。當母親每胎只能產下一仔，且一生只能懷有限的少數幾胎時，自然會出現代理親職的現象。這類動物會與一小群家族成員同住在一塊，表現出複雜的社交與合作行爲，而且其物種的親職撫育要求往往非常高。舉例來說，你會在猴群中看見大量的代理母職行爲，因爲猴群必須長途跋涉，但母猴往往沒有強壯到可以全程背負自己的子女。

生物學家主張，對這些物種而言，代理親職具有各式各樣更廣泛的利益。就某些物種來說，沒有幫手就無法順利養育幼兒。幫助親戚能確保你的基因更有機會繼續存活下去。互惠利他（reciprocal altruism）指的是，我用幫忙照顧你的小孩，換得以後有人幫忙照顧我的孩子，也就是我們兩方都能受惠。代理母職者因而有機會練習與學習如何像母親一樣照顧小孩。或許這些因素在不同物種間會以不同的方式交互作用。

而人類則大大超出了所有這些生態標準分布的端點——我們通常一胎只懷一個孩子，而且一生最多只能生出一打左右的孩子；我們擁有既複雜又緊密的社交關係網絡，其中蘊含大量的合作行爲；此外，人類幼兒格外需要照顧。人類孩童漫長的不成熟期使他們能學會非常多的事，而代價就是需要非常密集且長期的撫育。我們對代理親職與社會性一夫一妻制的參

〔194〕

與，明顯比人類最親近的靈長類親戚巨猿類（great apes）譯2多出許多。

我們在某些方面更像是企鵝，而非黑猩猩，雖說人類嬰兒面對的危險是人類漫長的學徒制，而非南極漫長的冬季。像企鵝一樣，我們會和極少數的特定伴侶共同承擔撫育的工作，而其他人則會在有需要的時候加入並接手照顧的責任。（儘管我們有時可能會像企鵝一樣，在援軍出現前，感覺自己已在酷寒與黑暗中捱了無比漫長的一段時間。）

人類漫長的不成熟期這項策略或許甚至可以延長我們的壽命。注21人類女性在變得具有生育力之前擁有較長的童年時光，同時在喪失生育力後還擁有空前的生存能力。我們的壽命比黑猩猩長，而且在歷史上，智人的壽命似乎比其他人科動物長。這其中或許藏有某種協同演化的雙重災難。人類發展時間表上的一個小小變化讓我們有了需要較長學習時間的嬰兒，還有能幫忙照顧孩子的祖母，及大體上和藹可親的老太太。

了解愛且將它擴展到孩童身上，並不只是爲人父母的某種狹隘關注，而是身而爲人的意義中更廣泛的某個部分。當然，人類的改變能力使我們很難確知在我們的想法與情緒當中，哪些是內建的，哪些又是學習與想像的產物。縱使它並不存在我們的基因裡，人類的確也能了解代人臨時照顧孩子是個非常棒的點子。但就算在最基礎的演化層級中，我們人類似乎是〔195〕用某種特別廣泛且普遍的方式來關心孩子。

那樣的關切反映出關於我們的某種深切眞相。對人類而言，孩童的功能非常廣泛，絕非只是複製自己父母的基因。擁有小孩也讓我們累積知識、適應新環境，並且開創我們自己的環境。那些能力爲人類社群中的每個人全都帶來好處。

人生的天氣

所以，早期經驗至少有兩種重要的方式能影響隨後的生命。正如我們在上一章看到的，孩童的早期經驗可以引發一連串的因果互動，造成他成年後帶有某種特殊的性格。而且一如我們在本章看到的，那些早期經驗可以引發一連串的相繼理論，造成他成年後對這世界懷有某種特殊的觀點，但這些關係當中沒有一個是決定性的。

科學家正著手解開這些複雜互動當中的某些部分。我們也開始學著了解支配這些連鎖因果反應的某些原理。儘管如此，科學知識幾乎完全不可能讓我們預測到某個家長的行爲將如何影響其子女在二十年後的生活——當然，這是所有父母都想得到答案的問題。

作詞家總是將人生和天氣相提並論（想想那些藍天與四月春雨）。捕捉到童年影響日後人生方式的或許是這種類比，而不是我們一味想從教養書中找到答案時，心中所想的那個樣子。我們無法肯定地指出某一場特定的風暴（比如卡翠娜颶風）是否由二氧化碳排放所引發。我們無法預測今年究竟會不會有另一個颶風襲擊紐奥良。但是，透過分析碳排放與天氣型態間的複雜統計關係，我們可以發現那些碳排放確實會影響天氣。同一類分析告訴我們，早期經驗確實會影響日後人生。我們可以預測立法提供豐富的幼兒教育將會減少犯罪，正如我們可以預測立法規範碳排放將會減少颶風的發生。

但是對於個別地方的每一個個別日子而言，那兒的天氣仍舊是敘事與自傳的內容。無論是如維吉妮亞・吳爾芙或華特・史考特爵士（Sir Walter Scott）[譯3]般傑出的日記作家，或尋常的寫日記者，都是從追蹤太陽和雲、雨、風的獨特性著手。而我們子女的眞實個別生活更像是那種獨特、無可取代的敘述，不是某個一般方程式的解答，或某個追求快樂與成功的公式應用。

內心的小孩

要思考早期經驗與日後人生之間的關係，另外還有一種比較哲學的方式。我形容這個方式是讓幼童與成人不斷變化的生命能統一成一體。從四、五歲起，我們就認爲自己擁有一個單一的、恆常不變的統合（identity）。無論我變了多少，即使我從窮光蛋變成有錢人，從激進變成保守，從放蕩不羈變成道貌岸然再變回吊兒郎當，我仍舊認爲所有的那些變化全都是發生在**我**身上。那段過去的歷史是「我是誰」的一個不可或缺的重要部分。少了那段歷史，我就不再是我了。

有趣的是，就連嚴重的腦損傷也無法中斷這種統合感。腦損傷可以使大腦無法形成新的記憶，也能使人忘記受傷前那一刻曾發生的事，但是腦損傷從未使人忘記自己的整個前半生。對阿茲海默症患者來說，就算已經幾乎完全認不出眼前的人是誰，但遙遠的記憶可能 〔197〕
會是唯一殘存下來的東西。肥皂劇或通俗劇裡那種對過去完全失憶的情節，是一種荒誕的說法。羅納．考爾門（Ronald Colman）在撞到頭之後忘了自己是誰，這種事只可能出現在像《鴛夢重溫》（*Random Harvest*）的電影當中。

事實上，人們會展現這種肥皂劇式失憶的唯一時機是他們蓄意逃避自己。有時候，當人們非常不快樂而想要逃離自己的現有生活時，他們會表現出看似失去記憶的樣子。推理小說作家阿嘉莎．克莉絲蒂（Agatha Christie）有一次現身在某個旅館房間，很眞誠地宣稱她不知道自己是誰。這道謎題很簡單：她才剛剛發現自己摯愛的丈夫竟然出軌。阿嘉莎．克莉絲蒂並沒有任何腦損傷，她只是不想要再做她自己。

自傳式記憶的經驗顯然在這種連續性的統合感中發揮了作用。但是正如我們先前看到的，自傳式記憶往往並不精確，而且總是人爲構築出來的。實際上，我們能體會到自傳式記憶的原因是我們擁有一種一致的統合感，而不是反過來。

我們與我們過去的關係超越了自傳式記憶；關於這關係，有某種更深刻且更形上學的東西存在其中。就拿菲利普・狄克（Philip K. Dick）出色的故事「代客大規模記憶」（We Can Remember It for You Wholesale）的假定爲例；電影《魔鬼總動員》（*Total Recall*）便是以這則短篇故事爲藍本。某個企業家提供你在大腦植入詳盡的快樂記憶這種服務——一趟巴黎之旅、一段幸福戀情、一次得意洋洋的冒險——同時，當然也會刪除有關這項服務本身的記憶。在科幻小說之外，這種生意肯定會破產。我們不只想要擁有關於巴黎的記憶，在某個更深的層次，我們想要擁有那段記憶是因爲我們確實曾經到過巴黎。我們需要我們的過去是眞實存在的。

或者想想《王牌冤家》（*Eternal Sunshine of the Spotless Mind*）這部電影的類似假定。[198] 在該片中，一個同樣令人毛骨悚然的企業家提供你消除痛苦戀情的記憶。那門生意肯定也會破產。很少有人會想要消除自己過去所知的事理，就連最痛苦的事也不例外，雖然我們可能會設法讓那些回憶不那麼鮮明清晰。諸如南非等地的眞相與和解委員會追求的是一種集體版的相同哲學眞理。承認關於過去的事實，無論好或壞，個別或集體，對我們都極其重要，即使它在眼前沒有任何立即的效果。

就演化的觀點來說，我們對過去的投資實在相當令人困惑，正如我們對過去違實的投資一樣教人不解。既然無法改變過去，爲什麼我們還會這麼在乎它呢？在這兩種情況下，答案可能是一樣的。承認過去之所以這麼重要，是因爲它能促使我們承認自己的未來。爲了規畫與行動、展望其他可選擇的未來，以及利用干預實現那些未來，我得非常在乎未來的我的命運。

這是眞的，尤其在未來的我將與現在的我有重大差異的時候，更是如此。四歲的孩子希望從現在起十分鐘後的自己能拿到兩塊餅乾，而且他希望明天去海灘玩的自己會記得帶太陽眼鏡。青少女盼望未來的自己能搬出去住，能生兒育女，儘管現在的她百分之百不想要搬出去住或生兒育女。當青少年感覺自己沒有未來時，似乎會有很強烈的衝動，想要毀滅現在的自己。就連五十歲的我也希望未來的我能有足夠的退休金過好日子，而且我希望她能夠不必再教書，即使現在的我並不想要放棄教書。最能表明心跡的是，假如未來的我改變得如此徹底，不再擁有值得去過的人生，那麼我希望她有能力終結那樣的人生。現在的我可能會爲了〔199〕未來的我著想，而做出巨大的犧牲。

然而，由於我的未來總是會變成我的過去，所以對我個人整體歷史的這種獻身，會同時往過去與未來兩種方向前進。決定未來重要性的相同心理手段也會決定過去的重要性。事實上，確實有充分的神經學證據，能夠佐證自傳式記憶與想像未來的能力兩者間的連結。注22 當我們重現過去與推想未來時，相同的大腦區域會被點亮。

無論它的演化或神經學起源可能是什麼，這種對過去的投入深深影響了我們當前的生活。透過這個方式，童年確實決定了你我成年後的人生，不只是依據複雜因果互動或各種可能性的結果來說，而是就嚴格的字面意義而言。

我對童年的記憶與知識，是我對自己認識的一部分。那樣的記憶與知識或許並不愉快。快樂的戰前童年牧歌或許只會使得隨後的黑暗更顯無望。對於自己母親會施暴且酗酒的回憶，可能仍舊陰魂不散地糾纏著某個既成功又慈愛的丈夫與父親。但是少了那些回憶，代表的是你不再是原來那個你。

說到童年回憶，過往的重要性會呈現出某種特別的道德深度和尖銳感。我們對於自身的成年經驗能有一定的控制權。我們會考量違實的可能性，並且根據自由意志採取行動，以實現那些可能性，而那些行動會導致存在我們過往中的不可改變的事件。我們帶著驕傲或懊惱、滿足或遺憾回顧那些事件，因爲我們知道自己必須爲這一切負起責任。

孩童對於發生在自己身上的事沒有那麼多控制權。相較於孩童本身，父母與其他照顧者必須對確實發生在孩童身上的事負起更多的責任。當然，這算是好事。它讓孩童能用戲謔的、不受約束的方式自由探索，而那對知識或想像而言非常重要。但是這也代表了照顧者對〔200〕這些孩子的童年負有一種獨特的責任。

我無法確知當我兒子長大，會有什麼事發生在他身上。我無從得知他究竟會不會唸柏克萊大學，或他會不會討個好老婆。但是在他還是個孩子的時候，我可以決定他會碰到什麼事。我可以決定送他去一處樹木茂盛的公園遊戲場和一間充滿沙坑、觀賞魚和玩具的托兒所。我可以決定帶他去海灘野餐，在營火前喝熱巧克力。而且至少在一定程度上，我可以決定他會有個好媽媽（雖然這比野餐和熱巧克力要難得多）。

我們能控制自己子女成年生活的一個非常重要的面向。我們可以決定他們長大成人後是否擁有樹木茂盛的公園遊戲場、沙灘、慈愛的父母等記憶。我們無法確保子女擁有快樂的未來，我們能做的，只是繞著可能性打轉。但我們至少能設法確保他們擁有一個快樂的過去。

這適用於集體的我們，也適用於個別的我。當然，許多母親與父親擁有的資源非常少——根據最新統計數字顯示，至少有百分之二十的父母是如此——因此無論他們有多麼渴望，都無法確保自己的子女能夠擁有這些東西當中的任何一項。而我們有種集體責任，要提供這些孩子一個同樣快樂的過去，因爲他們就像任何其他人類小孩一樣無法自立。

當政策制定者提出早期介入、普遍的高品質托兒所與醫療照顧，或者諸如「領先啓蒙計畫」、「啓蒙老師方案」等計畫主張時，他們是由「早期經驗會給日後生活帶來直接因果效應」的觀點來思考。的確，當我和記者與政策制定者討論這些方案時，我會提出有關改變的機率、提高勞動生產率與降低監獄支出的統計數字。正如其他人一樣，我會採用「當前投資〔201〕
與未來收益」、「孩子是達成未來目的的現有工具」這一類的說法。

但是，認爲孩子要健康，長大後才會更富有生產力，或認爲孩子要快樂，長大後才不會那麼暴力，這些想法肯定是有幾分瘋狂。我認爲，假如這世上有什麼我們全都一致同意是一種明明白白的善、一種道德的絕對眞理、本身就是目的，那必定是孩子的快樂與健康。我相信每一個人都會同意，一個生病的、痛苦的，或者受虐的孩童是一種再清楚不過的惡。

假設我們正在思考，我們想要將哪種成人帶來這世上。當然，能夠有帶著快樂童年這份不可磨滅的禮物過生活的成人，和有多點聰明、多點財富或不那麼神經質的成人同等重要。

在父母看著自己兒女長大的過程中，經常會感覺到一種存在焦慮——正如我們所說的，時光飛逝哪。我們注視那無限靈活、依情況而定、充滿可塑性的未來迅速硬化成無可挽回、不可改變的過去。日本詩人用「物之哀」（物の哀れ）這個詞來形容短暫絢爛中固有的苦樂參半——可見諸落花或風中之葉。而孩童正是「物之哀」的最大來源。

不過，童年的短暫還有另外一面。快樂童年能帶來一種免疫力，這種免疫力雖然不能對抗疾病或必然橫亙在前的災厄，卻是一種內在的免疫力。改變與無常是人類生存狀態的核心。但爲人父母的我們至少能給孩子一個快樂的童年，作爲和人類任何的善一樣確實、一樣永恆不變、一樣穩固可信賴的一份禮物。

譯注：

1. 英國著名私立男子中學，是英國王室、政經界菁英的搖籃。
2. 指體形較大的猿類，如大猩猩、黑猩猩與紅毛猩猩。
3. 著名的蘇格蘭詩人暨歷史小說家。

編注：

1. 原詩如下：「When we say “mother” in poems, / we usually mean some woman in her late twenties / or early thirties, trying to raise a child. / We use this particular noun / to secure the pathos of the child’s point of view, / and to hold her responsible.」

第八章

愛與法律

——道德的起源

實證科學有助於回答許多哲學問題。不過，道德問題看起來像是個例外。道德問題談的〔202〕是這世界應該是什麼樣子，以及我們應該做些什麼。科學問題有關這世界確實是什麼樣子，以及我們確實做些什麼。而且，針對幼童進行的科學研究，似乎格外不可能回答道德問題。

事實上，直到最近，「幼童能告訴我們一些有關道德的事」這種想法，對大多數哲學家與心理學家而言似乎是很瘋狂的。確實，嬰兒是典型不分是非的生物。發展心理學家尚・皮亞傑與勞倫斯・柯柏格（Lawrence Kohlberg）主張，就算是年紀較長的孩童也不懂道德，精確的道德觀念要到青春期才會發展出來。注1在那之前，孩子們的好與壞、錯與對的概念無非只是跟獎勵、懲罰與社會習俗有關罷了。父母叫你去做的事就是對的，你做了會受到懲罰的事就是錯的。事實上柯柏格認爲，只有某些成人會達到眞正的道德推理階段。

過去幾年來有些心理學家指出事情正好相反，道德是天生的。注2這幅道德的圖像正如〔203〕喬姆斯基所描繪的語言圖像。早在二十萬年前的更新世，普世的道德直覺便已逐漸成形，而那些直覺約束我們一生的道德思維。撇開表層的文化差異不談，這世間存有一種普世的道德規範，一如表面上看來不同的語言底下，理應存有某種普世規範。我們甚至可能會在幼童身上看見這些道德直覺的跡象。

還有其他人主張不同版本的天生論。他們說道德來自我們的感受，而非我們所知。道德根植於天生、固定的情緒反應，僅能接受自覺的成人推理做些許修正。注3就像喬姆斯基的語言觀，這些觀點不容道德思考有太多變化的空間，也不容非常具有人味的道德發現與成長有太多伸展的空間。

新的發展心理學研究顯示，孩童確實能告訴我們關於道德的某些事，但是他們述說的內容有別於皮亞傑學派或喬姆斯基學派的說法。我們已知孩童的知識確實具有某種先天的基礎，但是孩童也具有了解這世界和改變這世界與自己本身的強大能力。我們已經見識過「了解這世界」與「想像它可以如何改變」兩者如何攜手並進。

新研究顯示，孩童從非常年幼，甚至他們呱呱墜地的那一刻起，就具有某些道德的基礎。但是這些基礎並不只是一套天生、不變的「道德規範」或一組固定的情緒反應。相反地，孩童的道德思考會隨著他們對於這世界與自身的理解日增而有變化，成人也是如此。正如孩童天生具有關於這世界的理論，但也擁有改變那些理論的強大能力；他們似乎天生具有某些基本的道德觀，但也擁有強大力量，能改變自己的道德判斷與行爲。

道德有賴某些關於他人和我們自身的基本概念。「己所不欲，勿施予人」或「愛鄰如己」這種「金科玉律」，假定你能從他人的角度來思考。負咎（blame）或負責（responsibility）取決於你的行爲是蓄意或無意的，正如在法律原理中的犯意一樣。司法制度也假定有些規則是我們在道德上應該遵循的。由於皮亞傑認爲孩童無法從他人的立場來思考，無法推斷意圖，也無法遵從抽象的規則，所以他主張孩童不具備眞正的道德知識。

現代科學顯示這並不正確。可以說打從剛出生，孩童就具有同理心。他們同情他人，並且意識到他人也能體會自己的感受。一歲寶寶了解蓄意與無心行爲之間的差別，並且能展現出眞正無私的行爲。三歲幼兒已經發展出關懷與同情的某種基本道德準則。

同時，三歲幼兒也了解規則，而且會設法遵守規則。理解與運用規則讓我們超越了自己天生的同理心本能。但是，那些同理心的反應也讓我們能修正自己遵循的規則。同理心與遵守規則，愛與法律，兩相結合，形成了特殊的人類道德。

研究幼童有助於說明爲什麼我們通常會那麼善待彼此。但是，研究孩童也有助於解釋爲什麼我們時常會對彼此那麼壞。觀察幼童可以幫助我們看清自己的道德缺失與漏洞，還有自己的成功。當孩童年紀還很小時，就會展現出某些和成人一樣的憤怒與復仇衝動。他們會開〔205〕始把人分成不同的社會群體，而且認定自己所屬的群體優於其他群體。此外，就算是荒謬不合理、專制的規則，他們也會接受。

模仿與同理心

新生兒會模仿臉部表情。[注4] 一開始，這似乎只是有趣而不那麼重要。我們通常不認爲模仿是一種強有力且深刻的認知能力，只覺得它是一件單純有樣學樣、相當表層的事。但事實上，早期的模仿指出了嬰兒與他人間一種與生俱來、更深沉的同理心連結。

新生兒從未看過自己的臉。爲了模仿臉部表情，新生兒必須以某種方式將表情與感覺連繫在一塊兒。他們必須連結那個粉紅色東西在另外一個人臉上露出來又縮進去的樣子，和他們吐出自己的舌頭時嘴裡的感覺。不知爲何，新生兒就是知道自己舌頭的感覺像媽媽舌頭的動作。嬰兒生下來就知道那個特定的臉部表情反映出特定的動覺（kinesthesis）[譯1]感受。

特別的是，臉部表情也反映出情緒。從波士頓到婆羅洲，快樂會引發嘴角上揚和眼睛微瞇，而憤怒則會引發齜牙與皺眉。嬰兒不只會模仿情緒性表情，也會模仿簡單的示意動作，比如吐舌頭。[注5]假如嬰兒能自動連結臉部表情與伴隨而來的內心感受，那麼他們就能連結表情與情緒。

此外，光是做出某種情緒的臉部表情，就能讓你感受到那伴隨的情緒。[注6]笑，確實能讓你覺得快樂。所以模仿能作爲一種情緒的個別輔導課程。我看見某人微笑，所以我對自己〔206〕
微笑。接著，我打從心裡感到快樂，於是我假定他們也是如此。這代表對嬰兒來說，模仿既是與生俱來的同理心的一種徵候，也是擴大、闡述那份同理心的一種工具。年幼的寶寶知道媽媽的快樂或痛苦跟他們自己的快樂或痛苦是一樣的。而且，他們也能學會自己的驕傲就像媽媽的驕傲，或者自己的厭惡映照出媽媽的反感。

等嬰兒對心智如何運作有更多了解的時候，他們會自動將那些發現擴展到自己和他人身上。他們假定自己的心智運作方式和他人相同，反之亦然。一歲的娃兒超越了僅有情緒這部分。正如我們稍早之前看到的，他們開始理解欲望和意圖。他們會模仿他人想要的東西，以及他人的感受。假如實驗者想要用自己的頭去碰撞那個盒子，讓它亮起來，唉，雖然那看起來很怪，但是他們照做不誤。十八個月大的嬰兒甚至會模仿某個未達成的目標。假如他們看見你嘗試拉開一根管子但沒有成功，他們也會設法拉開那根管子。他們了解他人的欲望與目標就像自己的欲望與目標。到了兩、三歲，孩童會發展出某種直截了當的心智理論，認爲他人的行事遵循和自己相同的原則——也就是，得到自己想要的東西就會開心，得不到就會傷心。

同理心需要你能意識到他人感受與自己感受間的相似性，但它也需要你接納那些感受，把它們當成是你自己的。當你模仿某種情緒的表情、某個行動或某種意圖，你把那種感受、行動或意圖當成是自己的——你表現得像是自己正經歷那樣的心理狀態，而不只是觀察它而已。當孩童看見另一個人神情哀傷、努力讓那個盒子亮起來，或設法拉開那根管子，他們會表現出並感受到哀傷，努力讓那個盒子亮起來，或設法拉開那根管子。

某些神經學家和許多科普作家指出，同理心和從利他到藝術、語言等其他人類能力都根
植於特定種類的神經元——鏡像神經元（mirror neurons）。注7 這是指當某隻動物進行某個〔207〕
行爲，以及當牠看見另一隻動物進行那個行爲時，都會發射的那些細胞。這幾乎可以肯定不

是眞的。首先，鏡像神經元的研究是在猴子身上進行的，但猴子其實並不會模仿其他猴子的作爲。因此，人類嬰兒身上常見的強力模仿，不可能只是因爲他們具有鏡像神經元。其次，猴子身上的鏡像神經元恐怕是行爲的結果，而非成因。當猴子移動自己的手，牠也會看見那隻手移動。久而久之，移動某隻手的那種感覺就會和看見某隻手移動產生聯想，而我們知道那些聯想會反映在神經元發射的方式上。第三，我們確實知道大腦的某些區域如何讓我們進行某些事，比如察覺物體的形狀。就算是最簡單的能力，也是上百個不同種類神經元歷經複雜互動後的結果。嬰兒大腦裡有某個東西讓他們能模仿，但絕不只是因爲他們具有鏡像神經元。

無論同理心的神經學依據爲何，你可以想像它能如何激勵道德行爲。假如嬰兒目擊另一個人的苦惱就會感受到那痛苦，他可能會採取行動，設法減輕那痛苦，一如舒緩自身的苦惱那樣。假如目擊喜悅能使他高興，他可能會設法引發他人的快樂。這看起來像是個相當自私、但對利他很有效的準則——我減輕他人的痛苦，因爲那會使我感覺很棒。

但是還有另一種方式可能會讓同理心成爲利他的動機。有可能嬰兒看不出他們自己的痛苦和他人的痛苦間有何差異。也許嬰兒想要終結所有的折磨與苦難，不管它發生在什麼 〔208〕
地方。對他們而言，痛苦就是痛苦，喜悅就是喜悅。從釋迦牟尼到大衛・休謨到馬丁・布伯（Martin Buber）等道德思想家都指出，透過這種方式消除人我間的界限，能鞏固道德規範。我們知道連續的獨立自我概念是緩慢地在孩童出生後的頭五年發展出來的。

當然，身爲成人，父母對於自我確實擁有某種強烈的分離感受——一種經常能將我們與他人區分開來的感受。但是那樣的感受在我們與嬰兒互動時消失無蹤。在那些親密的早期面對面互動中，父母是與嬰兒相對的另一方。我們對自己孩子的痛苦會有所反應，顯然絕非只是因爲我們想要體會很棒的感覺，而是那種痛苦會直接牽動我們的心弦。我確實能感受到我孩子的痛苦，那強烈的程度一如我體會到自己的痛苦。想要安慰我孩子的那股衝動正如我想要撫慰自己的衝動那般不假思索與迫切。嬰兒與成人之間立即、親密、慈愛的互動，消融了人我間的界限。或許嬰兒也有那樣的感覺。

同理心會與依附交織在一塊。它首先會從嬰兒與其所愛之人的親密面對面互動中冒出頭。在父母與子女間的親子之愛中，具有一種特別的道德強度。光是決定要照顧這個特定、特別、個別的孩子，就讓那孩子不自覺地成爲我們道德關懷的最深切焦點。父母經常爲孩子犧牲自己的睡眠、時間、快樂，甚至生命。而依附研究顯示，嬰兒會對極少數特定、特別、摯愛的照顧者發展出一種深刻的連結。

我對這個特定嬰兒立即、深刻、無私、不計回報的照料，以及那個嬰兒對我的愛與在意，全都根植於演化的必要條件當中。爲了生存，不能自立的無助嬰兒得倚賴她的近親提供無條件的愛。但無論它來自何方，這種親密的照顧是道德關懷最深切的典範。難怪有這麼多〔209〕

偉大的道德教師會談到愛。

憤怒與報復

有時，模仿與同理心會使我們表現出失禮而非得體的行爲。愉悅會激發愉悅，而悲傷會引起悲傷，但是，看見憤怒也會使我們憤怒。假如共同的喜悅是通往善意的自然路徑，那麼怒上加怒的循環便是通往暴力的自然路徑。我們在幼童身上看見的大多數攻擊性都是這種「應激性攻擊」（reactive aggression）——攻擊、憤怒，甚至暴力都是對應他人威脅而生的反應。

事實上，富有攻擊性的孩童格外迅速能感知到他人的憤怒。[注8] 比方某個孩子在一個擁擠的遊戲場上撞到另一個孩子。一般的孩子會認爲那只不過是個意外，但是應激性攻擊的孩子很有可能會認爲對方故意要傷害他。這類的孩子假定其他人既憤怒又具有威脅性，於是他們會用怒氣與威脅作爲反應。從這個孩子的角度來看，他並不是想要做壞孩子，他只是對其他那些壞孩子有所反應。

社會互動的惡性循環有可能快速壯大。以牙還牙的早期同理心反應可能會受到孩童發展中理論的強化。其他研究顯示，學齡孩童判斷另一個孩子是否懷有惡意的速度非常快，通常不出幾分鐘。他們很有可能毫不客氣地對待這些孩子。這無疑證實了具攻擊性的孩子所持的理論，也就是大家都對他很壞，因此讓他採取更具攻擊性的行爲。在孩提時期，你無法對其他人造成太多眞正的人身傷害，但是到了青春期，這種應激性攻擊的循環結合了生理成熟、〔210〕奔騰的荷爾蒙、尚未發展完全的額葉與容易取得的武器後，可能會引發自我毀滅的暴力行爲，那深深困擾著許多美國高中。

從這些遊戲場上的悲劇到見諸巴爾幹半島或中東地區那種不滿與報復的棘手模式，並不是什麼大步的跨進。假如情緒模仿鞏固了某些人類最強大的推動力，它或許也強化了某些我們最壞的缺點。

超越同理心

同理心是道德的基礎，但道德卻遠遠超越了同理心。畢竟當某人受傷時，你哭成淚人兒實際上對他們沒有任何幫助——純粹的同理心可能只是道德上的自我放縱。利他的眞正祕密在於設法減輕他人的痛苦，即使你自己完全感覺不到那痛苦。稍早之前我們看過十四個月大的嬰兒極具同理心地假定，你會喜歡跟他們的喜好一樣的事物，所以從花椰菜和脆餅當中二選一時，他們總是會給你脆餅。十八個月大的嬰兒明白你可能會有不同的感覺，或想要和他們選擇不同的東西，所以如果你喜歡花椰菜，他們會給你花椰菜，假設你喜歡脆餅，就給你脆餅。這些年紀較長的孩子知道，你可能會「不」想要他們渴望的事物。

然而，一旦這些孩子了解別人想要的是什麼，他們會認為自己理所當然該設法幫別人得到它。一等到他們能夠領會別人的表情代表了什麼，他們會自發地將對方喜歡的食物遞給對方。此刻，金律在更高的層級上運作著。正如我會設法取得我想要的東西，我會設法幫助你得到你想要的東西，儘管你想要的是像花椰菜那樣不尋常的東西。

其他研究也指出，這些幼童才是真正的利他。在最近的一系列驚人研究中，費利克斯・〔211〕華納肯（Felix Warneken）指出，就連十四個月大的嬰兒也會努力設法幫助其他人。[注9]例如，假設他們看見實驗者使勁想拿到一枝自己構不著的鋼筆，他們會親切地幫忙他拿到筆。事實上，他們會腳步蹣跚地越過整個房間，並且吃力地爬上好幾層靠墊到那裡幫忙。他們不只會在看見別人痛苦時感到沮喪，他們還會設法幫忙，溫柔地撫摸和親吻，嘗試讓狀況好轉。有一次，當我回到家因工作壓力哭了起來，我的兩歲兒子立刻跑去拿了一盒ＯＫ繃。當我突然了解到這個我深愛且捧在手心上的寶貝也想照顧我，讓我無比感動。

這些年紀較長的嬰兒可以運用自己的因果與違實推理能力讓其他人快樂。在我們的實驗中，十八個月大的嬰兒知道對你來說，花椰菜能帶來快樂，金魚脆餅則會引發厭惡感。所以假如他希望讓你快樂，他最好選擇花椰菜。他知道如果你伸手去拿筆，必定是你想要它，而且他知道要幫你拿到那枝筆，他得越過那些靠墊，一路穿過房間直到另一頭。他甚至知道OK繃會讓你覺得舒服些，而它們放在浴室那邊。兩歲孩童可以想像要做些什麼才能帶給他人快樂，或紓解他們的痛苦。

這樣的孩童不只按照眞正道德的方式行事，還會做出眞正符合道德的判斷。在一項突破性的研究中，茱蒂斯・史梅塔納（Judith Smetana）向年僅兩歲半的孩子展示簡單的日常情景。[注10]在某些虛構的故事中，孩童打破了某條托兒所規矩——他們沒有把外套掛在衣帽間，或他們在午休時間聊天。在其他故事中，他們透過動手打人、嘲笑或偷點心，造成另一個孩子眞正的人身傷害或心理受創。接著史梅塔納問這群孩子那些越軌行爲有多嚴重，犯錯〔212〕的人該不該受到懲罰。然而，最重要的是她問，假如規則改變了，或者這些事發生在另一所學校，而該校有不同的規矩，那麼這些行爲會是OK的嗎？假如所有老師都說午休時間可以聊天，那麼午休時聊天是OK的嗎？假如所有老師都說可以打另一個小孩，那麼打另一個小孩是OK的嗎？

就連最年輕的孩子也會將規則與傷害區分開來。孩童認爲破壞規則與造成傷害都是不好的，但是造成傷害尤其糟糕。他們也說，儘管規則可能改變或未必適用在另一所不同的學校，但是他們堅持，不管規則怎麼說或你身在何處，會造成傷害的事永遠都是錯的。

孩童也會對發生在托兒所的眞實事件做出類似的判斷。而且當你觀察遊戲場上的自然互動時，你也會看見大致相同的模式。孩童對於造成傷害和違反規則的反應截然不同。維京群島、南韓與哥倫比亞的孩童反應和美國小孩一樣。令人鼻酸的是，就連受虐的孩童也認爲傷害他人本質上是錯的。這些孩童親眼目擊自己的父母帶來傷害，然而他們知道它有多痛，他們知道它是錯的。

儘管這些結果十分驚人，但它們與同理心及利他的早期發展是一致的。十八個月大的嬰兒既有同理心又利他——他們能感受他人的痛苦，而且他們會設法加以改善。因此，他們很容易就能斷定傷害他人永遠必然是錯的。

病態人格者

有一群人無法區分打破規則與造成傷害的不同。他們對別人也不會有立即的同理心反〔213〕
應。他們是病態人格者（psychopaths）。[注11]神經學家詹姆士・布萊爾（James Blair）研究那些犯下可怕罪行而被囚禁在戒備最森嚴的監獄中的犯人。他的研究方法是我讀過最教人恐懼的一篇。就算在那群謀殺犯與強暴犯當中，也存有重大差異。某些罪犯行事衝動，對激情與誘惑產生回應。另一群罪犯則是病態人格者，對自己的犯行毫無悔意。他們通常看來風度翩翩、談吐有致，而且善於操縱他人，但他們就是不懂別人值得關心。

布萊爾發現，具有病態人格的成人及具有病態人格傾向的孩童，都表現得和一般學齡前幼童極爲不同。他們對於恐懼與哀傷的臉部表情無動於衷——就連幼童也對那樣的表情深感困擾。事實上，病態人格者甚至無法辨認出那些表情，儘管他們對於認出憤怒與憎惡的表情沒啥困難。

就連他們大腦的反應也大爲不同。當大多數人看見恐懼與哀傷的臉部表情，還有代表了受到傷害的表情時，大腦中一個叫做「杏仁核」（amygdala）的特定部位會被活化。杏仁核在病態人格者身上的反應方式不同於常人，而具有病態人格傾向的孩童，也不會顯示出我們在一般孩童身上可以看見的應激性攻擊。當他們感受到威脅時，並不會猛烈回擊。他們會冷酷地運用暴力，作爲獲取自己想要事物的一種手段。假如他不被允許看電視，具有病態人格傾向的孩童可能會威脅要殺死家裡的寵物。

最讓人震驚的是，完全成年且聰明的病態人格者，並不了解造成傷害與打破規則間的差別。當你向他們提出類似史梅塔納問那些孩童的問題時，他們並不認爲動手打人比違反某條專斷的規則要來得糟糕。對於這些道德問題，他們的反應不只不像一般成人，甚至也不像一〔214〕般罪犯，更不像一般三歲兒童的反應。

就連年幼的嬰兒在情緒上也會與他人產生共鳴，但是病態人格者顯然不會。這並不是因爲他們無法理解別人。他們在「心智理論」運作及預測他人的欲望與想法上，表現得跟常人一樣好。實際上，這種知識經常有助於他們成爲巧妙操縱人心的高手。他們只是不接納他人的恐懼或哀傷，更不會將它視爲自己的恐懼或哀傷。

病態人格者確實看似不分是非，但嬰兒並非如此。小寶寶意識到自己的恐懼與哀傷就是你的恐懼與哀傷，而他們的快樂也是你的快樂。更深奧的是，非常年幼的孩童感覺自己應該減輕他人的恐懼與哀傷，並且幫助他人得到他們想要的事物。這些孩童會運用自己對這世界與他人的因果認識，有效地執行此事。最後，且最深刻的是，孩童會將這種感受視爲道德的本質。無論如何，傷害別人絕對不會是ＯＫ的。這種道德理解，與判斷和感受、理智和情緒是密不可分的。

電車學

這個早期的核心道德認識爲哲學的兩大道德理論提供了某種基礎。在「效益論」（utilitarian）和「義務論」（deontological）道德間，有種經典的哲學區別。像傑若米・邊沁（Jeremy Bentham）或約翰・史都華・彌爾（John Stuart Mill）等效益論者說，基本的道德原則在於獲取最多數人的最大利益，無論要付出什麼代價。而如伊曼紐・康德（Immanuel Kant）的義務論者說，某些行爲的本質就是對或錯，不管它們的結果爲何。

「有軌電車難題」是對照出這兩種觀點差異的一則經典範例。注12 你看見一輛有軌電車〔215〕即將撞上一堵障礙物。假設電車撞毀，車上的五個人全都會死。你可以切換轉轍器，讓電車駛上另一條軌道，那樣雖然會輾死一個人，卻能拯救其他人。你該怎麼做呢？絕大多數的人會說你該拉下那個轉轍器——這是效益論的答案。現在，假設你提供人們這道難題另一種不同的版本。你注意到有個大塊頭男人站在橫跨鐵道的天橋上。如果你把他推下天橋，落在鐵軌上，就能阻止電車，拯救車上乘客（他的體格夠魁梧，足以擋下電車，但你可辦不到——就算你從天橋跳下去，也救不了任何人）。你該怎麼做呢？在此，人們似乎支持康德的直觀。無論如何，把一個陌生人推下天橋，導致他死亡，就是錯的。

在哲學中，這兩種觀點間有一場經典的辯論。而且在哲學、心理學，乃至於神經科學中都有大量作品探討這類問題——有時候，它被稱爲「電車學」（trolleyology）。一般的普通人不像哲學家，他們似乎希望能夠兩者兼得——有時候，他們的行爲像是效益論者，有時候卻又像是義務論者。而推動他們往某個方向靠攏的因素可能相當微妙——就像電車難題裡的情形。

然而從童年的角度來看，兩種觀點間的相似性遠比其差異性更引人注目。我們出於本能的義務論反應，也就是「認定傷害別人就是錯的」，根植於早期的同理心。但是嬰兒對於他人的基本認同感，也鞏固了效益論的反應。畢竟，我們何必要在意他人的利益呢？爲什麼要為電車上的那五條生命擔心呢？就連「理性的」效益論也根植於對他人的某種情感認同。效益論者想要使他人快樂的程度就和義務論者一樣多。效益論者的口號「最多數人的最大利〔216〕益」，和義務論者的標語「不傷害」其實是一體兩面。兩者均是對金律的詳細闡述。這種根本的道德態度深植於人心，就連最年幼的孩童也不例外。

不像我

同理心根植於親密感，但是真正的道德推理，有賴我們超越對所愛之人這些直觀且立即的反應。早期的同理心取決於密切的個人接觸——那種接觸讓我們在某人臉上真正看見憂慮或歡樂。它是照顧者與嬰兒間強烈親密關係的一部分——是人類體驗過最密切也最深刻的親密感。儘管如此，人類只能記住不超過大約一百五十人，更不用說要愛所有的人了。[注13]道德決策，比方有關全球暖化的決定，可能會牽涉到千里之外、數百萬人的福祉。因此，單純倚賴當前的情緒是行不通的。我們需要將那種情緒擴展到跟我們沒有那樣親密，因而看不見也觸不著的人們。我們需要關心那些我們根本不認識的人。

違實與假設性思考能幫助孩童關心陌生人。畢竟，史梅塔納研究中的孩童跟嬰兒不同，他們不再對真實的情緒作出反應。儘管如此，他們就像小小效益論者，能將自己的道德關懷擴展到那些在假設性學校操場玩耍的假設性孩童身上。

擴展同理心的另一種方法是定義出某種類別的人值得你關心。請回想**不願**模仿一台機器表演的某個行爲的那些嬰兒——他們不認爲一支鉗子具有意圖，或者，他們也不會設法幫忙那支鉗子達成其目標——但是當那台機器表現出其他個人特質的跡象時，即便那些跡象相當古怪，這些嬰兒就會願意模仿。假如當他們對著一台奇怪的棕色團狀物說話時，它會持續〔217〕發出嗶嗶聲以爲回應，那麼他們會模仿它，而且他們還會將那怪異的生物視同其他形式的人類。

當我在加州理工大學（California Institute of Technology）擔任客座教授時，我遇見了幾位在新力公司（Sony）服務、發明了人形機器人的科學家。那些機械看起來像是典型的機器人，全是金屬與線路，但是當你對他們說話，他們會朝你發出嗶嗶聲，就像模仿實驗中那反應敏捷的棕色團狀機器人一樣。這些新力工程師將一台人形機器人放在某間托兒所的教室中，爲期數個月，並且錄下教室裡發生的一切。當孩童看見這個機器人傾倒、跌落地面，而這種情形經常發生，他們把它當成是另外一個小孩。他們會小心地扶起這個機器人，拂去表面的髒汙，甚至還會親吻它，讓它覺得好過一些。

有大量的研究指出，嬰兒已經能夠分辨人，甚至是奇怪的棕色團狀人或電子機械人與其他物品的不同。透過創造出一種概括的、可識別的「人」這個類別，孩童能將自己對爸爸媽媽感受到的那份同理心類推到更大範圍的人群身上。他們會模仿那個機器人或那個團狀物，接納它的欲望與意圖，正如他們接納其他人的欲望和意圖那樣。而且至少傳聞是這麼說的，這些孩童也會對那個機器人表現出關懷與利他。就算你跟那個怪異的小孩、那個團狀物或那個機器人不怎麼親近，你也應該要關心對方。

因此，我們會將道德關懷擴及我們認定對方和自己同一國的人。不過，這有其陰暗的一面。我們也可能拒絕將某人列入「人」的分類中。對於和自己不同國的人，人類也可能會否定對方值得道德關懷。人類可以把機器當成人一樣地對待，但人類也能把人當成機器一樣地對待。關於人類這種人性淪喪的傾向，最讓人不安的證據來自社會心理學的「最小團體」（minimal groups）研究。[注14]當你把人分成任意的團體，「內團體」（in-group）就會開始 〔218〕
喪失人性，並且排擠「外團體」（out-group）。假如你將紅色羽毛和藍色羽毛分發給一群大學生，讓他們配戴在身上，很快地，戴著紅羽毛的人就會開始偏好與其他戴有紅羽毛的人爲伍，並且斷定配戴藍羽毛的人不是自己這一國的。想要討厭另一群人，無須長期的衝突或壓迫，只消賦予他們一個不同的名字便已足夠。實際上，人類願意屠殺自己近鄰的親密殘酷，最惡名昭彰的某些例子都牽涉到區分，但其間的差異只不過像是紅羽毛和藍羽毛的隨意劃分——像胡圖人和圖西人（Hutu and Tutsi）[譯2]、天主教徒與新教徒、塞爾維亞人與克羅埃西亞人。

關於這一點，最讓人破膽寒心的例子莫過於知名的史丹佛監獄實驗（Stanford Prison Experiment）。菲利普・金巴多（Philip Zimbardo）這位企圖遠大的年輕社會心理學家設計了一項實驗，邀請完全正常的史丹佛大學部學生參與該實驗。注15這些學生被任意分配，扮演囚犯或獄警的角色。在驚人的短暫時間裡，獄警就會殘忍地迫害囚犯。金巴多當時的女友克莉絲汀娜・馬斯勒（Christina Maslach）目前是我們系上的教授。她說，當年觀看記錄實驗的影片時，那些「獄警」的可怕行徑讓她覺得無比驚駭。之後，她堅持要金巴多停止那項實驗，而他也立刻領悟到自己必須終止這項實驗。（後來兩人成婚。四十年來，他們仍舊相敬如賓。）

非常年幼的孩子就會把自己的人類同伴分成不同群體。到了三歲左右，其實很可能早在襁褓時期，孩童就意識到人可以區分爲不同的種族、性別，甚至是不同的語言社群。而這些幼童透過坦率與含蓄兩種手法，展現出他們偏好那些與自己最爲相像的人。注16當成人堅持，用不同方式對待非裔美國人、女孩或西語人士（或白人、男孩、盎格魯薩克遜裔）是錯的，這些孩子還是照做不誤。

最近的幾個實驗指出，這甚至可能適用於完全隨意的群體——三歲版的紅羽毛和藍羽〔219〕毛。注17三歲孩童說，他們寧可和髮色及T恤顏色與自己相同的某個小孩玩，也不想和穿著別種顏色T恤的孩子玩。在另一項研究中，實驗者會讓某個小孩隨意穿上紅色或藍色T恤。

接著這個小孩會看見其他孩童的照片，他們都穿著紅色或藍色T恤。然後受試孩童會說，照片裡那些穿著與自己同色T恤的小孩感覺比較和善，所以自己比較想和他們一起玩。

孩童似乎已經對信號很敏感，比方不同的長相或衣著、談吐或行爲舉止等，都可能標示出某人是另一個群體的成員。諷刺的是，一個微小的差別、一件不同的T恤、些微不同的口音或膚色，可能反而比眞正巨大的差異（像是身爲機器人）更有分量。不過，這一點和成人的行爲是一致的——在宗教或種族上的少許差異可能反而比那些重大差異更爲顯著。

將他人分門別類、歸入不同群體提供我們一種方式，決定如何擴展我們的同理心。那些像我們的人，那些能帶給我們更直接的親密感的人，是我們道德關懷的對象。我可以把自己的關心擴展到一個機器人身上，但我也可以把那份關切，從那些討人厭的藍色T恤傢伙身上收回來。

擴大圈圈

對那些比較像自己的人感到更多道德關懷難道是錯的嗎？諸如胡圖人發動種族滅絕的案例可能會讓你這麼想。而效益論與義務論這兩個經典的哲學傳統，則堅持道德關懷應該是普世的。對效益論而言，最多數人的利益包括了每一個人。對義務論來說，蓄意傷害任何人，即便是個陌生人，就是錯的。

但是其他哲學家指出人類道德生活的特殊性。注18 畢竟我們確實感受到自己有非常強烈的責任，要保護我們的孩子或父母不受傷害，以及促進他們的幸福。我可能會覺得捐出一個腎給我生病的兄弟，我責無旁貸，但換作是捐給一個陌生人，我的感受可能就完全不一樣了。我們不贊同自稱是道德改革者，卻對其家人極壞的人，而且我們將這種特別的關切擴展到社群，乃至於國家。你可以論證說，至少，我有特別的義務，得繳稅來支持我的美國同胞、加州人或柏克萊人。有時候，這種想要區分密友——我的人——與陌路人的衝動似乎是對的。

不過在歷史上，多數的道德進步都會拓寬我們的道德關懷圈子。在美國，法律制度已逐漸演變爲賦予女性、非裔美國人，以及同性戀者完整的道德地位。在國際世界中，人權運動試圖擴大法律涵蓋範圍，希望能及於全世界的每一個人。動物權運動正位在這種擴大關懷的尖端，主張道德地位應該擴展到超越人類本身。

偉大的道德導師嘗試透過喚起親密的情感來擴展關懷的範圍。在佛教的慈心禪（metta meditation）中，你從對某個你所愛的人踐行憐憫與同情著手，接著將它擴展到你不認識的某人，最後則想像它及於你的敵人。在聖經裡，尾隨「愛你的鄰舍」訓諭之後的是比較困難的「愛陌生人」，最後則是更加困難的「愛仇敵如己」——這是耶穌最有力的一則訓諭。關心我們的孩子或父母幾乎是不假思索的，關心我們的鄰居則稍有難度，關心陌生人更難，但〔221〕最難的莫過於關心身穿藍色T恤的那些傢伙。

遵從規則

某些哲學家認爲道德是一種判斷的問題——有關什麼是好或壞的見解。其他哲學家認爲道德和情緒有關——憤怒、悔恨、厭惡、驕傲、羨慕及敬畏等情緒。我們在嬰兒身上看見的利他確實懷有強烈的情緒成分。但是看待此事的另一種方式是，道德首先講求的是我們應該做些什麼；也就是，道德關乎選擇。

對人類而言，包括幼童在內，理解這世界與改變這世界是密不可分的。我們所持的理論讓我們思索這世界也許會有的各種可能選擇。無論我們思索的是實質世界或心理世界，無論我們想要改變的是這世界、他人，或甚至是我們自己，那都適用。

假如知識與改變是相連的，那麼我們得要自問：什麼改變是我們該做的？違實思考必然會導致各種選擇——決定要做這件事而非其他事，實現某些世界而非其他世界，成爲某種人而非其他模樣。一旦你能夠違實思考，就算什麼都不做，也是一種選擇——你選擇放棄假如你沒有那麼懶惰就可以創造的其他世界。一旦我們做出選擇，我們就更加靠近道德推理了。

我們正在決定自己該做些什麼。哲學家稱之爲「規範推理」（normative reasoning）。

道德推理是規範性的，然而其他種類的推理也是規範性的。人生中的「應當」，範圍可從重大的道德責任（「我應當爲我的孩子犧牲自己」）到簡單的實踐理性（「我應當選擇循環利率最低的信用卡」），再到單純的禮節（「我應當把叉子放在左手邊」）。因果思考讓我們知道，假如我們做某件事而非另一件事，將會有什麼後果；規範思考告訴我們，在那些事情當中，我們應當做哪一件事。〔222〕

規範推理取決於規則。做出選擇是困難的——它代表了權衡有關我們想要什麼與可能會發生什麼後果等所有複雜的資訊後，必須做出單一決定。遵循規則能讓決策過程變得容易許多。它也能讓我協調我在此時此刻的決定與過去和未來的決定。爲了省下每次都要計算做運動的好處是否勝過在沙發上遨遊網海的快感，我訂立了一條規則——每週一、三、五是瑜珈時間，除非我玩夠了，否則我不著裝。

規則也讓我們能協調自己的決定與他人的決定。當我們全都遵循相同的規則，我就能預測你會怎麼做決定，並且協調你的選擇和我的選擇。在柏克萊，我們有一條規矩是，每個教員必須教一門大班制的大學部課程。這確保了無須每回九月都上演複雜的角力戰，便有人教這些課程，而且工作量平均分擔。

規則還有其他優點。通常，只要我們全都做同樣的事，我們到底做了什麼並不眞的那麼要緊。無論我們靠左或靠右行車，究竟紅燈停或紅燈行，都沒關係。但是無論我們選擇什麼，都需要確定其他人也做了相同的決定。規則也得要考慮到這類的協調。

我們可能會認爲自己遵循規則是因爲違反它們會受到懲罰，或是因爲理性分析告訴我們規則對我們有利。但其實，我們遵循規則的衝動背後有更深刻的理由，它似乎是人類本性中與生俱來的一部分。事實上，許多規則並不牽涉到明確的懲罰或獎勵，而且許多規則至少表〔223〕面上看來是任意又不合邏輯的。它們跟在這當下，在這個特定地點與時間，我們該如何做事有關——叉子放在左手邊，汽車靠右行駛，只有週五才能穿牛仔褲。然而我們本能地遵循這些規則。就算是在柏克萊，我也從未在與校長午餐約會時用手進食，或是穿睡衣授課，假如任何人眞的這麼做，我會感到很震驚。

在擴展我們當前情緒性的道德反應時，規則是一種格外強有力的方法。我們的道德直覺可能會告訴我們，打人是錯的，而助人是對的——就連非常年幼的嬰兒似乎也能領會它。但是那些塑造我們生命、比較複雜且微妙的傷害與善行又如何呢？尤其是集體的傷害與善行呢？造成傷害或成就美事的事件往往非常複雜，而不是像一拳打在下巴上那樣簡單的因果路線。我們該如何預防全球暖化帶來的傷害呢？我們該如何確保產前健康照護帶來的好處呢？解決這類問題不能只倚賴某一個人的作爲，而要透過某種協調的方式，靠十幾個或數百、甚至是上百萬人採取行動。爲了大我利益而協調行動的這種能力，是人類最偉大的演化優勢。

這種能力取決於人類訂立且遵循規則的這種獨特傾向。

嬰兒法則

模仿研究指出，嬰兒會暗中採用規範性法則。十八個月大的嬰兒會「過度模仿」（over-imitate）。[注19]比方說，某個嬰兒看見一個成人讓一台機器發動前，做了許多不必要的迂迴動作，也就是在拉下操縱桿之前先轉身三次，再移動那個按鈕兩次。這個嬰兒會模仿他所有不尋常的扭動、鈴聲與口哨聲。黑猩猩就理性多了——牠們會用最有效的方式來解決這個問題，直接走去操縱桿那邊，而不是學示範者那套複雜的解決問題方法。「想要模仿」這股特別的人類衝動是遵循規則的基礎。你轉三圈再移動那個按鈕只是因爲我們這裡都這麼做的緣故。[注20]〔224〕

到了三歲，孩童會更明確地理解規則，而且他們會表現出令人驚訝的複雜度。史梅塔納的研究非常有趣，因爲它們展現出孩童理解傷害的道德性與規則的道德性之間的差異，但這些研究之所以很有趣，也是因爲它們展現出孩童理解規則的本質。孩童確實認爲違反規則是錯的。他們只是意識到這種錯誤和傷害某人是不同類別的錯。他們知道規則可以改變，不過他們也知道你必須遵循現行的規則。

孩童也了解規則的基本架構。注21規則牽涉到義務、禁止與許可。當規則明確規定了義務，你就必須按照規則所言來行事。當它們詳述禁止的內容，你就永遠不能那樣做。當它們給你許可，你可以自行決定你是否想要按那種方式行事。吃點心前你必須先洗手，你必須永遠、永遠不往你要喝的牛奶裡吹泡泡，但是午睡後如果你想要，你可以玩盪鞦韆。

當亨利・魏爾曼查看「兒童語料交換系統」（CHILDES）這個記錄兒童自發性談話的資料庫時，他發現年僅兩歲的幼兒就能合宜地談論規則、義務、禁止與許可。三歲孩童會說出像是「如果我們去露營，就應該造一條〔我們自己的〕獨木舟。這樣我們就不必付錢去租，而且想要的時候就能坐上船去玩」這樣的話。

事實上，孩童理解規範性法則比理解邏輯表現得更佳。邏輯推理包含了「若P則Q」的 〔225〕
演繹。假設珍說：「當我外出時（P）我戴帽子（Q）。」接者你給孩子看四張圖：⑴珍在屋外且戴著帽子（P, Q）；⑵珍在屋外且沒戴帽子（P, not Q）；⑶珍在屋裡且戴著帽子（not P, Q）以及⑷珍在屋裡且沒戴帽子（not P, not Q）。你要求孩子選出「珍沒有照她的話做」那一張圖。按照邏輯，正確答案是第二張圖。但孩童對這種推理表現得相當不拿手——他們傾向隨便選出一張。

然而，如果你詢問孩子對規範的理解，他們的表現就好得多。假設珍的媽媽說：「妳出去外頭一定要戴帽子。」接著給孩子看先前那四張圖。不過這次她得選出「珍很淘氣且沒有乖乖聽話照做」那一張圖。正確答案依然是第二張圖，珍冒著生命危險站在冷風中，沒戴帽子。即使三歲大的孩子，對於選出違反規範的那張圖都很在行。而且，尼泊爾和哥倫比亞的孩子在規範推理的表現上，與美國、英國的孩子一樣好。

故意這麼做

幼童了解違反規則和造成傷害是錯的。但是他們了解自己之所以錯了，跟別人怎麼想和自己做了什麼事都有關係嗎？當我們責難某人違反某項規定或直接造成傷害，我們得知道對方是不是蓄意這麼做。就算某人沒有造成傷害的直接意圖，我們偶爾還是可能會指責對方。就算醉醺醺的駕駛人並非蓄意輾斃受害者，我們還是可能會把他送入大牢。但是某些種類的意圖似乎對道德判斷來說至關重要。畢竟，那個駕駛人是故意喝酒且故意開車。這就是法律〔226〕原則裡的犯意。

我們看到就連一歲寶寶也已經了解人類意圖，而且可以區分故意和非故意行爲。就連嬰兒似乎也會根據他人的意圖來責怪對方。注22在一項實驗中，一個成人和一個嬰兒玩著某項遊戲，他會越過桌子把不同玩具遞給那個嬰兒。偶爾，這個成人會拿著玩具，卻不遞給嬰兒。有時候，他就是拒絕把它交出來。有時候，他似乎很樂意把它交出來，但卻受到他無法控制的條件阻撓──例如，那玩具裝在一個他無法打開的透明盒子裡。相較於那個成人設法要拿玩具給他們，只是他做不到的情況，九到十八個月大的嬰兒對於那個成人蓄意保留某個玩具給自己的狀況，表現出更不耐煩與指謫的態度。

到了三歲左右，孩童會在判斷事情是善意或傷害時，將意圖一併列入考量。注23他們會說，故意推別的小孩是不乖的行爲，但如果你只是不小心撞到對方，那就沒有關係。他們也會區分故意和意外違反規則。還記得那個觀察孩童早期規範邏輯的研究嗎？媽媽說，只要珍妮出門就要戴帽子。實驗者也會問受試孩童，在假如「她出門後，風吹走了她的帽子」和假如「她出門後，自己把帽子拿下來」這兩種情形下，珍妮算不算不聽話。最年輕的受試者只有三歲，但他們能清楚分辨這兩種狀況的不同。他們說，故意違反規則的人比意外違反規則的人更不聽話。

☘規則是原因

道德的核心在於我們對他人親密的情感認同，以及我們由此產生想要幫忙、而不要傷害對方的願望。就連嬰兒也想要幫忙。但是光只有這種願望，並不會有成果。想要成爲有效的〔227〕道德行爲者，孩童需要結合那種衝動，以及他們對這世界與他人的因果認識。就像小小效益論者，他們需要找出最有效的方法來創造幸福與改善傷害。因此，他們需要了解規則的因果效力。

規則是一種對於控制選擇特別有效的方法。它們是一種既特別又不尋常的心理因果。一旦某條規則被建立，讓眾人做事就會變得容易許多，就算是非常複雜且專斷的事也不例外（想想報稅的事）。我們不需要說服、勸誘或脅迫他們，也不需要直接改變他們的願望和見解。所有我們需要做的，只是提醒他們遵循規則。

更重要的是，規則可以被改變。就連非常年幼的孩子也已經知道我們可以改變規則，儘管我們不能改變避免傷害與設法幫忙的基本道德原則。這賦予我們一種人類特有的能力，實現對於現實的全新想像。改變規則可以讓令人驚喜的新事物發生。

舉例來說，我們運用強有力的人類學習能力發現內燃機原理，而這個發現讓我們改變這世界。規範推理告訴我們汽車會是一種很棒的東西，而且還真想不到，二十世紀可說是汽車時代。但是我們怎麼可能讓一千個民眾各開著一台兩千磅重的鋼鐵，以六十英里的時速奔馳在只有五十英尺寬的道路上，而不致淪落同歸於盡的命運呢？奇蹟般的救命交通規則盤踞在這宇宙的正中心。但是，接著，我們運用同樣的強大學習能力發現新的東西——全球暖化。開車曾一度是毫不含糊的好事，事實卻證明它也是有害的。我們可以改變駕車的規則以反映那個全新的理解。同樣平凡乏味的交通法規不但能拯救人命，或許也能拯救地球。

人類對於駕車並沒有任何天生的道德直覺。SUV（運動型多功能休旅車）並非天生就〔228〕令人厭惡，縱使在柏克萊這兒有些人表現得彷彿眞是如此。但是我們的確有能力學習、有能力制定新的規則，而且確實具有幫忙且不傷害的基礎本能。其中，它們讓我們能夠針對這種前所未有的人類活動做出道德抉擇。

事實上，有時我們可以運用自己制定規則的能力，推翻由演化決定、卻有害的道德直覺。它就像是我們運用自己的學習能力，推翻由演化決定、卻不正確的物理學直覺。性嫉妒或復仇的衝動——也就是合理化對不貞妻子或無禮鄰居「榮譽謀殺」（honor killings）的那種作爲——具有某種演化的基礎，這種說法至少是可信的。這些直覺帶有一種道德形式，甚至可能成爲法律的一部分。但是當我們更加仔細考量其中的傷害與善行時，我們甚至可以修改像這類由演化決定的直覺。

想要管理規則的彈性，靠的是「元規則」（metarules），也就是有關如何形成新規則與改變既有規則的規則。這些包括了民主的原則——人類最偉大的一種道德與心理發明。但是在其他時候與其他地方，規則可能由共識或協商決定。或者，我們可以將制定規則的權力授權給專家、知識淵博的人、有權有勢的人，或單純只是很酷的人。

對非常年幼的孩童而言，父母與老師是再自然不過的規則頒布者。沒有什麼絕對命令比媽媽的那句「因爲老娘說了算」更令人敬畏三分。但是年紀稍長的孩童已經開始學習如何在同儕間針對規則討價還價。五歲孩童會不由自主地發明附有規則的各式遊戲。這些可不是無聊的大人遊戲，而是神祕地出現在遊戲場上的那些遊戲，如四角（four square）、譯3壁球和中式跳繩。這些遊戲教孩童如何制定規則。無窮無盡地交涉誰出局、誰當鬼顯然是法庭與立〔229〕法機關的前兆。

規則的危險

遵循規則就像模仿，就像我們將眾人分類爲不同社會團體的衝動那樣，既有道德風險，也有道德利益。人們遵循規則，儘管那些規則的最初功能早已消失，也仍舊遵行不疑。有則故事關於某個女子想要烹煮她母親最拿手的燉肉。她小心遵照所有規則，只求能做出那樣汁多味美的成品。第一步永遠是切除肉邊。直到有天她母親來訪，她才知道母親總是這麼做的理由，是母親使用的平底鍋太小，無法容下一整塊肉塊。注24許多非常明顯的道德規則也是這樣被傳遞且奉行。

食物禁忌是個很好的例子。當老鼠吃了讓牠們生病的食物後，哪怕只有一次，此後牠們永遠都會避開那種食物——這被稱爲「賈西亞效應」（Garcia effect）。注25同樣地，當人們歷經食物中毒後，哪怕只有一次，他們可能會從此討厭引發中毒的那種食物——吃過一次壞掉的沙拉後，他們再也不會吃龍蝦了。人類學家丹尼爾・費斯勒（Daniel Fessler）指出，這或許是導致食物禁忌的原因。[注26]假如不吃龍蝦的人是有權勢的大人物，是制定規則的那類人物，其他人可能會糊里糊塗地追隨他立下的榜樣。禁忌變成慣例，甚至可能變成宗教信仰或道德的一部分。

由於規則是讓人們做事的好方法，規則也可能是權力的一種來源。人們可能強行實施能達成自己個人目的或自己所屬群體目的的規則，而不是爲了成就眾人的共同利益。人類接受並遵循規則的那種衝動，代表著以規則爲基礎的不公不義能輕易地永存不朽。可能會反抗個人霸凌或壓迫的那些人，在得知那只是規則的一部分時，或許會轉而接受它。我那靦腆、知〔230〕性的二兒子長大後成爲財務數學方面的專家。他告訴我經濟學家版的金律：「擁有金子的人就能制定規則。」

哈克・費恩的智慧

制定規則給予我們一種強有力的機制，去改變我們的作爲和適應新環境，但是我們對於善行與傷害的基本同理心假設支配了那些改變，並且保護我們不受道德相對主義所害。透過大致相同的方式，學習的基本假設允許我們劇烈地改變自己對這世界抱持的理論，而保護我們免受知識的相對主義（knowledge relativism）的影響。我們會選擇能做出良好預測的理論，或能得到良好結果的規則。這讓我們不用說什麼事都有可能，就能製造出全新種類的理論與規則。

在上述兩種情況下，當然，有許多爭論的空間。要弄清楚什麼是良好的結果並不比弄明白什麼是良好的預測來得容易。傷害與幫助並非如此簡單易懂。人們可能會想要那些從長遠來看對他們並不好的事物，或者他們似乎心滿意足，因為他們不明白其實有可能存在著一個更美好的生活。然而在最重要的部分，我們仰賴在正確位置上的一般原則，就連非常年幼的嬰兒也不例外。我們可能不同意某條特定的規則能否讓事情變得更好，或是某個特定的理論能否將事情解釋得更周延。但至少我們能同意它理當如此。

就連兩歲孩童對於根植於親密互動中的幫助與傷害，也具有立即、直觀、情緒、同理心的理解。他們也了解自己應該遵循規則，但是那些規則有可能會被改變。這兩種能力聯手，能在道德創新上提供我們一種非常人性化的能力。道德就像具有人性的一切事物，它深植於人類的演化史中，而那段演化史的最重要特徵是，它允許我們反思自己的行為，並且改變那些行為。〔231〕

規則允許我們執行複雜、協調的行為——它讓我們用強有力的新方法去幫助其他人。但是親密的情感同理心是一種力量，它甚至能改變最根深柢固的規則。假如我們發現某條規則會造成傷害，而非帶來好處，那麼我們可以否決那條規則。假如我們曾經在眞實人生中與某個眞人面對面互動時體驗過那種傷害，那會格外適用。

通常，回歸嬰兒時期的親密同理心——那種立即感受到別人的感覺如何——可能是改變人們作爲最有力的方式。舉例來說，我們認定「外團體」的成員——那些不像我們的人——沒有人性。這種衝動根深柢固，很難完全推翻。改變它的最佳方法是實際與外團體成員變得關係親密——承認那些人其實像我。很了解某個公開承認自己是同性戀者的那些人，是最有可能支持同性戀權利的人。個人故事是推動道德變化最有力的媒介，往往比理性論證還要更有力。

在所有文學作品中，最精采的道德故事關於同理心如何改變規則，而且這故事的主人翁是個孩子。哈克貝利・費恩（Huckleberry Finn）翹家逃離他施暴的父親，並且和吉姆（Jim）這個逃跑的奴隸一同乘坐木筏、航行在密西西比河上的那年，他才十三歲。哈克知道關於奴隸的規則，他知道那些規則背後有傳統、權威、法律和宗教等各式力量撐腰。他知道規則說，凡是保護逃跑奴隸的人就是個壞透了的小偷。他知道違反規則的人注定要下地獄。但是他也了解吉姆這個人，透過面對面接觸，他熟知吉姆的一切，帶著早期童年的那種親密感。事實上，吉姆一直是哈克的照顧者，跟他眞實的父親不一樣。在小說的緊要關頭，〔232〕
哈克必須決定他是否要將吉姆送到當權者手上：

所以我惹來一身麻煩，簡直沒法更多了，而我不知道該怎麼做。終於我想出了一個點子。接著我說，我要寫一封信——然後看看我能不能祈禱。喲，眞令人驚訝，我一下子就覺得像根羽毛般輕鬆，而我所有的煩惱全都一掃而空。於是我取來一張紙和一枝鉛筆，既高興又興奮地，坐下來寫道：

華生（Watson）小姐，您逃跑的黑奴吉姆在這兒，派克斯鎮（Pikesville）南方兩英里處。費爾普斯（Phelps）先生逮到他，而他願意用您寄來的賞金換吉姆。

哈克・費恩

這感覺眞好，在我人生中，我第一次感覺到身上的罪愆全被滌盡，而我知道現在我能禱告了。但我沒有馬上這麼做，而是放下那張信紙，開始思考——思考過去發生的這一切是多麼地好，還有我差點就迷失其中、準備要下地獄。接著我繼續思考。我不禁想到我們順流而下的旅程，而我一直看見吉姆在我眼前：不管是白天或黑夜，有時在月光下，有時在暴風雨中。在漂浮途中，我們談天、歌唱、歡笑。但是不知怎地，我無法想出任何理由讓我硬起心腸對他不利，反而腦中盡是他的好。我看見他把我的表放在他的表上而不叫我，好讓我繼續多睡一下；

當我從濃霧中歸來，還有當我再次去沼澤找他，以及這一類時候，我看見他臉上盡是喜悅；他總是喊我蜜糖、愛憐地摸我的頭、爲我做他想得到的每一件事，而且他永遠都那麼善良；最後我想到我救了他的那個時候，我告訴那個男人船上有天花，而吉姆對此感激不已，說我是老吉〔233〕姆在這世界上最要好的朋友，且是他現在唯一的朋友。接著，我剛好四處張望，看見了那張信紙。

可眞險。我拿起信紙，把它握在手中。我沒有發抖，因爲我必須決定，永遠，在兩件事中間，而我早知道答案了。我考慮了一分鐘，多多少少摒住了呼吸，然後對我自己說：

「好吧，那麼，就讓我下地獄吧」——然後撕毀了它。

譯注：

1. 透過監控肌肉、骨骼與關節的姿勢和運動，將身體因運動而生的訊息傳送至大腦，使個體有所知覺。
2. 非洲盧安達（Rwanda）兩大主要族群。在比利時殖民統治期間，以「掌控資源的少數」統治「占多數的當地群眾」。在「分而治之」的政策下，造成原本因通婚雜居而使族群意識逐漸淡化的兩個族群間衝突日增，後來在一九九四年爆發執政的胡圖人針對圖西人展開種族滅絕的大屠殺。

3. 一種球類遊戲。在地上畫一個正方形，分成四個象限，並分別標明1、2、3、4。這個遊戲的目標是爭取站在1號方格，並設法讓其他玩家出局。

第九章

嬰兒和生命的意義

我愛聖誕節，而且總是用無比的熱情與力度來慶祝它。每一年，我總是忽略期末考、教〔234〕員會議和研究補助金的提案期限，而忙著裝飾聖誕樹、在壁爐檯上放些小擺飾、烘焙薑餅屋、烤鵝、報佳音、花很多時間準備耶誕襪小禮物——完完整整的全套過節準備。在我人生幾乎所有時刻，家裡總是有孩子，而那讓聖誕節格外豐富，雖然它總伴隨著那麼多親職責任的矛盾感而來。做這些事的本身就帶有大量自我滿足的快樂，一想到孩子們會有多愛它，那份快樂就會更加高漲，只不過有一點點筋疲力竭，還有一些些不確定孩子們究竟能否充分領會聖誕節的意義。

雖然我的曾祖父是個既虔誠又傑出的拉比（rabbi）[編1]，而且我被教育成一個同樣虔敬的無神論者，但我卻如此喜愛聖誕節。爲了化解這明顯的矛盾，我告訴別人我之所以喜愛聖誕節是因爲，最重要地，這是個慶祝誕生與孩童的節日——最動人的耶誕頌歌是讚美詩，也〔235〕是搖籃曲。我想不出有什麼比這更值得慶祝的了。

在本書中，我主張思考孩童的心智狀況有助於解決某些深刻且古老的哲學問題——關於想像、眞理與意識，還有認同、愛與道德的問題。但是在這些問題之上，還有我們可能會稱之爲人生意義的問題——這些更廣泛的哲學、甚至性靈與宗教問題，是像我一樣的學術思想家鮮少處理的問題。什麼能讓生命有意義、美麗且具有道德重要性呢？有什麼能讓我們比在乎自己還要更關心的呢？有什麼能比死亡更持久呢？

對大多數父母來說，在逐日、簡單、尋常的生活中，這些問題都有個明顯的答案——即使那不是唯一的答案。我們的子女賦予我們生命的重點和目的。他們很美麗（除了少許如長水痘、擦傷膝蓋和流鼻涕等例外），他們創造的言語和影像也很美麗。他們是我們最深沉的道德兩難與最重大的道德勝利的基礎。我們關心子女的程度往往遠超過關心自己。我們的孩子在我們死後繼續存活於世，而這賦予我們一種永生不朽。

說來奇怪，儘管這些感受如此普遍，它們卻幾乎不受哲學與神學的重視。事實上，正是思索永生不朽這個議題時，讓我第一次注意到孩童在哲學世界中的缺席。十歲那年我第一次閱讀柏拉圖的作品，而它改變了我的人生。我還清楚記得那本讓我立志成爲一位哲學家的破舊不堪的企鵝平裝本。但即使在那次與哲學的初相遇，其中還藏了個圈套。在企鵝版的柏拉圖作品中，讓我留下最深刻印象的論據是蘇格拉底在《費多篇》（*Phaedo*）談到的永生不朽。就像許多十歲兒童——在這方面，或許也像五十歲的人——我對於死亡懷有實存的恐〔236〕懼，因此肯定是出色的永生不朽論點的潛在買家。蘇格拉底主張，像靈魂這樣複雜的事物不可能憑空出現又無端消失，因此在我們個別的生命之前與之後，它必定存在一個抽象的柏拉圖式天堂中。

這個論點教我震驚的是，它竟然完全沒有提到孩童。在我看來，很顯然你的靈魂，至少有一部分，是由你從父母那兒繼承的基因與獲得的想法聯手創造的產物，而且在你死亡後，它能透過基因與你傳給子女的想法繼續存在。當然，這種想法奠基於蘇格拉底時代尚未發展成形的科學概念。但就算蘇格拉底不懂基因，他肯定知道孩童。我承認，想要達成永生不朽，透過你的子女未必是蘇格拉底對這道問題的答案。但是他至少可以提及這種可能性嘛。

在其後兩千五百年來的哲學中，孩童也從來沒有登場過。許多關於人類本質的深奧問題可以透過思考孩童的情形得到解答。而光是思量孩童本身就能引發新鮮且深刻的問題。大多數的父母，甚至是代理父母，都覺得孩童能使他們的生命增添意義。然而，對於人類歷史上最深思熟慮的思想家而言，孩童幾乎是隱形人。

對此，有個最明顯的歷史解釋——蘇格拉底是個男人，就像幾乎所有追隨其後的哲學家與神學家一樣，他們大多是男人。孩童向來被歸入女性領域當中。就像人生中與女性有關的其他層面，它們大多不會是哲學家高談闊論的那類事物。

但是這個問題或許能往更深處伸展。也許我們對於孩童的直觀確實太狹隘也太個人，以至於談不上眞正的深刻。畢竟，我的孩子是**我的**。我對他們的感情並不具有我們期待從靈性直覺得到的那種普遍性。他們於我而言很美，但是做母親的會愛一張只有身爲人母才可能去愛的臉孔。從演化的角度來看也是如此，那些直覺可能只是一種錯覺。當然，你覺得自己的子女很重要——它只是演化的另一個花招，爲的是基因能用來複製自己。你的基因可能會讓你眞的很想要照顧那個與你共享那些基因的孩子，但是這跟生命的意義一點關係也沒有。

思考靈性這回事的所有科學家都被某個深奧的問題所困擾，而這是那個問題的其中一部分。人類具有敬畏與驚嘆、道德價值與美學深度等特有的情感。人類懷有意義感與目的，還有一種直覺，知道有某個事物比他們自身更爲重要。但是，這些情感與直覺確實捕捉到這世界的某些眞相嗎？從科學的角度來看，這些情感與見解就像所有的情感與見解，是人類大腦活動下的產物，而且具有某種演化的歷史淵源。這往往被解讀爲它們是幻像——或者至少它們並不具備它們看似擁有的重要性。

事實上，我的大腦用來告訴我眞相，至少在多數時候是如此。當我看著眼前的這張書桌，我的看法是，這張書桌會在那兒完全是因爲我大腦裡的活動——那活動具有長遠的演化史，但是那裡眞的**有**一張書桌，而我大腦的活動正確告知我這件事。我可以運用那項資訊指引眞實世界裡的眞實行動——我可以把手中的茶杯放在桌上而不會打翻它。當我從峭壁的邊緣朝下望，我感到恐懼。我可以告訴你人類的演化史和我大腦中的活動怎樣產生出那種感覺，但是那並不代表這感覺只是個幻影。相反地，我**應該**覺得恐懼——我的大腦告訴我關於〔238〕這世界的某個非常重要的事物，以及我跟它的關係。「某個見解是演化歷程的結果，而那歷程塑造了我的大腦」這項事實，讓那個見解更有可能是眞的，而非相反。演化會追蹤眞實世界。

另一方面，確實有知覺、情感與見解只是少量錯誤連結或心智錯誤的結果。當月亮在地平線上看起來比它高掛在天空頂點時更大，或月亮似乎尾隨著我的車，或月亮似乎像一張人臉，那些眞的是幻覺。關於大腦如何創造那些幻覺，我們略知一二。當我看見一條無害的襪帶蛇（garter snake），譯1害怕得倒退三步，那眞的是人類過去演化殘留的一種錯誤。所以，眞正重要的問題不是究竟靈性直覺是否存在我們的大腦中——它們當然存在。眞正重要的問題是，究竟它們只是有點騙人的大腦連結，還是它們能告訴我們某些關於這世界和我們自身重要、寶貴且眞實的事物。它們像是看見月中人影，或是看見桌上的茶杯呢？

我不了解那些伴隨神祕經驗或宗教儀式而生的靈性直覺。但是我確實認爲，伴隨撫養小孩經驗而來的那種意義重大的感受，並不只是一種由演化決定的幻覺，好比月中人影或恐懼襪帶蛇那樣。孩童確實讓你我與身而爲人當中重要、眞實且共同的面向連繫在一起。

敬畏

就像大多數科學家一樣，無論從人格神（personal God）或玄妙的形上學角度來詮釋，我都懷疑人類生命或這個宇宙具有某種終極的、超越的、根本的目的。但是我們當然可以指〔239〕出，在我們眞實人生中眞實意義的來源。

靈性直覺的一類經典是敬畏：在自己的立即關注之外，我們感受到這宇宙的豐富與複雜。它是「某個暗夜，你站在戶外仰望著滿天星斗」的那種經驗。這種驚嘆是絕妙的科學情感。許多平常信奉無神論的科學家指出，這對他們的工作來說是一種巨大、深奧且意義重大的回饋。科學家當然會受野心、貪求名聲、渴望權力，及其他可疑動機所驅策。然而我想所有的科學家，包括那些最盛氣凌人的哈佛菁英在內，也都會被這種不知這世界還有多少未知待了解的純粹驚豔所感動。

我始終認爲嬰兒與幼童時常經歷這種感覺，這種燈籠意識。儘管他們懷有這種感覺是在仰望米老鼠掛飾而非銀河，但是那種經驗是大同小異的。而且它不只是一種科學家和孩童才能感受到的感覺。從米老鼠到銀河再到更遠處，這個宇宙的每個層級的的確確無比豐富、極其複雜，而且，噢，就是棒呆了。而我們對於這種豐富的欣賞完全發自眞誠。雖然並不是每個人都從事科學工作，也不是每個人都在乎科學，但幾乎每個人都會對幼童的學習能力懷有同樣的情感。

神奇

第二種、但截然不同的靈性直覺是，我們感受到在已知的這個世界之外，還有其他可能的世界存在，這種感受或可稱爲「神奇感」（sense of magic）。這個宇宙另外還有想像的世界，那些世界與我們存在的這個世界大不相同，是神奇、不眞實的世界。最早被記錄〔240〕下來的人類故事是神話與傳說，由千里外的違實所構成的瘋狂故事。灰色眼眸的雅典娜（Athena）、火山女神裴蕾（Pele）和雷神索爾（Thor）就像鄧澤和查理・芮維歐利或恐龍高勤一樣，不太可能眞的存在。小說中有所節制且逼眞的想像生物是相當近代的產物。

透過魔法、神話和隱喻的表達，這些故事總是與認定這世界比我們所知更爲寬廣的另一種靈性感受、另一種直覺緊密相連。如C・S・路易斯（C. S. Lewis）和J・R・R・托爾金（J. R. R. Tolkien）等懷有明白宗教信仰的作家，總會將宗教與魔法連結在一塊。他們指出我們說給孩子聽、孩子也說給我們聽的那些童話故事中的驚奇與豐富。而且，路易斯和托爾金兩人所寫的故事都捕捉到那份可能性的感受，那種其他宇宙可能就藏在任何一座衣櫥裡的感覺。那些故事鎖定的讀者群是孩童，但是它們也同樣對著成人說話。在他們的裝扮遊戲中，幼童會用某種特別廣泛且富有創造力的方式，探索蘊藏在人類可能性當中的魔法。從單調無奇的照料中獲得解放，讓他們在進入可能的世界時格外自在。

這種可能性的感受並非是個幻覺。人類世界以一種非常具體且實際的方式飽含了奇妙的潛力。我可以一邊在電腦上欣賞《美女與野獸》（*Beauty and the Beast*）這部典型的尙・考克多（Jean Cocteau）魔幻童話，一邊透過Skype和人在遠方的兒子通話。當美女若有所思地凝視著能傳送她心上人影像的那面魔鏡時，我可以凝視著筆電中眞實魔鏡所呈現的眞實影像，那影像曾經只存在富有想像力的電腦高手心中。

故事也能創造出讓人類生存下去的新方法，以及讓人類生活其中的新世界。宗教故事尤其擅長此道，無論它們是寓言或公案，瓦爾哈拉（Valhalla）[譯2]或海爾姆（Chelm）[譯3]的故 〔241〕
事。透過想像不同的心靈、不同的思考與行為方式，人類可以轉變自己與所屬社群。在孩童身上如此栩栩如生的那種奇妙的可能性感受，也是人類生命真實且重要的基礎。而人類富有想像力的可能性牽涉到的空間遠遠超過任何個別心智所能捕捉的範圍。

愛

孩童也比任何其他東西更能告訴我們關於我們可能稱為「愛」的靈性直覺。我們對子女的愛，以及子女對我們的愛，具有一種特殊的性質。先前我曾說過，我們對孩童的獨特情感可能會使它們在精神上看似曖昧不明。不過我們對孩童的愛不只是母愛，也可以是社會性一夫一妻制下的父愛，以及代理親職中保母／手足／祖母／隔壁鄰居的愛，這些全都兼具獨特與普遍的特殊性質。對於能鞏固宗教與道德直覺的那種愛而言，這是個強而有力的模式。

人生中有個非常尋常卻驚人的事實是，雖然我們選擇自己的朋友與伴侶，但我們卻無法選擇自己的子女。當我們生下一個小孩，甚至當我們扮演代理父母，我們會承擔起照顧一個不是自己所生的孩子的責任，我們不知道那個嬰兒會是什麼模樣。我可能會希望我的寶貝結合了我自己與我的伴侶最棒的特徵，然而我不免擔心他其實繼承了我們倆最壞的特點。考慮到人類交配的遺傳大樂透（genetic lottery）與人類養育的偶發事件，最有可能的結果是每一個人混雜的基因最後看來不像地球上的任何生物。我們就連一個嬰兒該有的最基本特徵也無〔242〕法控制，這種情形對於殘疾孩童的父母而言最是生動。

然而，除了某些悲慘的例外，照顧者會愛自己照顧的嬰兒。有時候，他們會特別鍾愛最需要照料的寶寶，尤其是患有唐氏症（Down syndrome）、腦性麻痺與囊狀纖維化症（cystic fibrosis）[譯4]的寶寶。更奇怪的是，當我們照顧某個小孩，我們會愛**那個**小孩，而不是隨便路上的任一個小孩。我們愛我們的小孩，只爲了那個我們無從預測的具體特點——我家長子的認真熱切、才能與抬頭挺胸的自信；我家次子的棕色鬈髮、機智與聰慧；我家么兒的閃耀笑容、溫暖的藍眼與敏銳的心思。事實上，這份清單無法眞正捕捉到我對他們的感受——我就是愛**他們**，甚至不是因爲他們是我的孩子，而只是因爲他們是艾列克謝、尼可拉斯，還有安德烈。

更弔詭但更嚴重的是，我們對子女的愛和他們能提供給我們的好處成反比。就算是伴侶，還有朋友，我們都會期待一定程度的互惠——我會照料你的精神官能症，只要你也容忍我的毛病。至親密友中，最需要幫助的人會給予我們某些東西以爲回報。但是**每一個**小孩都比最讓人難以忍受、最需索無度的朋友或親密愛人更需要時時關懷。

想像有一部長篇小說的內容描述一個女子讓一名陌生人進入家中。對方無法走路、說話，甚至無法自行用餐。她一眼就深深愛上他，不但餵他吃飯、幫他更衣沐浴，還慢慢協助他變得既獨立又能幹，把自己大半的收入花在他身上，在他生病時照顧他，而且腦子裡最常想到的不是別的，就是他。過了二十年這樣的生活後，她幫他找了一個年輕的妻子，讓小倆口搬得遠遠的。你承受不住這故事中的濃郁感情嗎？可是，那只不過是每個母親的故事。而且，它也是每個人類社群的故事——每一群母親、父親和社會性一夫一妻制的伴侶，每一組〔243〕兄弟姊妹、保母和代理父母的故事。與其說我們照顧孩童是因爲我們愛他們，倒不如說我們愛他們是因爲我們照顧他們。

這些關於育兒的道德直覺並未被呈現在大多數的哲學傳統中。典型的哲學道德觀點——效益論者、康德學派、自由論者或社會主義者——全都根植於有關善意與惡意、自主與互助、個人性與普遍性的直覺當中。每個人都應該得到追求快樂與避免傷害的權利，而且透過互惠合作，我們可以將每個人的善擴大到極致——這是社會契約（social contract）的基本概念。但是個人主義者、普遍主義者和契約的道德體系，似乎就是無法捕捉我們關於撫養孩子的直覺。

另一方面，這種獨特性與無私的組合很像是愛與關懷，而愛與關懷則是人類靈性直覺的一部分。我們在聖徒、菩薩（bodhisattvas）與公義之人（tzaddikim）的故事裡描述它。他們理應感受到單一、透明、特殊的鍾愛與對**每一個人**無私的關懷這兩者的結合。沒有任何眞人可以做到那一點。當然，有許多方式可以接近那樣的理想，並且照顧他人——不涉及兒童的方法。儘管如此，想要體驗至少有那麼一些些的聖潔，照顧孩童仍舊是非常快速且有效的方式。

結語

我們可以回到本書一開頭提到的那個問題。人類怎麼可能改變？這告訴我們有關孩童與童年，尤其是非常年幼的孩童與非常早期的童年一些什麼事嗎？答案當中有三股交織的力量——學習、違實與照顧，或者比較詩意的說法是，眞理、想像與愛。在科學與哲學中，人〔244〕類經驗的這三種面向經常被視爲彼此獨立而不相干——認識論、美學與倫理學各自具有非常不同的傳統。但是對幼童而言，眞理、想像與愛密不可分地交織在一塊。

首先讓我們談談眞理。當我們對這世界的模樣有更多理解之後，我們能改變自己的所作所爲。人類有能力比其他任何動物學得更多，而那是人類可以比其他任何動物改變得更多的原因之一。孩童一生下來就對這世界與他人有相當的認識。那樣的知識讓他們在學習有關他們居住的這個世界，以及共享這世界的其他人等新事物上，擁有較好的起跑點。但是到頭來，他們可能甚至學會要拋開剛起步時的假設。

嬰兒熱愛學習。他們透過純粹觀察周遭事件的統計數字來學習。他們對這遼闊世界的豐富多采保持開放的態度。他們會特別注意新的和出乎意料的事物——他們可以從中學習的任何事——但是他們也會主動做事以求學習。當孩童玩耍，他們會主動對這世界做實驗，並且運用那些實驗的結果改變自己原有的想法。他們觀察到的統計數字和他們操作的實驗結果都有助於他們針對周遭的世界建立全新的因果脈絡圖。

孩童不只了解物理世界，他們也學習有關心理世界的種種。他們學習環繞在自己四周的人是什麼樣的人。由於人類的文化可以被改變，這代表了孩童對他人的理解也是可以改變的。孩童學習周遭人物的心理特徵——他們特有的見解、欲望、感受、個人特質、動機與興趣等等的組合。但是他們也會學習人類心理的規範面。他們能快速學會周圍人等所遵循的規矩，包括專斷的習俗與道德原則。

而且孩童不只了解其他人，他們也會設法了解自己。確實如此，打從嬰兒剛出生起，他們就會連結自己的感受與他人對同樣事物的感受。他們運用自己對他人的了解來學習有關自身的事，反之亦然。孩童開始能領會到，了解自己的心智如何運作有助於你改變自己的作爲——例如，閉上自己的眼睛如何能夠幫助你抵抗餅乾的誘惑。他們也開始運用自己對人心的理解，讓自己的經驗變成一則前後連貫、條理清楚的故事，一則經歷人生所有波折起伏後，仍能持續說下去的故事。

反之，這種找出眞相的非凡能力，有賴想像與愛的能力。學習的貝氏定理靠的是「孩童能針對這世界的現有描述想像出其他選擇」的想法。孩童能針對這世界是什麼模樣建構出替代的假設，他們會比較並對照這世界不同可能的因果脈絡圖。這種學習的一項基礎原則是，即便最不可能的可能性，到頭來或許反而會成眞。

嬰兒能將所有的注意力與行動能力全都投注在學習上，因爲他們得仰賴周遭的人照顧他們。由於我們愛小寶寶，所以他們能夠學習。更明顯的是，嬰幼兒學習的主要方法之一是，觀察他們所愛之人做些什麼，聆聽他們說些什麼。這類的學習讓孩童能利用前人的發現。不知不覺間，照顧者在看顧嬰兒的同時，含蓄地教導了他們許多事。

〔246〕
假如想像幫助孩童找到眞相，發現眞相也增強了想像的力量。非常年幼的孩童能運用自己對這世界的因果地圖——也就是他們的理論——來想像這世界可能會有什麼不同的姿態。他們有能力考慮各種違實的可能性。當那些理論改變，當孩童經由學習，使他們對這世界的認識愈來愈正確時，他們能夠孕育的違實及能夠展望的可能性就會益發豐富。這些違實能讓孩童創造出不同的世界，而且能強化童年早期裝扮遊戲的大量盛行。最終，它們甚至能讓成人去想像這世界可能會有的其他樣貌，並且讓那些替代選擇成眞。

因果脈絡圖也適用於心智及事物上。而那代表了孩童可以想像出虛構人物，比方想像玩伴，以及虛構世界。這讓孩童能以嶄新且更爲複雜的方式與人互動。而那讓他們還有我們，創造出全新的社會習俗與道德規則，造成更好的結果。

因此，想像有賴知識，但它也得仰賴愛與照顧。孩童之所以能夠如此自由地學習，是因爲他們受到成人的保護，而他們能夠如此自由地想像，是因爲他們得到成人的關愛。此外，違實思考必然具有某種規範性元素——想像未來也意味著評估你應該導入哪一個未來。從他們非常年幼的時候起，孩童便會將這些決定扎根在道德反應中。他們設法做善事，同時避免傷害。而那些反應的本身，則深植於嬰兒與照顧者之間那深刻的同理心、親密與無私的互動。

最後，愛本身就得仰賴知識與想像。對完全無助、事事得仰賴他人的嬰兒來說，沒有什麼理論像愛的理論這等重要。從他們還很小的時候起，嬰兒便根據自己身旁的照顧者做些〔247〕什麼和說些什麼，來努力理解這些愛的理論。反之，這些理論會塑造這些嬰兒未來長大成人後，照料自己子女的方式。

愛的知識就像其他種類的知識一樣，引領嬰兒想像他們的照顧者將會如何行動，而他們本身又該如何行動。這些預測與行動，導致了非常具有人性的惡性與良性循環。但是想像也賦予嬰兒，還有我們其他人一種跳脫那些循環的方法。就算是一丁點的證據也能讓孩童想像愛可能運作的其他更好的方式。

「那永生不朽呢？」十歲的艾莉森問道。我懷疑她就像伍迪・艾倫，會說她不想要透過自己的孩子來達成永生不朽，她想要透過不死來成就此事。否則，孩子們哪算壞呢。書寫「孩童的重要性」這個題目最糟糕的特性之一是，幾乎你所說的每一件事結果聽來都會像是一張賀卡。不過，老生常談之所以會變成老生常談，往往就是因爲它們所言不假。因此，「孩童是我們的未來」這句老話也不過就是簡單、切實的眞理。

對人類孩童而言，那句老話說得尤其深刻。孩童之所以是我們的未來，並不只是因爲他們繼承了我們的基因。對人類來說，無論作爲個人或作爲一個群體，「我們是誰」的感受與我們來自何方及我們將往何處去，也就是與我們的過去和未來，是緊密相連的。人類的改變能力代表著我們無法只憑我們現在的模樣，去釐清身而爲人是怎麼一回事。我們反而需要向前窺探由人類的各種可能性構成的縱橫交錯的遼闊空間。在那裡，在那最遠最遠的前方，那些探索者的身影看起來非常像是我們的孩子。

譯注：

1. 美洲常見的一種黑黃相間紋路的無毒小蛇。
2. 北歐神話中死神歐丁（Odin）接待戰亡將士的英靈之地。
3. 在波蘭猶太教故事中常出現的一座城鎮，以傻瓜聞名。那些傻瓜常會講些聽起來言之成理，卻似是而非的論點。
4. 一種遺傳性外分泌腺疾病，會造成身體產生過多的黏液，尤其對呼吸系統與消化道的影響最大。

編注：

1. 猶太教的導師。

注釋

科學與哲學以數以千計的先驅成就爲基礎，因此，對於像本書這樣廣泛的著述而言，一份真正完整的參考書目可能會持續上百頁。但由於本書的多數讀者不會是專業的哲學家或科學家，所以我決定採取另一種不同的處理方式。在這篇注釋中，對於我在書中談到的每一項經驗事實，我都會引導讀者去接觸至少一種資訊來源。我也嘗試參照評論性文章，因爲這類文章能以大量實驗與數據爲本，爲讀者指出重點。此外，我也標示出我認爲特別重要或特別有幫助的書籍。

導論

注1　我們甚至沒辦法給這個年齡層一個適當的名字。本書的焦點鎖定五歲以下幼童，所以提到三歲以下的孩子時，我大多會用「嬰兒」這個詞來稱呼他們。對我來說，「嬰兒」代表的是胖嘟嘟的臉頰和滑稽好笑的發音這種格外令人憐愛的特質組合，不過我也清楚，許多三歲娃兒強烈排斥這類的描述。

注2　Edwards 1967; Craig 1998.

注3 Pinker 1997; Barkow et al. 1994.

注4 關於大腦發展研究結果的某些評論，參見Huttenlocher 2002a, b; Johnson et al. 2002; Dawson and Fischer 1994.

注5 關於前額葉皮質區發展的評論，參見Krasnegor et al. 1997.

注6 Diamond 2002.

注7 Shaw et al. 2006.

第一章　可能的世界

注1 Lewis 1986.

注2 Tversky and Kahneman 1973.

注3 Medvec et al. 1995.

注4 這項套環作業和接下來的耙子作業都是改寫自Uzgiris and Hunt 1975. 參見Gopnik 1982; Gopnik and Meltzoff 1986.

注5 Willatts 1999.

注6 Povinelli et al. 2000.

注7 Bluff et al. 2007.

注8 Byrne 2002.

注9 哈里斯的書（Harris 2000）是目前為止針對孩童的裝扮與想像做了最佳審視與討論的一部書。

注10 Harris et al. 1996.

注11 Sobel 2002, 2004.

注12 Belsky and Most 1981; Lillard 2002; Leslie 1987.

注13 Gopnik 1982; Gopnik and Meltzoff 1986.

注14 Harris 2000.

注15 Lillard and Witherington 2004.

注16 Woolley and Wellman 1990, 1993.

注17 Wellman and Estes 1986.

注18 Harris 2000.

注19 Rozin et al. 1990.

注20 Lewis 1986.

注21 認為因果關係可以從干預的角度去理解的這個想法，在詹姆士・伍華德（James Woodward）的著作中（Woodward 2003）闡述得最具有說服力，也最完整。

注22 Piaget 1954.

注23 Hickling and Wellman 2001.

注24 Gelman 2003.

注25 Inagaki and Hatano 2006.

注26 Schult and Wellman 1997.

注27 Tolman 1948; O'Keefe and Nadel 1979.

注28 Gopnik et al. 2004.

注29 Inagaki and Hatano 2006; Gelman 2003.

注30 Spirtes et al. 1993.

注31 Pearl 2000.

注32 Gopnik et al. 2001.

注33 Schulz and Gopnik 2004.

第二章　想像的同伴

注1 Byrne and Whiten 1988.

注2 本章許多資料出自瑪裘莉・泰勒的精采著作（Taylor 1999）。

注3 Gopnik 2002.

注4 這已經成爲一個巨大的研究領域。關於良好的評論，可參見Astington 1993; Flavell 1999; and Wellman 2002.

注5 Repacholi and Gopnik 1997.

注6 Wellman et al. 2000.

注7 Wimmer and Perner 1983. 關於後設分析，可參見Wellman et al. 2001. 某些近期的研究顯示，即使幼童也會這麼做。

注8 Bartsch and Wellman 1995.

注9 LaLonde and Chandler 1995.

注10 Sodian et al. 1991; Talwar and Lee 2002.

注11 Carlson and Moses 2001; Carlson et al. 2004.

注12 Mischel et al. 1989.

注13 Grandin 1995; Gopnik et al. 2005.

注14 Haddon 2004.

注15 Baron-Cohen 1995; Baron-Cohen et al. 2005.

注16 Baron-Cohen et al. 2005.

注17 James 1909.

注18 Škvorecký 1999.

注19 Auden 1956.

注20 例如Diamond 2002.

第三章　逃出洞穴

注1 摘自Jowett 1888的譯本。

注2 Carey 1985; Gopnik 1988; Wellman and Gelman 1992.

注3 Hume 2007. 最初發表於一七四八年。

注4 Spirtes et al. 1993; Glymour et al. 1988; Scheines et al. 1998.

注5 Bayes 1963; Griffiths et al. 2008. 關於貝氏學說（Bayesianism）良好扼要的說明，可參見英文版維基百科「Bayes」條目。

注6 Turing 1950.

注7 Ramsey et al. 2002.

注8 例如Helman et al. 2004（還有許多其他的）。

注9 Steinbach et al. 2003.

注10 Saffran et al. 1996.

注11 Saffran et al. 1999.

注12 Kirkham et al. 2002; Aslin et al. 1998.

注13 Xu and Garcia 2008.

注14 Sobel and Kirkham 2006.

注15 Gopnik et al. 2001; Sobel et al. 2004.

注16 Kushnir and Gopnik 2005.

注17 Sobel et al. 2004.

注18 Eberhardt and Scheines 2007.

注19 Papousek et al. 1987.

注20 關於這類移動研究的評論，參見Rovee-Collier and Barr 2001.

注21 Piaget 1952a, b.

注22 Schulz et al. 2007.

注23 Schulz and Bonawitz 2007.

注24 Legare et al. 2008.

注25 Woodward 1998.

注26 Meltzoff and Moore 1977, 1983.

注27 Meltzoff 1988.

注28 Gergely et al. 2002.

注29 Meltzoff 1995.

注30 Schulz et al. 2007.

注31 Rogoff 1990.

注32 Watson 1972.

注33 Johnson et al. 2007a, b, 2008; Shimizu and Johnson 2004.

注34 Schulz and Gopnik 2004.

注35 Zimbardo 2007.

注36 Weinberg and Tronick 1996; Gusella et al. 1988.

注37 Meltzoff 2007.

注38 Ruffman et al. 1998; Sulloway 1996.

注39 關於評論及後設分析，參見Milligan et al. 2007.

注40 Peterson and Siegal 1995.

注41 Pyers 2005.

第四章　身為嬰兒是什麼樣的感覺呢？

注1　Nagel 1974.

注2　Christensen et al. 2008; Weizkrantz 2007.

注3　Dennett 1992.

注4　Singer 1976.

注5　Posner 2004.

注6　例如Polich 2003; Knight abd Scabini 1998.

注7　Mack and Rock 1998; Simons and Chabris 1999.

注8　關於神經傳導物質在注意力中扮演的角色，評論可參見Robbins et al. 2004.

注9　例如Polley et al. 2006; Recanzone et al. 1992a, b.

注10　例如Metherate and Weinberger 1989; Blake et al. 2002.

注11　關於嬰兒的注意力，評論可參見Ruff and Rothbart 1996; Colombo 2004; Richards 2004. 針對這項討論，約翰．可倫坡（John Colombo）提供了非常有用的資訊。

注12　Hagen and Hale 1972.

注13　Taylor and Lerman 1991; Lerman et al. 1983.

注14 Zhang et al. 2001; de Villers-Sidani et al. 2007.

注15 Colombo 2004.

注16 Goldberg et al. 2006; Golland et al. 2007.

注17 Huttenlocher 2002a, b; Johnson et al. 2002.

注18 Flavell et al. 1995a, b, 1997, 1999, 2000.

注19 Csíkszentmihályi 1992.

注20 Suzuki and Brown 2002.

注21 James 2001.

第五章　我是誰？

注1 Rankin et al. 1987.

注2 相關評論可參見Tulving 2002.

注3 Scoville and Milner 1957; Corkin 2002.

注4 Neisser and Harsch 1992.

注5 Loftus 1997a, b.

注6 Clancy 2005.

注7 Fivush et al. 1987.
注8 Nelson and Fivush 2004.
注9 Ornstein et al. 2006.
注10 Shimamura and Squire 1987.
注11 Gopnik and Graf 1988; O'Neill and Gopnik 1991.
注12 Giles et al. 2002.
注13 Gopnik and Astington 1988; Gopnik and Slaughter 1991.
注14 Campbell 1994.
注15 Brooks-Gunn and Lewis 1984.
注16 McCormack and Hoerl 2005, 2007.
注17 Povinelli et al. 1999.
注18 Atance and Meltzoff 2005; Atance and O'Neill 2005.
注19 Fodor 1998.
注20 Flavell et al. 1997.
注21 Mischel et al. 1989.
注22 Chandler and Proulx 2006.

注23　Wegner 2002.

注24　Dennett and Weiner 1991.

注25　Churchland 1995, 2002.

注26　Searle 1992; Chalmers 1996.

注27　關於這一點，更爲廣泛的哲學討論可參見Gopnik 1993.

第六章　赫拉克利特的河流與羅馬尼亞的孤兒

注1　Parfit 1984, p. 145.

注2　關於這群羅馬尼亞孤兒的命運，最廣泛、詳盡、出色的研究出自邁可・洛特（Michael Rutter）及其同僚。參見例如Rutter et al. 2004, 2007; Beckett et al. 2006. 至於基因和環境的相互作用，Rutter 2006提供了很傑出的評論。

注3　關於遺傳率、雙胞胎與收養的研究，參見Plomin 1994.

注4　Dick and Beirut 2006.

注5　Turkheimer et al. 2003.

注6　Herrnstein and Murray 1994.

注7　這被稱爲「弗林效應」（Flynn effect）。參見Flynn 1987; Dickens and Flynn 2001.

注8 Kendler and Prescott 2006.

注9 有關近期的評論，參見Cicchetti and Valentino 2006.

注10 關於這份文獻的良好評論，參見Rutter 2006; Kendler and Prescott 2006.

注11 關於托兒所的早期干預效應，通俗易懂的近期評論可參見Kirp 2007.

第七章 學著去愛

注1 經典的參考資料爲Ainsworth et al. 1978. 從那之後，有數以百計的其他研究。

注2 DeCasper and Fifer 1980; Field et al. 1984.

注3 Ainsworth 1993.

注4 Rutter et al. 2004, 2007.

注5 Ainsworth et al. 1978.

注6 Spangler and Grossman 1993.

注7 Van Ijzendoorn and Kroonenberg 1988.

注8 Main and Solomon 1986.

注9 Bowlby 1980; Main et al. 1985.

注10 Ainsworth 1993; Blehar et al. 1977.

注11 Johnson et al. 2007a.

注12 Main et al. 1985.

注13 出自"Dragonflies Mating," Hass 1996.

注14 關於成人依附的近期研究，參見Mikulincer and Shaver 2007.

注15 Fraley and Shaver 1998.

注16 Chen et al. 1999; Chen 2003.

注17 Benoit and Parker 1994.

注18 關於這些研究的一份良好評論，參見Grossman et al. 2005.

注19 參見例如Reichard and Boesche 2003.

注20 關於代理母職者的完整說明，參見莎拉・賀迪（Sarah Hrdy）的權威著作。

注21 Hawkes et al. 2003.

注22 Schacter and Addis 2007.

第八章　愛與法律

注1 Piaget 1965; Colby and Kohlberg 1987.

注2 Mikhail 2007; Hauser 2006.

注3 Haidt 2007.

注4 Meltzoff and Moore 1983.

注5 Field et al. 1982.

注6 Levenson et al. 1990.

注7 參見例如Iacoboni and Dapretto 2006; 有關鏡像神經元想法的反證，參見Gopnik 2007.

注8 Dodge and Cole 1987.

注9 Warneken and Tomasello 2006, 2007.

注10 Smetana 1981, 1984, 1985, 1989; Smetana et al. 1984, 1993; Song et al. 1987; Smetana and Braeges 1990. 關於理論性的評論，參見Turiel 1983.

注11 Blair et al. 2005.

注12 Foot 2002; Thomson 1976; Greene 2003.

注13 Dunbar 1996.

注14 Tajfel 1982及從那以後的許多研究。

注15 Zimbardo 2007.

注16 Dunham et al. in press.

注17 Dunham 2007; Fawcett 2008.

注18 Williams 1985.

注19 Lyons et al. 2007.

注20 Gergely and Csibra 2004.

注21 Wellman and Miller in press; Núñez and Harris 1998; Harris and Núñez 1996.

注22 Kuhlmeier et al. 2003; Behne et al. 2005.

注23 Núñez and Harris 1998; Harris and Núñez 1996.

注24 Gergely and Csibra 2004.

注25 Garcia and Koelling 1966.

注26 Fessler and Navarrete 2003.

提獻與致謝

我花了五年時間撰寫此書，所以曾助我一臂之力的人，數目逐年穩定增長。多年來，柏克萊大學是我的家，我的故鄉，尤其是心理系、人類發展研究所（Institute of Human Development）和認知與腦科學研究所（Institute of Cognitive and Brain Sciences）；長久以來，我深受所有同事與學生的影響。在我的同事當中，史蒂夫・帕爾默（Steve Palmer）、路希雅・賈柏斯（Lucia Jacobs）、湯姆・葛里菲思（Tom Griffiths）、譚妮亞・龍博佐（Tania Lombrozo）和瑪麗・曼恩（Mary Main）全都爲本書貢獻了若干想法。從過去到現在，我的研究生和博士後研究生，對本書及我的所有研究工作貢獻良多，包括費德烈克・艾柏哈特（Frederick Eberhardt）、塔瑪・庫許尼爾（Tamar Kushnir）、克里斯・盧卡斯（Chris Lucas）、大衛・索貝爾（David Sobel）、伊莉莎白・賽佛（Elizabeth Seiver），尤其是蘿拉・舒茲（Laura Schulz）。

我能夠開始撰寫此書，全都要感謝史丹佛大學行爲科學高等研究中心（Center for Advanced Study in the Behavioral Sciences）提供我一份研究獎助金。在該中心進行研究的那一年，是人生中極少數實際狀況遠比想像中更好的美妙經驗，我非常感謝那所宏偉的研究中心裡的全體教職員，也很感謝當時同在那兒進行研究的夥伴們，尤其是湯瑪斯・李察遜（Thomas Richardson）、巴斯・范・符拉森（Bas van Fraassen）和韋博・基內（Webb Keane）。而我能夠完成此書，則要感謝另一所宏偉的研究機構——加州理工學院所提供的穆爾傑出訪問學者獎助金（Moore Distinguished Visiting Scholar fellowship）。我非常感謝所有曾閱讀手稿且不吝指點一二的加州理工學院的朋友與同事，包括吉姆・伍華德（Jim Woodward）、克里斯・希區考克（Chris Hitchcock）、張寄冀（Jiji Zhang）、多明尼克・莫菲（Dominic Murphy）、佐坦・那達司第（Zoltan Nadasdy）和費歐娜・寇威（Fiona Cowie）。克里斯多夫・柯霍（Christof Koch）在指導我有關意識的神經科學方面尤其幫了我大忙。

多年來，美國國家科學基金會（National Science Foundation）持續資助我的研究。然而，本書欠麥克當尼歐基金會（James S. McDonnell Foundation）及其總裁約翰・布魯爾（John Bruer）一個超大的人情，感謝他們資助「因果學習協作研究」（Causal Learning Collaborative），這項獨一無二的跨界研究召集了發展心理學家、哲學家與電腦科學家共同投入。身爲這項協作研究的參與者，是我的知識份子生涯中最振奮人心、且最值得投入的一項經驗，而所有參與研究的成員都對本書做出重要貢獻。但我必須特別感謝其中四位，他們都是我長年的好友，更是我的智慧導師：三十年前，安德魯・梅哲夫（Andrew Meltzoff）最初在牛津教我關於皮亞傑的種種，此後與我共同主持研究案、合作著述、一同思考。近二十年來，亨利・魏爾曼（Henry Wellman）經常和我就孩童、哲學、道德、宗教及許多其他主題交換意見，他讀過本書絕大部分的手稿，並提出經過深思熟慮、帶有獨到洞見的評論。多年來，約翰・坎貝爾（John Campbell）一直是伴我在哲學世界裡漫步的導遊。他曾是行爲科學高等研究中心因果學習小組的成員之一，和他攜手解決因果推論的數學與哲學面是一大樂事。克拉克・葛力默（Clark Glymour）是我所知最聰明的人。他是本書中心思想的來源。而且，和他聯手催生「嬰兒貝氏網路」（Baby Bayes Nets）是件無比滿足與喜悅的事。

其他同事與朋友閱讀了手稿，並針對關鍵部分提出建議。邁可・莫山尼克（Michael Merzenich）和約翰・可倫坡（John Colombo）在意識那一章提供了非常珍貴的協助。保羅・哈里斯（Paul Harris）在有關想像的章節提供了特別的幫助。珍・希許費爾德（Jane Hirshfield）閱讀過好幾個不同版本的草稿，並提供她曾經遁入佛門所得的佛教知識，她那智者的神祕經驗感受，以及那一對詩人的耳朵。我還要感謝本書編輯，法勒、史特勞斯與吉魯出版社（Farrar, Straus and Giroux）的艾瑞克・秦斯基（Eric Chinski），他從一開始就對此書很有信心，並且帶領它一路順利抵達終點。當然還要感謝我的經紀人卡汀卡・梅森（Katinka Matson），她敏銳的目光在縫縫補補的初稿中看出全書的形貌，況且少了她的協助，此書根本不可能完成。

本書主張，對所有人類而言，孩童與家人是意義、眞理與愛的最大來源。或許有人會說我過度類推自身的經驗——我自己的家庭無疑是我人生中最重要的部分。我的雙親，麥娜（Myrna）與爾文（Irwin），以及我的兄弟姊妹，亞當（Adam）、摩根（Morgan）、希拉蕊（Hilary）、布雷克（Blake）和梅莉莎（Melissa），他們是我的一切，與我所作所爲的基礎。亞當和布雷克在本書中扮演了尤其重要的角色。亞當閱讀草稿、建議書名，並提供珍貴的文學意見。而在我生命中的困頓時刻，布雷克安慰我，給我忠告，還有許多次的長談。我謹懷著愛與感謝，將本書提獻給布雷克。最後，我的三個兒子，艾列克謝（Alexei）、尼可拉斯（Nicholas）和安德烈・高普尼克—列文斯基（Andres Gopnik-Lewinski）確實就是我人生的意義，我非常感謝他們，還有他們的父親，喬治・列文斯基（George Lewinski）。

我很幸運，能在史丹佛、柏克萊與加州理工這幾個很美的地方撰寫此書。但是最快樂的書寫發生在全世界最美的地方——匠白光（Alvy Ray Smith）（譯按：美國知名資訊科學家，電腦圖學的先驅）那間位於普捷灣（Puget Sound）、寧靜而安詳的海濱別墅。它象徵著他引入我生命的智慧與藝術、幸福與平靜、愛與友誼，更不用提他高超的格式化技術。至於其他未能詳述的各位，我已無法道盡心中的感謝之意。

國家圖書館出版品預行編目資料

寶寶也是哲學家：幼兒學習與思考的驚奇發現/艾利森・高普尼克(Alison Gopnik)著;陳筱宛譯. -- 初版. -- 臺北市：商周出版,城邦文化事業股份有限公司出版:英屬蓋曼群島商家庭傳媒股份有限公司城邦分公司發行,民111.05
面； 公分
譯自：The philosophical baby : what children's minds tell us about truth, love, and the meaning of life.
ISBN 978-626-318-271-4（平裝）
1.CST: 嬰兒心理學 2.CST: 兒童心理學 3.CST: 認知心理學
173.19
111005539

科學新視野系列 97

寶寶也是哲學家：幼兒學習與思考的驚奇發現

原文書名／The Philosophical Baby: What Children's Minds Tell Us About Truth, Love, and the Meaning of Life
作　　者／艾利森・高普尼克（Alison Gopnik）
譯　　者／陳筱宛
企畫選書／陳璽尹
責任編輯／葉咨佑

版　　權／黃淑敏、林易萱
行銷業務／黃崇華、周丹蘋、賴正祐
總 編 輯／楊如玉
總 經 理／彭之琬
發 行 人／何飛鵬
法律顧問／元禾法律事務所　王子文律師
出　　版／商周出版
城邦文化事業股份有限公司
台北市中山區民生東路二段141號4樓
電話：(02) 2500-7008　傳眞：(02) 2500-7759
E-mail：bwp.service@cite.com.tw
發　　行／英屬蓋曼群島商家庭傳媒股份有限公司城邦分公司
台北市中山區民生東路二段141號2樓
書虫客服服務專線：02-25007718・02-25007719
24小時傳眞服務：02-25001990・02-25001991
服務時間：週一至週五09:30-12:00・13:30-17:00
郵撥帳號：19863813　戶名：書虫股份有限公司
讀者服務信箱E-mail：service@readingclub.com.tw
歡迎光臨城邦讀書花園　網址：www.cite.com.tw
香港發行所／城邦（香港）出版集團有限公司
香港灣仔駱克道193號東超商業中心1樓
Email：hkcite@biznetvigator.com
電話：(852) 25086231　傳眞：(852) 25789337
馬新發行所／城邦（馬新）出版集團　Cite (M) Sdn. Bhd.
41, Jalan Radin Anum, Bandar Baru Sri Petaling,
57000 Kuala Lumpur, Malaysia
電話：(603) 90578822　傳眞：(603) 90576622

封面設計／周家瑤
排　　版／浩瀚電腦排版股份有限公司
印　　刷／韋懋實業有限公司
總 經 銷／聯合發行股份有限公司　電話：(02) 29178022　傳眞：(02)29156275

■2022年（民111）5月3日二版
Printed in Taiwan

定價／400元

978-626-318-271-4

廣 告 回 函
北區郵政管理登記證
台北廣字第000791號
郵資已付，免貼郵票

104台北市民生東路二段 141 號 2 樓

英屬蓋曼群島商家庭傳媒股份有限公司　城邦分公司

請沿虛線對摺，謝謝！

書號：BU0097X	書名：寶寶也是哲學家	編碼：

請於此處用膠水黏貼

商周出版

讀者回函卡

感謝您購買我們出版的書籍！請費心填寫此回函卡，我們將不定期寄上城邦集團最新的出版訊息。

線上版讀者回函卡

姓名：＿＿＿＿＿＿＿＿ 性別：□男 □女

生日：西元＿＿＿＿年＿＿＿＿月＿＿＿＿日

地址：＿＿＿＿＿＿＿＿

聯絡電話：＿＿＿＿＿＿＿＿ 傳真：＿＿＿＿＿＿＿＿

E-mail ：

學歷：□ 1. 小學 □ 2. 國中 □ 3. 高中 □ 4. 大學 □ 5. 研究所以上

職業：□ 1. 學生 □ 2. 軍公教 □ 3. 服務 □ 4. 金融 □ 5. 製造 □ 6. 資訊
□ 7. 傳播 □ 8. 自由業 □ 9. 農漁牧 □ 10. 家管 □ 11. 退休
□ 12. 其他＿＿＿＿＿＿＿＿

您從何種方式得知本書消息？

□ 1. 書店 □ 2. 網路 □ 3. 報紙 □ 4. 雜誌 □ 5. 廣播 □ 6. 電視
□ 7. 親友推薦 □ 8. 其他＿＿＿＿＿＿＿＿

您通常以何種方式購書？

□ 1. 書店 □ 2. 網路 □ 3. 傳真訂購 □ 4. 郵局劃撥 □ 5. 其他＿＿＿＿

您喜歡閱讀那些類別的書籍？

□ 1. 財經商業 □ 2. 自然科學 □ 3. 歷史 □ 4. 法律 □ 5. 文學
□ 6. 休閒旅遊 □ 7. 小說 □ 8. 人物傳記 □ 9. 生活、勵志 □ 10. 其他

對我們的建議：＿＿＿＿＿＿＿＿

請於此處用膠水黏貼